V&R

Haim Omer

Wachsame Sorge

Wie Eltern ihren Kindern
ein guter Anker sind

Mit einem Vorwort von Arist von Schlippe

2. Auflage

Vandenhoeck & Ruprecht

Aus dem Hebräischen von Miriam Fritz Ami-Ad

Bibliografische Information der Deutschen Nationalbibliothek
Die Deutsche Nationalbibliothek verzeichnet diese Publikation in der
Deutschen Nationalbibliografie; detaillierte bibliografische Daten sind
im Internet über http://dnb.d-nb.de abrufbar.

ISBN 978-3-525-40251-1

Weitere Ausgaben und Online-Angebote sind erhältlich unter: www.v-r.de

Umschlagabbildung: xuanhuongho/shutterstock.com

© 2016, 2015, Vandenhoeck & Ruprecht GmbH & Co. KG, Göttingen /
Vandenhoeck & Ruprecht LLC, Bristol, CT, U.S.A.
www.v-r.de
Alle Rechte vorbehalten. Das Werk und seine Teile sind urheberrechtlich
geschützt. Jede Verwertung in anderen als den gesetzlich zugelassenen Fällen
bedarf der vorherigen schriftlichen Einwilligung des Verlages.
Printed in Germany.

Satz: SchwabScantechnik, Göttingen
Umschlag: SchwabScantechnik, Göttingen
Druck und Bindung: BALTO print, Vilnius

Gedruckt auf alterungsbeständigem Papier.

Inhalt

Vorwort 9

Was ist wachsame Sorge? 12

Wachsame Sorge als flexibler Vorgang 14

  Offene Aufmerksamkeit 15

  Fokussierte Aufmerksamkeit 16

  Einseitige Schutzmaßnahmen 19

Wachsame Sorge, Kontrolle und Unabhängigkeit 24

Privatsphäre, Vertrauen und Spionieren 26

Die Ankerfunktion der Eltern 31

Ziel dieses Buches 34

Aufsicht im Alltag: Begleitung und Nähe 36
In Zusammenarbeit mit Tal Fisher

Eltern-Kind-Kontakt im Alltag 37

Elterliche Fürsorge als Netzwerk: das Einbeziehen
von Familie, Freunden, Lehrern und anderen Eltern 40

Die Zusammenarbeit des Elternpaars 44

Andere Menschen mit einbeziehen 49

Der Dialog zwischen Eltern und Kind 53

Moral predigen oder Freundschaft pflegen –
zwei unerwünschte Extreme 54

Aufmerksamkeit, Zugänglichkeit und Selbstkontrolle 56

Elterliche Mitteilungen – wie sprechen,
ohne Widerstand zu provozieren? 63

Problematische Geschehnisse vorhersehen
und besprechen 65

Der Umgang mit dem Widerstand des Kindes 68

Die vergebliche Erwartung einer
einschneidenden Veränderung 69

Die langfristige wachsame Sorge 69

Die Erfahrung der Konfrontation und
des Bruchs zwischen Eltern und Kind 70

Wie finden Eltern den Weg zurück zu ihrem Kind? 73

Sich auf Konfrontationen vorbereiten
und die Selbstkontrolle festigen 77

Selbstüberzeugung und Ausstrahlung
ruhiger Bestimmtheit 79

Wie bereiten Eltern sich auf Notfälle vor? 83
   Das Unterstützungsnetz 84
   Wie wählen Eltern geeignete Helfer aus? 85
   Wie Helfer kontaktieren? 86
   Was dem Helfer sagen und welche Art
   von Unterstützung erfragen? 87
   Die Drohung des Kindes, von zu Hause wegzulaufen 89

Suiziddrohungen 98

Die Angst, das Kind könnte die Eltern hassen 106

Lügen 109

Auswirkungen von Lügen auf die Entwicklung
des Kindes 111

Der erfolglose Versuch, Lügen gänzlich zu unterbinden 114

Die Verstärkung der wachsamen Sorge –
Präsenz und Begleitung 118

Lügen und ihre Folgen – im Allgemeinen und
in zwischenmenschlichen Beziehungen 122
  Folgen eines Vertrauensbruchs 123
  Die Auswirkungen des Vertrauensbruchs auf
  das Verhältnis mit der Umwelt 127

Eine Wiedergutmachung des durch Lügen
angerichteten Schadens 130

Freunde 133

Wer sind die Freunde meines Kindes? 140

Elterliche Handlungsweisen im Fall von
gefährlichen Aktivitäten 145

Das Miteinbeziehen von Familie und Freunden 146

Die Bedeutung der Freundschaften für das Kind anerkennen
und gleichzeitig eine entschiedene Haltung zur Verringerung
der Gefahren einnehmen 149

Telefonrunden und Treffen am Aufenthaltsort
der Freunde des Kindes 152

Die Veränderung des Gleichgewichts und
ihre Auswirkungen 155

Geld 164
In Zusammenarbeit mit Yael Nevat

Wie mit Kindern über Geld sprechen? 165

Den Forderungen des Kindes widerstehen 174

Diskussionen zu Ausgaben 176

Das Überwinden schädlicher Verhaltensweisen
des Kindes im Umgang mit Geld 184

Eine Welt der Versuchungen 190
In Zusammenarbeit mit Yaara Geyra, Or Nethaneli, Casriel Juravel, Avigail Assa, Yaara Shimshoni und Ayala Alexandron

Zigaretten, Alkohol und Drogen 192

Computer, Smartphone und andere Bildschirme 211

Die Gefahren des Internets – eine kurze Anleitung
für Eltern 213

Der übermäßige Internetgebrauch und die virtuelle Welt
als Zufluchtsort 214

Sichere Computernutzung: Vorschlag zu einer Vereinbarung
zwischen Eltern und Kind 221

Der Übergang zu einseitigen Schutzmaßnahmen 222

Die Begrenzung der Nutzungsstunden des Computers 224

Die Kündigung des Internet-Services 225

Fahranfänger 228

Die Zeit des begleiteten Autofahrens 230

Die Zeremonie der Schlüsselübergabe 233

Bei der Ankunft am Ziel und um Mitternacht
eine SMS schreiben 236

Das Unterschreiben einer Vereinbarung 237

Befürchtungen, in die Privatsphäre einzudringen 237

Warnzeichen 238

Die Einschränkung der Fahrprivilegien 239

Was noch und bis wann? 241

Literatur 245

Vorwort

Der Begriff »Wachsamkeit« wird, ähnlich wie der Begriff »Autorität«, in unserer Kultur mit einer gewissen Zwiespältigkeit betrachtet und verwendet. Die Assoziationsräume, die sich da eröffnen mögen, beginnen vielleicht bei Bildern des misstrauischen Beäugens und gehen über zu Kontrolle, Überwachung und schließlich offener Machtausübung: Der eine, der wachsam Beobachtete, hat keine privaten Spielräume mehr, denn dem anderen, dem Beobachter, bleibt nichts verborgen. Manch einem mögen auch Erinnerungen an die verschiedenen Formen von Wachsamkeit in den autoritären Staatsformen der jüngeren deutschen Geschichte in den Sinn kommen, an Spitzelwesen und Denunziantentum. Wie auch immer, das Wort ist nicht unbedingt positiv besetzt: Wer wachsam sein muss, der ist offenbar auch bedroht, der hat Feinde. Das Wort »Wachsamkeit« zu verwenden, erscheint uns daher im Kontext von liebevollen Familienbeziehungen doch eher unpassend. Er verträgt sich nicht mit den Werten, die in unserer Kultur die Bilder des gemeinsamen Umgangs von Eltern und Kindern heute bestimmen. Wir bevorzugen Begriffe wie Vertrauen, Offenheit, Respekt vor der Privatsphäre und Gewährenlassen als Ausdruck elterlicher Liebe zum Kind.

So ist es nicht ganz ohne Risiko, ein Buch herauszubringen, das den Begriff »Wachsamkeit« ins Zentrum stellt und ihn bereits im Titel führt. Ich denke, das Wagnis lohnt sich. Es gefällt mir, wie Haim Omer, dem ich seit vielen Jahren freundschaftlich verbunden bin, immer wieder daran arbeitet, Begriffe, die ihren Wert verloren haben, wieder zu rehabilitieren. Er erfindet sie neu und eröffnet ihnen die Chancen neuer Assoziationsräume. So wird heute wesentlich entspannter über die »neue Autorität« gesprochen als vor einigen Jahren, als der Begriff aufkam. Ich hoffe, dass es mit Wachsamkeit auch so gehen wird.

Es gibt ein Bild, das dabei hilfreich sein dürfte, es ist das Bild des Ankers. Wenn die Begriffe »Wachsamkeit« und »Autorität« mit der Vorstellung vom Anker verbunden werden, verändert sich ihr Bedeutungsfeld. Die feindlichen Assoziationen verschwinden, denn ein Anker ist ja gerade nicht bedrohlich. Er ist friedlich – und zugleich ist er nicht kraftlos. Seine Stärke liegt in seiner Beharrlichkeit. Eine Form von Wachsamkeit, die sich als Anker versteht, stellt nicht die Kontrolle ins Zentrum, sondern den Schutz. Und ähnlich wie der Anker dem Boot vermittelt, dass er kein Interesse daran hat, es zu besiegen, dass er nicht Gegner des Bootes ist, sondern nur darauf achtet, dass es nicht an die Kaimauer schlägt oder aufs offene Meer hinaustreibt, können Eltern ihren Kindern vermitteln: »Unsere Augen sind offen – nicht um dich zu überwachen und zu kontrollieren, wohl aber, um zu zeigen, dass wir entschlossen sind, als Eltern an deinem Leben in angemessener Weise teilzuhaben.«

Dass dieses Teilhaben sich im Laufe des Lebens eines Kindes natürlich verändert, dass Wachsamkeit keine statische Funktion ist, davon handelt dieses Buch. Natürlich ist man als Mutter oder Vater ganz anders wachsam bei einem Säugling als bei einer vierzehnjährigen Tochter oder einem neunzehnjährigen Sohn. Doch die Beziehungsbotschaft ist die gleiche: »Ich bin da!« Dieses Moment, wie sich elterliche Präsenz im Leben des Kindes vermittelt, scheint mir der Kern des Ansatzes von Haim Omer zu sein. Er vermittelt uns sein Wissen darum, wie wichtig es für die Seele des Kindes ist, dass in seinem Leben Eltern vorkommen.

Natürlich verschwindet die andere Seite nicht ganz. Wachsamkeit ist nie ganz ambivalenzfrei zu haben! Natürlich besteht die Gefahr, dass die Konzepte dieses Buches auch von Eltern genutzt werden, denen man in der Beratung lieber sagen würde: »Wagen Sie es doch einmal, ein bisschen weniger präsent im Leben Ihrer Kinder zu sein, ein wenig mehr ›Leine‹ zu geben.« Wie vieles im Leben, so will auch Wachsamkeit sensibel gehandhabt werden. Wer sich nur stumpf auf die Instrumente verlässt, die in diesem Buch vorgestellt werden, der verpasst die wichtigste Botschaft. Es geht nicht darum, immer feinere Kontrollmechanismen zu erarbeiten, sondern darum, eine Haltung freundlicher und gewaltloser Präsenz zu lernen. Die Instrumente sind nur Hilfsmittel. Wenn sie ohne die entsprechende Haltung und ohne Sensibilität angewendet werden, können sie in ihr Gegenteil umschlagen. Elterliche Präsenz will auch gelernt werden, manchmal braucht man genau dafür Unterstützung und Hilfe.

Eine solche Hilfestellung will dieses Buch sein. Es soll Fachpersonen dabei unterstützen, im Elterncoaching und in der Beratungsarbeit die Konzepte des gewaltlosen Widerstands und der elterlichen Präsenz zu vermitteln. Zugleich ist es auch als Hilfestellung für Eltern gedacht, die ihre Fähigkeiten verbessern möchten, im Leben ihres Kindes auf eine nicht bedrohliche, liebevolle Weise anwesend zu sein. Ich bin überzeugt davon, dass beide Gruppen sehr von diesem Werk profitieren werden, und wünsche ihm viele engagierte Leserinnen und Leser.

Arist von Schlippe

Was ist wachsame Sorge?

Die Vielfalt an Unterhaltungsangeboten war noch nie so groß und das soziale Umfeld der Jugend noch nie so anonym und verführend wie in der heutigen Gesellschaft. Eltern fühlen sich mehr denn je ausgeschlossen von dem, was ihre Kinder machen und erleben. Wie Fremde stehen sie hilflos den vielen Versuchungen und Gefahren gegenüber, denen ihre Kinder im Alltag ausgesetzt sind. In Anbetracht des Überflusses an Reizen der modernen Welt scheint die elterliche Aufgabe, ihre Kinder zu beschützen, beinahe unerfüllbar. Umso erstaunlicher ist es, dass eine präsente elterliche Aufsicht die Gefahren erheblich eindämmen kann und den Kindern genügend Stärke gibt, um von der Flut der Verlockungen nicht mitgerissen zu werden und sich nicht in Schwierigkeiten zu verwickeln. Forschungsergebnisse haben wiederholt bewiesen, dass mit Hilfe der elterlichen Begleitung Kinder weniger Bedrohungen ausgesetzt sind, Versuchungen besser widerstehen können und der Schaden möglicher Fehltritte minimiert wird (vgl. Racz u. McMahon, 2011). Eltern müssen nur daran festhalten, dass das Leben ihres Kindes ihr Belang ist, und es als ihre Pflicht ansehen, zu wissen, was sich im Leben des Kindes abspielt. Das Ziel dieses Buches besteht darin, Eltern dabei zu helfen, nicht weiter hilflos und ausgeschlossen zu sein, sondern ihre Kinder aktiv zu begleiten. Wir nennen diese elterliche Haltung wachsame Sorge.

Es ist eine Haltung, in der die Eltern auf aktive und respektvolle Weise am Leben des Kindes Anteil nehmen. Sie verlassen sich auf das Kind, solange die Dinge sich normal entwickeln, bewahren jedoch ein gewisses Maß an Vorsicht. Sobald sich besorgniserregende Anzeichen zeigen, schauen die Eltern genauer hin und verfolgen die Angelegenheiten des Kindes von Nahem. Stellen die Eltern hierbei fest, dass tatsächlich eine Gefahr besteht, greifen sie entschlossen ein, um das Kind zu beschützen und es aus der bedrohlichen Lage zu befreien. Somit erweist sich die wachsame Sorge als ein flexibler Vorgang: Die Eltern üben Achtsamkeit und begleiten das Kind mit einer Distanz, die für sie und das Kind angebracht ist, sind aber im Notfall dazu bereit, eine das Kind betreffende Sachlage aus unmittelbarer Nähe zu betrachten und, wenn es zum Schutz des Kindes nötig ist, einzuschreiten.

Die Aufgabe, das Kind mit wachsamer Sorge zu unterstützen, erscheint vielleicht auf den ersten Blick als schwer. Sie ist jedoch zu meistern. Es ist möglich, schon heute die ersten Schritte zu leisten, um die Präsenz der Eltern im Leben des Kindes zu verbessern. Innerhalb kürzester Zeit kann das Verhältnis zwischen Eltern und Kind so verändert werden, dass die Eltern sich weniger fremd im Leben des Kindes fühlen und möglichen negativen Entwicklungen entgegenwirken können.

Es gibt viele Gründe dafür, dass Eltern sich angesichts ihrer Aufgabe, ihr Kind zu beaufsichtigen, oft hilflos fühlen. Hier einige typische Aussagen, die widerspiegeln, warum Eltern in ihrer Hilflosigkeit gefangen bleiben und es ihnen emotional und gedanklich schwerfällt, ihr Kind aktiv zu begleiten: »Sie wird nicht kooperieren und das, was sie tut, durch Lügen verbergen«; »Ich möchte keine Klette sein!«; »Wenn ich es zu weit treibe, wird es zu einem Bruch in unserer Beziehung kommen«; »Das wird nicht helfen. Je mehr ich versuchen werde zu wissen, desto stärker wird er seine Angelegenheiten vor mir verheimlichen!«; »Was hilft es, wenn ich die Dinge weiß. Er wird am Ende sowieso machen, was er will«; »Egal, was ich unternehme, er macht genau das Gegenteil«; »Ich bevorzuge es, sie heimlich zu kontrollieren. So kann sie mich nicht anlügen und ich komme nicht mit ihr in Schwierigkeiten«; »Ich war auch so in seinem Alter. Am Ende hat sich das von selbst gegeben«; »Was kann ich denn unternehmen? Er ist ein Genie in Sachen Computer und ich beherrsche gerade mal die Nutzung des Internet-Servers«; »Was bleibt mir denn übrig? Das Zimmer ist ihre Privatsphäre und da habe ich nichts zu suchen«; »Wenn ich ihn bloßstelle, wird er mir das sein ganzes Leben lang vorhalten!«

Solche Äußerungen hören wir häufig in unseren Gesprächen mit Eltern. Unsere Erfahrung hat erwiesen, dass Eltern sich besser von ihrer Hilflosigkeit befreien und effektiver aufpassen können, wenn sie die irreführenden Annahmen verstehen, die diesen Aussagen zugrunde liegen. Wir werden in diesem Buch sowohl praktische Wege aufzeigen, die Eltern bei der Anwendung der wachsamen Sorge helfen, als auch Möglichkeiten diskutieren, wie Schwierigkeiten zu überwinden sind, die dabei auftauchen können. Sie werden sehen, dass es möglich ist, eine angemessene Antwort auf jedes der Probleme zu finden: auf die Sorge um die fehlende Mitarbeit des Kindes; auf die Verheimlichungen und Lügen der Kinder; auf das Dilemma, nicht in die Privatsphäre des Kindes eindringen und dennoch mitbekommen zu wollen, was vorgeht; auf die Sorge, das Verhältnis zum Kind zu verschlechtern oder sogar einen Kontaktabbruch zu verursachen; auf die Versuchung, heimlich dem Kind nachzuforschen, anstatt es offen zu beaufsichtigen, und auf die Herausforderungen der technologischen Welt, in der das Kind sich besser auskennt als die Eltern.

Wachsame Sorge als flexibler Vorgang

Eine effiziente und fürsorgliche Begleitung muss flexibel sein. Die Intensität der elterlichen Fürsorge hängt von der jeweiligen Sachlage ab, die sich aus der Situation des Kindes ergibt. Wir haben diesbezüglich drei verschiedene Grade der elterlichen Fürsorge definiert:
1. Der schwächste Grad ist von einer *offenen Aufmerksamkeit* gekennzeichnet. Das heißt: Die Eltern schenken den Ereignissen im Leben des Kindes Aufmerksamkeit und üben gleichzeitig gewisse Vorsicht. Sie zeigen Interesse und Anteilnahme am Leben des Kindes, ohne das Kind gezielt zu beobachten oder zu befragen, bleiben jedoch wachsam.
2. Eine Begleitung von mittlerer Intensität setzt eine *fokussierte Aufmerksamkeit* ein. Das heißt: Die Eltern befragen das Kind zum Beispiel gezielt und fordern eine Berichterstattung zu dem Vorgefallenen ein.
3. Beim höchsten Grad der elterlichen Fürsorge ergreifen die Eltern *einseitige (Schutz-)Maßnahmen*. Das heißt: Kommen die Eltern zur Schlussfolgerung, dass ein tatsächliches Problem vorliegt, geben sie sich nicht mit Worten zufrieden, sondern greifen aktiv ein, um das Kind zu beschützen und es aus dem problematischen Sachverhalt zu befreien.

Offene Aufmerksamkeit

Klara war besorgt, als ihre 13-jährige Tochter Mara anfing, abends zu Partys auszugehen und zu später Stunde nach Hause zu kommen. Mara war ein verantwortungsvolles Kind und das Verhältnis zwischen Mutter und Tochter von einer allgemeinen Offenheit geprägt. Klara wusste nicht, wie sie vorgehen sollte. Sie wollte ihre Tochter nicht einengen, hatte aber den Eindruck, dass diese abendlichen Aktivitäten eine neue Entwicklungsphase kennzeichnen würden, die mit neuen Versuchungen verbunden sei. Klara wusste, dass ihre Tochter schlecht auf eine Moralpredigt reagieren würde. Sie sprach mit einer Freundin, deren Tochter in Maras Schulklasse war. Diese schlug vor, Mara in ein Café einzuladen und einen »Mädchentratsch« zu halten. Der Begriff »Mädchentratsch« war geläufig in der Familie, da Mara drei Brüder zwischen zwölf und 19 Jahren hatte. Nach einigen Minuten im Café eröffnete die Mutter das Gespräch und sagte: »Ich möchte dir keine Moralpredigt in Bezug auf die Partys halten. Ich verlasse mich auf dich. Aber es ist mir wichtig, dir zu erzählen, wie das bei mir war, als ich anfing, zu Partys auszugehen. Ich möchte unbedingt, dass du dich auf mich verlassen kannst und mir erzählst, wenn du irgendwelche Schwierigkeiten haben solltest!« Zum ersten Mal in ihrem Leben erzählte Klara ihrer Tochter von den Erfahrungen ihrer Jugendjahre. Mara zeigte großes Interesse und erzählte ihrerseits von zwei Klassenkameradinnen, die schon einen Freund hätten. Klara bat Mara noch einmal darum, ihr von möglichen Schwierigkeiten zu erzählen. Mara antwortete mit einem nichtverpflichtenden Kopfnicken. Klara wusste, dass ihre Tochter ihr zwar kein Versprechen gegeben hatte, dass sich aber eine Gelegenheit zum Dialog aufgetan hatte, die es Mara vielleicht in Zukunft erleichtern würde, sich an ihre Mutter zu wenden.

Solange nichts Ungewöhnliches im Leben des Kindes vorfällt und es keine Anzeichen einer Komplikation gibt, verlassen sich die Eltern meist auf ihr Kind und zeigen allgemeines Interesse an seinem Leben und seinen Aktivitäten. Dieses Interesse kommt in einem *offenen Dialog* zum Ausdruck, der ihre Liebe zum Kind, ihr Bedürfnis nach Nähe zum Kind und ihre Anteilnahme an seinem Leben widerspiegelt. Ein offener Dialog ist keine Befragung oder Untersuchung. Wenn das Gespräch einer Befragung zu ähneln beginnt, ist der Dialog nicht mehr offen. Ein offenes Interesse verleiht dem Verhältnis zwischen Eltern und Kind einen positiven Charakter, vermittelt die existierende Nähe und liefert den Eltern wertvolles Wissen zu den Gefühlszuständen des Kindes, zu seinen Wünschen, Ängsten, Schwierigkeiten und oftmals auch zu den Versuchungen, denen es ausgesetzt ist.

Der offene Dialog ist auch für das Kind von großem Wert: Es macht die Erfahrung, dass die Eltern ihm nahestehen und für es da sind, dass es sich an die Eltern wenden kann, wann immer es das Bedürfnis dazu verspürt. Außerdem empfindet das Kind dank des offenen Dialoges die Eltern als nah, selbst wenn es keiner konkreten Hilfe bedarf. Der Dialog selber erzeugt das Gefühl einer schützenden und fürsorglichen Begleitung. Dieses Gefühl ist die Basis für die Entwicklung einer wichtigen Fähigkeit des Kindes: der Fähigkeit, auf sich selber Acht zu geben. Solch eine Selbstfürsorge ist sozusagen die Verinnerlichung der Erfahrung der elterlichen Begleitung. Wir werden sehen, wie die elterliche Begleitung und deren Verinnerlichung durch das Kind das Hauptanliegen der wachsamen Sorge darstellt. Auf diesem Weg erzielen wir das angestrebte Sicherheitsgefühl. Unter allen Techniken, die wir in diesem Buch vorstellen werden, ist die Fähigkeit, einen offenen Dialog mit dem Kind zu führen, vielleicht die am schwersten fassbare. Dies liegt daran, dass ein offener Dialog sich nicht allein aus spezifischen Handlungen erschließen lässt, sondern eine Atmosphäre des gegenseitigen Vertrauens mit einbezieht. Wir werden zeigen, wie man trotz dieser Schwierigkeit durch greifbare Schritte die Chancen verbessern kann, einen offenen Dialog zu erzielen. Wir werden außerdem sehen, dass ein Gespräch bedeutsam sein kann, auch wenn das Kind meist schweigt oder nur mit »Ja« und »Nein« antwortet.

Fokussierte Aufmerksamkeit

Ein Jahr nach der Scheidung wurde Martin auf Veränderungen im Verhalten seines 17-jährigen Sohnes Georg aufmerksam. An den Besuchstagen bei seinem Vater verschwand Georg oftmals für mehrere Stunden und kehrte erst spät nachts wieder, ohne seinen Vater zu informieren. Martin nahm an, dass dieses Verhalten ein Anzeichen für die Schwächung seiner elterlichen Rolle sei. Dieser Prozess hatte mit der Scheidung begonnen und verstärkte sich im Laufe der Zeit. Martin fühlte sich sehr unter Druck. Er befürchtete, er könnte, würde er etwas sagen, Georg »verärgern« und seine Stellung als Vater im Leben seines Sohnes vollständig verlieren. Der Jahrestag der Scheidung war ein Tag der Selbstprüfung für Martin. Er empfand, dass seine Passivität schon zu lange andauerte, und entschloss sich an diesem Tag dazu, einen klareren Standpunkt im Leben seines Sohnes einzunehmen.

Als Georg mal wieder um ein Uhr nachts nach Hause kam, wartete Martin auf ihn im Wohnzimmer. Er sagte in ruhigem Ton: »Ich möchte mit dir morgen über die Regeln in Bezug auf deine Ausgänge sprechen!« Georg fing an zu widersprechen, da sagte Martin: »Ich möchte nicht jetzt darüber sprechen. Weder ich noch du sind im Moment dazu aufgelegt, ein solches Gespräch zu führen. Wir werden morgen darüber reden, wenn ich von der Arbeit nach Hause komme. Ich bitte dich, dann hier zu sein.« Im Verlauf des Tages rief er Georg von der Arbeit aus an, um ihn an ihr Treffen zu erinnern. Während des abendlichen Gesprächs betonte Martin, dass während des letzten Jahres bestimmte Regeln des Zusammenlebens in Vergessenheit geraten seien, unter anderem wegen der Schwierigkeiten mit der Scheidung. Er erklärte, dass er von nun an von seinem Sohn erwarte, ihm mitzuteilen, wenn er ausgehe, wohin er gehe, was seine Pläne seien und wann er zurückzukehren beabsichtige. Sollte Georg sich aus irgendeinem Grund verspäten, bitte er um eine telefonische Benachrichtigung und eine Erklärung für die Verspätung. Georg protestierte und behauptete, dass sein Vater ihm die Privatsphäre nehme. Darauf erwiderte Martin: »Wenn du mir diese Informationen lieferst und dich an unsere Abmachungen hältst, werde ich dich nicht weiter bedrängen. Aber diese Informationen musst du mir geben!« Martin gab sich nicht damit zufrieden, Georg seine Forderungen mitgeteilt zu haben. Er befragte ihn zu seinen Plänen an demselben Tag und achtete in den folgenden Tagen darauf, über Georgs Pläne informiert zu werden. Innerhalb von zwei Wochen hatte Martin das Gefühl, dass Georg die neuen Regeln verinnerlicht hatte. Er hatte außerdem den Eindruck, dass sich die Situation zu Hause, die so unsicher geworden war, wieder stabilisierte.

In bestimmten Situationen geben sich Eltern nicht mehr mit dem offenen Interesse zufrieden, sondern stellen gezielt Fragen, deren

Ziel es ist, genauere Informationen zu den Plänen und Aktivitäten des Kindes einzuholen. Eine gezielte Befragung wird notwendig, sobald Eltern Anzeichen dafür wahrnehmen, dass nicht alles glatt läuft. Beispiele für besorgniserregende Anzeichen können sein: Die schulischen Leistungen des Kindes lassen nach; es hält sich nicht an die abgemachten Uhrzeiten, zu denen es zu Hause sein muss; es verheimlicht seine Aktivitäten; es befindet sich in fragwürdiger Gesellschaft oder es fühlt sich zu gefährlichen Handlungen, Dingen oder Beziehungen hingezogen. In diesen Fällen fangen die Eltern an, das Kind in Bezug auf den problematischen Bereich gezielt zu befragen, zum Beispiel zu den Aufgaben und Pflichten in der Schule, zu den geplanten Aktivitäten oder zu der Identität der Freunde, in deren Begleitung es sich befindet.

Solch eine gezielte Befragung kann nicht nur dann sinnvoll sein, wenn es Hinweise auf problematische Entwicklungen gibt, sondern ebenso, wenn das Kind im Zuge seines Erwachsenwerdens einen zunehmend unabhängigeren Umgang mit der häuslichen und außerhäuslichen Situation entwickelt, zum Beispiel wenn es anfängt, bis spät abends auszugehen. Es ist außerdem empfehlenswert, das Kind immer mal wieder zu seinen Tätigkeiten zu befragen, um ihm und sich selbst vor Augen zu führen, dass solche Fragen zum Aufgabenbereich der Eltern gehören. Solange diese Art der Befragung in Maßen und respektvoll erfolgt, wird sie die Bereitschaft des Kindes zu einem offenen Dialog und das gegenseitige Vertrauen nicht beeinträchtigen.

Fokussiertes Fragen erfüllt drei zentrale elterliche Anliegen: Zum Ersten gewährleistet es, dass die Eltern mitbekommen, wenn ihr Kind neuen Aktivitäten nachgeht, wenn es zum Beispiel beginnt, nachts auszugehen, bei Freunden zu schlafen, eine neue Umgebung zu entdecken und Ähnliches; zum Zweiten erinnert es das Kind daran, dass die Eltern sich das Recht vorbehalten, mitzureden und in bestimmten Fällen einen näheren Einblick einzufordern, auch wenn sich seine Unabhängigkeit und sein Entscheidungsfreiraum immer weiter ausdehnen; und zum Dritten ermöglicht es den Eltern, ihre wachsame Sorge und Präsenz in dem Moment zu verstärken, in dem sie Warnzeichen in Bezug auf die Situation des Kindes wahrnehmen. In diesem Fall sollten die Eltern zwei Ziele verfolgen: Sie sollten zum einen Informationen einholen und zum anderen dem Kind zu erkennen geben, dass sie ihre Beteiligung an seinem Leben erhöhen werden.

Wir werden sehen, dass, selbst wenn die Eltern keine Informationen erhalten, die gezielte Befragung einen wichtigen Schritt der wachsamen Sorge darstellt, die den Standpunkt der Eltern verändert und ihr Gefühl, am Leben des Kindes beteiligt zu sein, verstärkt. Manchmal können allein dank der Befragung die bestehenden Gefahren verringert werden – noch bevor das Kind explizit mit den Eltern kooperiert.

Der Übergang von einem offenen Dialog zur gezielten Befragung erfolgt natürlich nicht spontan. Da die Befragung eine Abweichung von den eingespielten Gewohnheiten bedeutet, ist eine klare Entscheidung und Planung eines solchen, in der Regel jedoch nicht schwer ausführbaren Schrittes notwendig. Die von Eltern antizipierten Schwierigkeiten rühren vor allem von ihrem Glauben her, dass eine gezielte Befragung etwas Unangenehmes und Unerwünschtes sei und negative Auswirkungen auf das Vertrauen und die Offenheit des Kindes haben werde. Eltern meinen, dass die Notwendigkeit einer gezielten Befragung ein Beweis dafür sei, dass das Vertrauen, das natürlicherweise zwischen Eltern und Kind existieren sollte, beeinträchtigt sei. Wir sind der entgegengesetzten Überzeugung: Wir meinen, dass Eltern dem Kind nicht die erforderliche elterliche Begleitung bieten und es somit in gewissen Lebenslagen alleinlassen, wenn sie von vornherein auf jegliche fokussierte Befragung verzichten. Eltern, die eine gezielte Befragung grundsätzlich vermeiden, können außerdem unerfreuliche Überraschungen erleben. Sie reagieren dann meist entweder gelähmt oder verletzend und in aller Schärfe.

Einseitige Schutzmaßnahmen

Sara stellte fest, dass ihre 11-jährige Tochter Eva sie angelogen hatte: Sie hatte behauptet, dass nachmittags an der Schule eine Aktivität stattfinde. Dem war jedoch nicht so. Zusätzlich bemerkte sie, dass Eva Geld aus dem Portemonnaie der Mutter genommen hatte. Sie entschied sich, der Angelegenheit sofort nachzugehen, und rief die drei besten Freundinnen ihrer Tochter an. Die dritte Freundin versuchte sich herauszureden. Es war aber unübersehbar, dass sie sich unwohl fühlte. Sara rief daher die Mutter dieser Freundin an. Diese war darüber informiert, dass die Mädchen eine nachmittägliche Kinovorstellung besuchten. Sie wusste auch, in welchem Kino sie welchen Film ansahen, da sie die Kinder dorthin chauffiert hatte. Sara verstand nun, dass Eva den Kinobesuch zu verheimlichen versuchte, da Sara ihr diesen Film ausdrücklich verboten hatte, weil er ihr für ein 11-jähriges Kind unpassend schien. Sara zögerte nicht. Sie fuhr zum Kino, erklärte dem Türsteher, dass ihre Tochter ohne ihre Erlaubnis in den Film gegangen sei und sie ihre Tochter daher suchen wolle. Der Türsteher erklärte sich einverstanden. Sara betrat den Kinosaal, fand Eva und nahm sie mit nach Hause. Während der Heimfahrt schwiegen sie. Zu Hause teilte Sara Eva mit, dass sie am Abend über den Vorfall in Anwesenheit ihres Vaters sprechen würden.

Wenn Eltern merken, dass die Warnzeichen begründet sind und tatsächlich auf negative Entwicklungen hinweisen, müssen sie ihre Präsenz im Leben des Kindes verstärken und Maßnahmen ergreifen, um die bestehende Gefahr zu verringern und die problematischen Verhaltensweisen einzuschränken. Einseitige Maßnahmen sind der höchste Grad der wachsamen Sorge. Mit dem Wort »Maßnahmen« betonen wir, dass es sich hierbei nicht nur um Worte handelt, sondern dass die Eltern nun aktiv werden. Einseitig sind diese Maßnahmen, da sie allein von den Eltern abhängig sind und nicht das Einverständnis des Kindes erfordern. *Das fehlende Einverständnis oder eine fehlende Zusammenarbeit von Seiten des Kindes ändern nichts an der Pflicht der elterlichen Fürsorge.* Im Gegenteil kann sogar der Widerstand des Kindes ein Anzeichen dafür sein, dass die Notwendigkeit einer intensiveren Präsenz und elterlichen Begleitung ganz besonders dringend besteht.

Die Schwierigkeiten von Eltern, effektive einseitige Maßnahmen zu ergreifen, haben verschiedene Ursachen: die Macht der Gewohnheit, die Verringerung des elterlichen Einflussvermögens im Leben des Kindes, das Gefühl der fehlenden Legitimität oder der Isolation, die Verlegenheit, sich überhaupt in solch einer Lage gegenüber dem Kind zu befinden, fehlendes Wissen zu den bestehenden Möglichkeiten, die Angst vor möglichen negativen Folgen und anderes. Oft wirken diese Schwierigkeiten so massiv, dass es unmöglich erscheint, sie zu überwinden. Wenn die Eltern jedoch die angemessene Unterstützung erhalten, ist die Mehrzahl von ihnen fähig, diese schwierigen Gefühlslagen zu überwinden und entschlossen zu handeln. Die Erfahrung der Eltern, die den Mut haben, zum Schutz ihres Kindes zu handeln, kann, wie das folgende Fallbeispiel zeigt, oft mit einer Rückkehr zur Elternrolle, einer Befreiung aus Fesseln oder einer grundlegenden Veränderung des Elternstatus gleichgesetzt werden.

Der Vater eines 15-jährigen Jugendlichen, der bis zu später Stunde zu verschwinden pflegte und die Eltern nicht über sein Treiben informierte, gab, als er zum ersten Mal den Mut aufbrachte, bei den Freunden seines Sohnes anzurufen, seiner Erfahrung Ausdruck:
»Viele Monate lang fühlten wir uns vollkommen hilflos. Er ging ein und aus, wie es ihm passte, und wenn wir ihn fragten, wo er gewesen sei, antwortete er frech, das gehe uns nichts an. Als wir ihm mitteilten, dass wir ihn suchen und seine Freunde anrufen würden, schrie er uns an: ›Wagt das nur nicht!‹ Glücklicherweise haben wir im Kurs zur wachsamen Sorge starke Rückendeckung erhalten. Wir haben begriffen, dass wir uns sorgfältig vorbereiten müssen. Wir haben eine Telefonliste der Klassenkameraden zusammengestellt und Eltern von Freunden angerufen, die wir kennen, von denen wir weitere Telefonnummern erhalten haben. Wir haben auch den Leiter der Jugendgruppe kontaktiert, der uns weitere Anhaltspunkte geben konnte.
Beim nächsten Mal, als er verschwand, haben wir viele aus seinem Freundeskreis angerufen und ihm ausrichten lassen, dass wir ihn suchen würden. Als wir die Telefonrunde abgeschlossen hatten, stand uns der Schweiß auf der Stirn, aber wir hatten das Gefühl, dass unser Handeln uns half, aus der Misere herauszukommen. Wir waren uns bewusst, dass er unheimlich wütend auf uns sein würde. Doch wir hatten im Kurs gelernt, wie wir seine Wut würden auffangen können, ohne einen Streit zu beginnen oder ihm nachzugeben und unseren Standpunkt aufzugeben. Wir fühlten uns als Eltern wie neugeboren.«

Die drei verschiedenen Grade der wachsamen Sorge sind den meisten Eltern nicht fremd. Mit Kleinkindern bewegen wir uns meist ohne allzu große Schwierigkeiten zwischen diesen verschiedenen

Graden der elterlichen Fürsorge hin und her. Mütter wenden den Großteil des Tages ihrem Baby intuitiv eine offene Aufmerksamkeit zu. Tatsächlich entwickeln Mütter eine ganz spezielle Aufmerksamkeit für die Bedürfnisse ihres Babys. Selbst wenn eine Mutter mit anderen Dingen beschäftigt ist, bleibt sie für kleinste Signale des Kindes sensibel. Manchmal ist die Mutter so müde, dass selbst ein lärmender Bulldozer unter ihrem Fenster ihren Schlaf nicht stören wird. Der kleinste »Pieps« des Kindes wird sie jedoch sofort aus dem Schlaf wecken. Die mütterliche Aufmerksamkeit hält immer einen Kommunikationskanal für das Baby offen. Sobald ein Alarmsignal wahrgenommen wird, erhält dieses die allerhöchste Priorität. So gewinnt das Baby mit der Zeit an Sicherheit und lernt, dass ihm seine Mutter Aufmerksamkeit schenkt und seinen Bedürfnissen gerecht zu werden versucht.

Der Übergang von einer allgemeinen, offenen Aufmerksamkeit zur fokussierten Aufmerksamkeit vollzieht sich auf spontane Weise, sobald das Kind etwas von sich hören lässt, das eine Not signalisiert, oder überhaupt ein Geräusch aus der Richtung des Babys kommt. Die Mutter hält dann in ihren Beschäftigungen inne und wendet all ihre Aufmerksamkeit ihrem Baby zu. Dies ist eine andere Situation als die offene Aufmerksamkeit, da sich die Mutter nun ganz und gar auf das Baby konzentriert, um zu verstehen, ob ein Eingreifen ihrerseits erforderlich ist. Wenn sich herausstellt, dass das Baby nur für einen kurzen Augenblick unruhig war und nun wieder zufrieden ist, kann sich die Mutter erneut den anderen Dingen widmen und den niedrigeren Aufmerksamkeitsgrad einnehmen. So kann sie auf effiziente Weise ihre Kräfte einteilen und auch anderen Aufgaben nachkommen. Wenn die Mutter nicht immer sofort eingreift, kann das Baby außerdem lernen, sich selber zu regulieren und sich mit eigenen Kräften zu beruhigen. Die elterliche Fürsorge ermöglicht also eine fortwährende Begleitung des Kindes und gleichzeitig genügend Freiraum für Mutter und Kind – der sich mit der Zeit immer weiter ausdehnt –, damit das Kind Fähigkeiten zur Selbstregulation erlernen kann. Diese Fähigkeiten dienen ihm im späteren Alter zur Selbstfürsorge.

Wenn das Kind sich nicht selbst wieder beruhigt und weiter seine Not kundtut, ergreift die Mutter einseitige Maßnahmen. Sie kümmert sich um das Baby, hebt es hoch, versucht zu verstehen, was das Baby stört, wird seinen Bedürfnissen gerecht und beruhigt es. Im Fall, dass es einen äußeren Störfaktor oder eine Bedrohung für das Baby gibt, wird die Mutter dafür sorgen, dass die Störung oder Bedrohung beseitigt wird. Zum Beispiel wird die Mutter in der ersten Krabbelzeit darauf achten, dass das Baby sich keinem gefährlichen Objekt nähert, und gegebenenfalls aufstehen, um den gefährlichen Gegenstand wegzunehmen oder das Kind am Weiterkrabbeln zu hindern. Nach dieser Maßnahme wird sie wieder einen niedrigeren Grad der Fürsorge einnehmen. So kann sie sich ausruhen und dem Kind wieder mehr Freiraum zur selbstständigen Erforschung seiner Umgebung lassen.

Bei Kleinkindern vollziehen Eltern die Übergänge zwischen den verschiedenen Graden der elterlichen Fürsorge intuitiv. Väter, die ihr kleines Kind betreuen, handeln nach den gleichen, oben für die Mutter beschriebenen Prinzipien. Wir können zum Beispiel die drei verschiedenen Grade der elterlichen Fürsorge bei einem Vater beobachten, der sein Kind zum Spielplatz begleitet. Solange das Kind zufrieden im Sandkasten spielt, kann der Vater sich auf der Bank ausruhen, Zeitung lesen, mit anderen Eltern sprechen oder die Vögel beobachten. Seine Aufmerksamkeit ist dennoch nicht vollkommen vom Kind abgewendet. Sobald er einen Ruf aus der Richtung seines Kindes hört, wird der Vater seine generell vorhandene Aufmerksamkeit fokussieren: Er wird das, womit er sich beschäftigt, beiseitelegen oder unterbrechen und seine ganze Aufmerksamkeit dem Kind zuwenden, um zu sehen, was passiert ist. Wenn er sieht, dass sich sein Kind nur kurz unwohl gefühlt hat, zum Beispiel wegen einer Meinungsverschiedenheit mit einem anderen Kind, und nun wieder in das Spiel vertieft ist, wird er zu der allgemeinen, offenen Aufmerksamkeit zurückkehren und seinen Sohn spielen lassen. Wenn sich das Kind aber in Schwierigkeiten befindet, zum Beispiel weil es die Rutsche hochgeklettert ist und nun nicht allein herunterkommt, wird der Vater einseitige Maßnahmen ergreifen: Er wird das Kind von der Rutsche herunterholen und ihm erklären, dass es dort nicht hochklettern dürfe, oder wird ihm bei dieser Gelegenheit beibringen, wie es allein runterrutschen kann. Danach wird der Vater wieder einen niedrigeren Grad der wachsamen Sorge einnehmen.

Die drei Grade der elterlichen Fürsorge gelten für die gesamten Kinder- und Jugendjahre. Der Übergang zwischen den verschiedenen Graden verändert sich jedoch, da die Unabhängigkeit des Kindes entsprechend seinem Alter zunimmt. Kleinere Kinder akzeptieren den Übergang zu einem höheren Grad der Fürsorge leichter. Größere Kinder wehren sich meist gegen eine Verstärkung der elterlichen Präsenz und Beteiligung in einem Lebensbereich, in dem sie bereits daran gewöhnt sind, unabhängig zu sein. Wenn also Eltern den Grad der elterlichen Fürsorge bei älteren Kindern verstärken wollen, müssen sie diesen Übergang planen und sich auf den Widerstand des Kindes vorbereiten. Es ist wichtig, sich dessen bewusst zu sein, dass die intensivere Begleitung bei einem älteren Kind nicht weniger notwendig ist als bei einem jüngeren Kind. Tatsächlich ist sie Teil der elterlichen Pflicht. Für alle Altersstufen gilt, dass die wachsame Sorge der Eltern die Gefahren, denen das Kind ausgesetzt ist, verringert und es ihm ermöglicht, die Lebenserfahrung der elterlichen Präsenz zu machen. So wird seine Fähigkeit gestärkt, auf sich selber zu achten, für sich zu sorgen und sich besser vor Versuchungen und Gefahren zu schützen.

Wachsame Sorge, Kontrolle und Unabhängigkeit

Ein häufiges Hindernis, das Eltern von einer effizienten Fürsorge abhält, besteht in der fälschlichen Gleichsetzung von elterlicher Aufsicht und Kontrolle. Viele Eltern schrecken davor zurück, das Kind zu beaufsichtigen, und zwar aufgrund von zwei gegensätzlichen Erklärungsmustern: Einige Eltern sagen: »Was wird es schon helfen, wenn ich das Kind beaufsichtige? Ich kann es doch sowieso nicht davon abhalten, zu tun, was es will!« Andere erklären: »Wenn ich mein Kind ständig begleite, wird es keine Unabhängigkeit entwickeln. Es muss diese Erfahrungen selber machen, um zu lernen, im Leben zurechtzukommen.« Bei der ersten Behauptung beschweren sich die Eltern, dass sie die Unabhängigkeit des Kindes nicht einschränken können. Bei der zweiten befürchten die Eltern hingegen, dass sie der Entwicklung zur Unabhängigkeit des Kindes schaden könnten. Selbst wenn Eltern aus unterschiedlichen Gründen ihre elterliche Fürsorge für das Kind vernachlässigen, sind doch die

Folgen ähnlich: Die Eltern stehen untätig daneben und verzichten auf den Versuch, zu wissen, was im Leben ihres Kindes vor sich geht. In beiden Fällen bleibt das Kind ohne die notwendige elterliche Begleitung.

Der Fehler beider elterlichen Haltungen liegt im Glauben, dass elterliche Begleitung Kontrolle bedeute. Dabei sind die elterliche Fürsorge und Präsenz im Leben des Kindes gerade deshalb erforderlich, weil Eltern ihr Kind nicht unter Kontrolle halten können. Die wachsame Sorge hat sich als effizienter Weg erwiesen, mögliche Gefahren trotz fehlender elterlicher Kontrolle abzuwehren. Ihre Effektivität rührt von der Möglichkeit der elterlichen Begleitung her. Wenn Eltern das Kind begleiten – egal ob durch tatsächliche Maßnahmen oder durch ihre besondere Aufmerksamkeit – und das Kind sich dieser elterlichen Begleitung bewusst ist, wird die Gefahr möglicher Versuchungen geringer. Wenn Eltern aufmerksam sind und dem Kind nahestehen, nimmt die Sicherheit des Kindes ebenso zu wie seine Fähigkeit, Versuchungen zu widerstehen.

Elterliche Begleitung ist also nicht mit Kontrolle gleichzusetzen. Sie kann daher der Entwicklung der Unabhängigkeit des Kindes nicht schaden. Ganz im Gegenteil: Sie ermöglicht ihm eine Entwicklung zur Unabhängigkeit, die unter sicheren Umständen stattfindet. Außerdem wird, wie bereits erwähnt, durch die wachsame Sorge die Fähigkeit zur Selbstfürsorge entwickelt. Die elterliche Begleitung wird im Laufe der Zeit verinnerlicht und zur »Selbstbegleitung«. Durch die Erfahrung der elterlichen Fürsorge lernt das Kind schrittweise, auf sich selbst zu achten. Im Verlauf der Jahre vergrößern die Eltern daher den Freiraum des Kindes entsprechend seiner wachsenden Fähigkeit, auf sich selbst aufzupassen.

Eltern geben oft ihrer Enttäuschung Ausdruck, dass die elterliche Fürsorge keine echte Kontrolle ermöglicht. Sie fühlen, dass sie sich nicht auf das Kind verlassen können, und versuchen, jeden möglichen Fehltritt zu verhindern. Ihre Besorgnis um das Kind ist so groß, dass sie das Bedürfnis haben, jede mögliche Versuchung von ihm fernzuhalten. Solche Wünsche sind jedoch irreal. In der Vergangenheit haben verschiedene Gesellschaften versucht, eine derart absolute Sicherheit in Bezug auf die Kinder (genauer gesagt die Töchter) zu erreichen, indem die Eltern sie hinter Schloss und Riegel hielten. In unserer heutigen Gesellschaft ist dies nicht möglich. Heutzutage können Eltern den Kindern nicht mehr ihren Freiraum nehmen und verhindern, dass sie gewissen Versuchungen ausgesetzt sind. Kontrolle ist dem herkömmlichen Verständnis nach unmöglich geworden. Eigentlich war sie schon immer unmöglich, da sich Gedanken und Gefühle anderer nicht kontrollieren lassen. Eltern können nicht bestimmen, was ihr Kind denkt oder fühlt. Sie können jedoch versuchen, das Kind zu beeinflussen, indem sie es zu überzeugen versuchen, mit persönlichem Beispiel vorangehen und nach ihren Wertvorstellungen leben. Die Kontrolle über das Innenleben des Kindes ist jedoch unmöglich. Tatsächlich kann man sogar das Verhalten des Kindes nicht vollkommen beherrschen. Eltern, die dazu bereit sind, physische Gewalt anzuwenden, können das Kind dazu zwingen, nach ihrem Willen zu handeln, aber nur solange das Kind sich in ihrer Gewalt befindet. Sobald das Kind sich von den Eltern entfernt, sei es auch nur für einige Stunden, verlieren sie vollständig die Kontrolle über das Kind. Kontrolle ist also eine Illusion. Dies anzuerkennen kann enttäuschend sein, ist aber auch befreiend. Wenn die Eltern nämlich begreifen, dass sie das Kind nicht kontrollieren können, sind sie von der schweren und frustrierenden Pflicht, vermeintlich genau dies tun zu müssen, befreit. Ihre Hände bleiben jedoch nicht leer! Wenn sie sich von der Illusion der Kontrolle lösen, können sie eine Haltung der aktiven, wachsamen Sorge einnehmen.

Privatsphäre, Vertrauen und Spionieren

Bei der wachsamen Sorge handelt es sich also um einen flexiblen Vorgang: Die Eltern bewegen sich zwischen verschiedenen Graden der elterlichen Fürsorge entsprechend der Bedürftigkeit des Kindes oder angesichts der bestehenden Gefahren hin und her. Diese Einsicht liefert den Schlüssel zum Umgang mit zwei zentralen Problemen:
1. Wie lässt sich die Notwendigkeit der elterlichen Begleitung mit dem Bedürfnis nach Privatsphäre vereinbaren?
2. Wie verknüpft man eine wachsame Sorge mit dem wachsenden Vertrauen in das Kind?

Die Antwort auf beide Fragen ist die gleiche: Das Recht auf Privatsphäre wächst und der Grad der elterlichen Fürsorge sinkt, wenn es keine Warnsignale gibt und das Kind beweist, dass es auf sich selbst aufpassen kann. Auf gleiche Weise nimmt das Vertrauen in das Kind zu und die Notwendigkeit der Befragung und einseitiger Maßnahmen ab, je mehr das Kind glaubwürdige Angaben liefert und keine Informationen zu verheimlichen sucht. Diese Regeln helfen Eltern dabei, den Grad der elterlichen Fürsorge entsprechend der Notwendigkeit zu verstärken oder zu reduzieren.

Ein Paradox der modernen Gesellschaft liegt im hohen Wert der Privatsphäre. Sie wird über alle Maßen verabsolutiert und ihre Einschränkung oder Verletzung gilt als unakzeptabel. Dies obwohl die Jugendlichen noch nie so vielen Versuchungen und Gefahren ausgesetzt waren und gerade heutzutage die Großstadt und der Computer unendliche Möglichkeiten für anonyme und heimliche Aktivitäten liefern.

Eltern reagieren oft mit dem »Privatsphären-Reflex«: So nennen wir die Neigung, jegliche elterlichen Maßnahmen einzustellen, sobald die geringste Befürchtung besteht, dass die Privatsphäre des Kindes verletzt werden könnte. Schon allein die Andeutung, dass die Gefahr einer Verletzung der Privatsphäre vorhanden sei – zum Beispiel durch Sätze wie: »Das ist *mein* Zimmer!«, »Das ist *mein* Computer!«, »Das ist *mein* Geld!«, »Das sind *meine* Freunde!« –, reicht aus, um die Handlungen der Eltern zu delegitimieren. Sie entwickeln ein Gefühl der Lähmung und Hilflosigkeit und glauben, dass sie kein Recht hätten einzugreifen, selbst wenn das Verhalten des Kindes eine tatsächliche Gefahr darstellt. Die Privatsphäre ist zwar ein wichtiger Wert unserer Gesellschaft. Der »Privatsphären-Reflex« stellt diesen Wert jedoch an erste Stelle und hindert Eltern daran, ihn gegen andere lebenswichtige Werte abzuwägen, zum Beispiel gegen den Wert der Sicherheit des Kindes.

Anton fand heraus, dass seine 12-jährige Tochter Noah auf ihrem Computer Porno-Internetseiten anzuschauen pflegte. Sie hatte den Computer nach der Scheidung der Eltern als Geschenk von ihrer Großmutter erhalten. Seine Tochter schaute sich diese Seiten ganz offen an, beinahe provokativ, wann immer sie bei ihrem Vater war. Anton vermied es, diese neue Verhaltensweise durch Maßnahmen seinerseits zu unterbinden, da er befürchtete, dies könnte dem Verhältnis zu seiner Tochter schaden. Außerdem empfand er, dass der Computer außerhalb seines Einflussbereiches liege, da sie ihn von ihrer Großmutter geschenkt bekommen hatte und er ihr Eigentum war. Nachdem er jedoch im Rahmen der Elternberatung Unterstützung und die Legitimation dazu erhalten hatte, griff er entschlossen ein: Er beschlagnahmte den Computer, löschte alle problematischen Inhalte, installierte ein Passwort und informierte die Mutter darüber, dass Noah Porno-Internetseiten ansehe und sie, die Eltern, dies gemeinsam unterbinden sollten. Zu seiner Überraschung akzeptierte Noah nach leichtem Widerspruch seinen Eingriff und verzichtete auf die Porno-Inhalte.

Die meisten Eltern empfinden zu Recht, dass gegenseitiges Vertrauen ein Anzeichen für ein gutes Eltern-Kind-Verhältnis ist. Tatsächlich stellt gegenseitiges Vertrauen eine gute Basis für eine gesunde Entwicklung dar, wenn das Kind sich dieses Vertrauen durch sein verantwortungsvolles Verhalten und seine Offenheit verdient hat. Es ist jedoch falsch anzunehmen, dass Kinder sich nur dann gut entwickeln können, wenn sie das uneingeschränkte Vertrauen ihrer Eltern erhalten. Ganz im Gegenteil: Ein Kind, das problematische Verhaltensweisen aufweist, das Dinge verheimlicht und lügt, braucht Eltern, die es intensiv begleiten und seinen Berichterstattungen *weniger* Glauben schenken. Nur so wird es sich auf optimale Weise entwickeln können. Für viele Eltern ist dies schwer einzusehen. Selbst nachdem das Vertrauen deutlich verletzt wurde, bitten sie das Kind immer wieder darum, »ein neues Kapitel« zu beginnen. Dieser Wunsch der Eltern führt jedoch dazu, dass das Kind weiteren Versuchungen ausgesetzt wird. Sobald sie entdecken, dass das Kind ihr Vertrauen abermals verletzt hat, ist ihre Enttäuschung umso größer. Es ist daher viel angebrachter, dem Kind ein eingeschränktes Vertrauen entgegenzubringen. Das heißt, entweder glauben die Eltern dem Kind oder sie überprüfen die Lage – ganz entsprechend den Umständen. Wenn also das Kind die Fragen der Eltern beantwortet und sich an die Abmachungen mit den Eltern hält (zum Beispiel in Bezug auf die Ausgehstunden), schenken die Eltern mehr Vertrauen und beaufsichtigen das Kind auf weniger strenge Weise. Wenn das Kind die erbetene

Information nicht liefert oder sich Anzeichen bemerkbar machen, dass das Kind etwas verheimlicht oder sich herausredet, nimmt das Vertrauen in das Kind ab und der Grad der elterlichen Fürsorge zu.

Julias Mutter erwischte ihre 14-jährige Tochter mehrere Male dabei, dass sie Geld geklaut hatte. Julia war sozial isoliert und versuchte, Freunde mit Geschenken zu erkaufen. Die Mutter ließ sich in der Elternberatung davon überzeugen, dass sie ihr Geld verstärkt überprüfen sollte, um ihrer Tochter dabei zu helfen, die Versuchung zum Klauen zu überwinden. Sie teilte Julia ihre Entscheidung mit, die sich nach schwachem Protest damit abfand. Julia erhielt zu dieser Zeit außerdem professionelle Unterstützung, um zu lernen, besser mit ihrer sozialen Isolation umzugehen.

Nachdem Julia während eines halben Jahres nicht beim Klauen erwischt worden war, verkündete Julias Mutter ihr, dass sie angesichts Julias Fortschritts ein neues Kapitel anfangen wolle und von nun an Julia wieder vollkommen vertrauen würde. Aufgrund dieser positiven Entwicklung entspannte sich die mütterliche Beaufsichtigung. Julia war glücklich über das Vertrauen, das ihr geschenkt wurde, und das Verhältnis zwischen Mutter und Tochter schien sich enorm zu verbessern. Drei Monate später hatte Julia jedoch wieder Probleme hinsichtlich der Freundschaft zu einigen anderen Mädchen. Sie konnte der Versuchung zu klauen nicht widerstehen, um den Mädchen, deren Gesellschaft sie sich wünschte, ein Geschenk zu kaufen. Die Mutter war erstaunt und enttäuscht, als sie herausfand, dass ihre Tochter wieder unerlaubt Geld genommen hatte. Es folgte ein heftiger Wutausbruch, der dazu führte, dass Julia sich beleidigt zurückzog. Julias allgemeine Situation und ihre Beziehung zur Mutter erreichten einen unerwarteten Tiefpunkt.

Das Prinzip der Flexibilität der wachsamen Sorge bedeutet, dass die elterliche Begleitung je nach den Verhaltensweisen des Kindes oder Anzeichen strenger oder freizügiger gestaltet werden sollte. Dies ermöglicht uns, auch Situationen zu definieren, in denen die elterliche Begleitung zu streng ist und das Kind nicht genügend Freiraum erhält, um sich auf optimale Weise zu entwickeln. Die zwei häufigsten Fehler diesbezüglich sind eine zu ängstliche Aufsicht und das Spionieren.

Eine zu ängstliche Aufsicht ist dadurch gekennzeichnet, dass die Eltern dem Kind wichtige Aktivitäten verweigern, die zu seiner persönlichen und sozialen Entwicklung beitragen, obwohl es keine Anzeichen oder Hinweise dafür gibt, dass das Kind sich in Gefahr begeben oder sich in Probleme verwickeln könnte. Die zu ängstliche Aufsicht kann einfach identifiziert werden: Die meisten Eltern, die ihr Kind zu ängstlich beaufsichtigen, sagen offen, dass sie immer ganz genau wissen müssen, was ihr Kind gerade tut. Diese Eltern handeln auf zweierlei Weise: Entweder schränken sie den Freiraum des Kindes zu stark ein oder sie befragen es auf eindringliche Weise zu seinen Tätigkeiten.

Spionierende Eltern ergreifen eine andere, ebenso problematische Strategie, um ihre Ängste und ihr Gefühl der Hilflosigkeit zu bekämpfen: Sie verschaffen sich die Illusion der Kontrolle, indem sie ohne das Wissen des Kindes Informationen einholen. Dieses Spionieren wird von der Angst und den Sorgen um das Kind angetrieben, nährt die Angst aber gleichzeitig. Spionierende Eltern haben zweifach Angst: Sie fürchten sich zum einen davor, problematische Hinweise in Hinblick auf die Aktivitäten des Kindes zu finden; zum anderen befürchten sie, dass das Kind ihre Untergrundaktivitäten entdecken könnte. Das Handlungsvermögen spionierender Eltern wird auf diese Weise nicht verbessert, sondern stark eingegrenzt. Selbst wenn spionierende Eltern es wagen sollten, auf der Basis der heimlich beschafften Informationen zu handeln, werden sie sich dazu nicht wirklich legitimiert fühlen. Eltern, die nicht von der Legitimität des eigenen Handelns überzeugt sind, müssen jedoch ihre Unsicherheit verbergen und werden somit nur zögerlich oder aber auf aggressive Weise handeln. Die meisten spionierenden Eltern bevorzugen es, ihr Spionieren durch Lügen zu vertuschen und zu verheimlichen, wie sie an die Informationen gelangt sind. Spionieren vergiftet in jedem Fall die Eltern-Kind-Beziehung, die durch das elterliche Handeln von Verheimlichung und Falschheit geprägt ist. Es ist nicht verwunderlich, dass sich viele dieser Eltern immer stärker vom Kind entfernen.

Georg, ein alleinerziehender Vater, der seine Frau einige Jahre zuvor verloren hatte, befürchtete, dass seine 17-jährige Tochter Alice mit ihrem

Freund Marihuana rauchte. Sie schlossen sich viele Stunden im Zimmer ein und Georg meinte, einen verdächtigen Geruch wahrgenommen zu haben. Außerdem beobachtete er, wie Alice unheimlich hungrig war, wenn sie danach das Zimmer verließ, und war überzeugt davon, dass die Droge die Ursache für den Hunger war. Er überprüfte ihr Zimmer, während sie schlief, und fand eine Tüte mit Marihuana. Georg scheute sich jedoch vor einer direkten Konfrontation mit seiner Tochter und plante deswegen eine komplizierte Manipulation, mit deren Hilfe er dem Drogenkonsum ein Ende setzen würde. Er erbat die Hilfe eines Freundes, der bei der Polizei arbeitete. Der nahm Kontakt mit Alice auf und teilte ihr mit, dass sie und ihr Freund seit einigen Wochen unter Beobachtung stünden. Weil er ein Freund der Familie sei, wolle er die Angelegenheit persönlich regeln und sie vorwarnen. Er teilte ihr mit, dass sie weiter unter polizeilicher Beobachtung stehen würden. Im Fall, dass es weitere Hinweise zum Drogenkonsum geben würde, sähe er sich jedoch gezwungen, rechtliche Maßnahmen zu ergreifen. Dies würde ihr und ihrem Freund sicherlich Schwierigkeiten bereiten. Alice flehte ihn an, ihrem Vater nichts von dem Vorgefallenen zu erzählen. Der Freund stimmte unter der Bedingung zu, dass der Drogenkonsum eingestellt würde.

Georg war sich sicher, dass er sein Ziel auf diesem Umweg erreicht habe. Seine elterliche Stellung hatte er aber in Folge seiner Manipulation dennoch eingebüßt: Georg hatte es in Kauf genommen, dass sein Freund und seine Tochter ein angebliches Bündnis gegen ihn geschlossen hatten, um ihn nicht vom Drogenkonsum seiner Tochter wissen zu lassen. Dies war ihm besser erschienen als ein offenes Gespräch und eine direkte Konfrontation.

Die Ankerfunktion der Eltern

Eines der zentralen Glaubensbekenntnisse der modernen Kindererziehung besagt, dass das Kind die Erfahrung einer sicheren Bindung zu seinen Eltern benötigt, um ein gesundes Selbstwertgefühl und Selbstsicherheit zu entwickeln. Die stabile, warme und bedingungslose Beziehung zu den Eltern gilt als Nährboden für die sich entwickelnde Seele des Kindes. Es schöpft seine Kraft, seine Fähigkeiten und sein Selbstvertrauen aus dieser Bindung. Außerdem ermöglicht ihm diese Bindung die Verinnerlichung von Werten, Überzeugungen und positiven Verhaltensweisen anderen gegenüber. Die psychologische Theorie, auf die sich dieses Verständnis bezieht, ist die »Bindungstheorie«. Diese besagt, dass die Eltern zwei zentrale Aufgaben für das Kind erfüllen, um die optimalen Bedingungen für seine Entwicklung zu schaffen: die Aufgabe, ihm einen »sicheren Hafen« zu bieten, und die, ihm eine »sichere Basis« zu verschaffen.

Der Begriff des »sicheren Hafens« bezeichnet die elterliche Aufgabe, das Kind im Verlauf seiner Begegnungen und Auseinandersetzungen mit der Außenwelt zu beruhigen, zu vergewissern und es emotional »auftanken« zu lassen. Ein Kind, das zu laufen anfängt und hinfällt, ein Kleinkind, das sich vor einem Hund erschreckt, ein Schulkind, das von einem Klassenkameraden verletzt wurde, ein Jugendlicher, der eine schwere Niederlage in seiner Auseinandersetzung mit der Außenwelt erfährt – alle können sie mit ihrem Schmerz und Schrecken bei den Eltern Schutz suchen, vorausgesetzt, die Eltern-Kind-Beziehung ist gut und sicher. Der Begriff des »sicheren Hafens« beschreibt die das Kind vergewissernde und auffangende Umarmung der Eltern, die für die Bedürfnisse und die Schwierigkeiten des Kindes empfänglich sind. Der Begriff der »sicheren Basis« ergänzt diese Funktion. Eltern sind eine »sichere Basis« für ihr Kind, wenn sie das Kind dabei unterstützen und es dazu ermutigen, das Umfeld zu erkunden und Erfahrungen zu sammeln.

Worin liegt also der Unterschied zwischen dem »sicheren Hafen« und der »sicheren Basis«? Der Begriff der »sicheren Basis« betont die Zuwendung des Kindes zur Außenwelt, während beim Begriff des »sicheren Hafens« die Betonung darauf liegt, dass das Kind sich dem elterlichen Schutz zuwendet. Die »sichere Basis« ermöglicht dem Kind das Auskundschaften der Welt, während der »sichere Hafen« dem Kind immer bereitsteht, sollte es in Schwierigkeiten kommen. Situationen, in denen Eltern als »sichere Basis« für ihr Kind fungieren, können zum Beispiel sein: eine Mutter, die ihren zögerlichen Sohn ermutigt, auf dem Spielplatz zu spielen, indem sie sagt: »Ich sitze hier auf der Bank und sehe dir zu!«; ein Vater, der seinen Sohn bei einem Schwimmkurs begleitet und ihm aus der Ferne zuwinkt oder eine Mutter, die ihre Tochter dazu ermutigt, zum ersten Mal mit dem Bus zu fahren, und ihr verspricht, telefonisch erreichbar zu sein.

Der »sichere Hafen« und die »sichere Basis« sind die sich gegenseitig ergänzenden Seiten der gleichen Sache: Die schützende Umarmung und die unterstützende Ermutigung sind eng miteinander verbunden und gewährleisten dem Kind einerseits die notwendige Sicherheit und andererseits eine wachsende Unabhängigkeit.

Unserer Ansicht nach fehlt jedoch eine dritte Funktion, die die zwei beschriebenen Funktionen ergänzt: die »Ankerfunktion« (Omer u. von Schlippe, 2011). Diese Funktion bezeichnet die elterliche Stärke, möglichen gefährlichen Strömungen mit Hilfe ihrer eigenen sicheren Verankerung auf dem »elterlichem Grund« entgegenzuwirken. Wenn Eltern als »sicherer Hafen« bzw. als »sichere Basis« fungieren, wenden sie sich ihrem Kind und seiner Situation mit ihrer empfindsamen, unterstützenden und verständnisvollen Seite zu. Demgegenüber befinden sich Eltern in ihrer »Ankerfunktion« dem Kind und seiner Situation gegenüber auf der Hut, stabilisieren es mit ihrer Stärke und schränken es gegebenenfalls ein. Die ersten beiden Funktionen betreffen die elterliche Liebe und Fürsorge, während die letzte Funktion die elterliche Autorität widerspiegelt. Unserer Meinung nach kann die Eltern-Kind-Beziehung keine Sicherheit bieten, wenn die Eltern nicht dazu fähig sind, das Kind vor Sturm und Wetter zu schützen, die notwendigerweise Teil des Aufwachsens sind. Eine sichere Bindung benötigt sowohl Empfindsamkeit als auch Autorität. Wir können uns ohne eine sichere Verankerung keinen sicheren Hafen und keine sichere Basis vorstellen. Das Schiff muss verankert werden, um nicht mit anderen Schiffen zusammenzupralln, mit der Hafenanlage zu kollidieren oder von gefährlichen Strömungen mitgerissen zu werden.

Die wachsame Sorge stellt einen wichtigen Bestandteil der elterlichen »Ankerfunktion« dar. Eine flexible Fürsorge ist wie ein Anker mit einem langen Ankerseil: Das Kind merkt meist gar nicht, dass sein Bewegungsfreiraum eingeschränkt ist, und kann sich frei bewegen bis hin zur maximalen Länge des Seils. Das Seil wird mit dem Alter des Kindes und seiner steigenden Verantwortung immer länger. Selbst wenn der Bewegungsfreiraum des Kindes beinahe unbegrenzt erscheint, so ist doch dem Kind und den Eltern bewusst, dass der Anker fest auf dem Grund liegt und Sicherheit gewährleistet, so dass das Kind im Notfall gebremst wird, bevor es in Gefahr gerät.

Ein guter Anker hindert das Kind nicht daran, allmählich immer mehr Unabhängigkeit zu entwickeln und sich langsam von den Eltern zu entfernen. Wenn die Zeit reif ist, wird der Anker gelichtet, das Kind kann seine Richtung wählen und auf Fahrt gehen. Das Lichten des Ankers und die Fahrt hinaus aufs offene Meer mit eingezogenem, aber weiterhin vorhandenem Anker liefern das Bild für den erwünschten Ausgang der elterlichen Begleitung. Anfangs gewährleistet die elterliche Fürsorge dem Kind die notwendige Verankerung und äußere Sicherheit, die schrittweise zur Fähigkeit der Selbstfürsorge verinnerlicht werden. Das erwachsene Kind ist dann fähig, sich selbst zu verankern, um sich davor zu schützen, mitgerissen zu werden. Es hat jetzt, da es selbstständig ist und seine Eltern somit nicht mehr unbedingt als beständige Begleiter für sein Wohlergehen sorgen, seine eigene Verankerung.

Ziel dieses Buches

Dieses Buch ist den Eltern und Therapeuten gewidmet, die sich mit der Aufgabe der elterlichen Aufsicht auseinandersetzen. Da sich die elterliche Fürsorge in den frühen Kinderjahren meist relativ intuitiv gestaltet, werden wir uns zuerst mit Kindern im Schulalter beschäftigen. Ganz besondere Aufmerksamkeit werden wir dann den Jugendjahren der Kinder widmen, in denen sich Eltern mit immer mehr Problemen in Bezug auf ihre elterliche Präsenz im Leben der Kinder konfrontiert sehen.

Wir werden die Fragen behandeln, wie die offene Aufmerksamkeit und der Dialog mit den Kindern verbessert werden können und wie den Eltern darüber hinaus geholfen werden kann. Viele Eltern lernen, auf der Hut zu sein, ohne sich gezwungen zu sehen, eine direkte Befragung einzuführen oder einseitige Maßnahmen zu ergreifen. Wir werden uns damit befassen, wann eine Verstärkung der elterlichen Fürsorge nicht nur angebracht, sondern erforderlich ist. Außerdem werden wir verschiedene Herausforderungen beleuchten, die bei dem Übergang zwischen verschiedenen Graden der wachsamen Sorge entstehen: wie Eltern ihre Bereitschaft und ihren Mut stärken können, um ihrem Kind gegenüber aktiv zu werden, und wie es mit der Legitimation ihrer eingreifenden Handlungsweisen aussieht, aufgrund welcher Zusammenhänge sie als positiver Ausdruck ihrer elterlichen Liebe und Fürsorge gelten können und auch aufgefasst werden. Wir werden die Gefahr der Eskalation ausführlich behandeln und uns mit der Sorge der Eltern auseinandersetzen, dass ihre ungewohnten Handlungsweisen zu verschärften Reaktionen ihrer Kinder oder sogar zu einem Bruch in der Eltern-Kind-Beziehung führen könnten. Wir werden uns auch ausführlich mit der Beaufsichtigung Jugendlicher beschäftigen, die jegliche Zusammenarbeit verweigern und weder vor Verheimlichung noch vor Einschüchterungsversuchen zurückschrecken, um die Eltern von ihrer Absicht abzubringen, sie zu beaufsichtigen.

Des Weiteren werden wir konkrete Hilfsmittel vorstellen, um die drei verschiedenen Grade der wachsamen Sorge auszuüben. Überdies werden wir spezifische Problembereiche angehen: Lügen, problematische Jugendlichengangs, den Umgang mit Geld (Geldmissbrauch, Geldverschwendung, Schulden u. a.), die Nutzung von Computern, das Rauchen sowie Alkohol- und Drogenkonsum. Kürzlich konnten wir in einem weiteren Problembereich entscheidende Erfolge erzielen: Durch elterliche Aufsicht konnte die Gefährdung durch fahrlässiges Autofahren verringert werden (Shimshoni et al., im Druck). Wir werden in diesem Zusammenhang sehen, dass dem jungen Fahrer selbst dann eine bedachtsame elterliche Fürsorge zuteilwerden sollte, wenn er gesetzmäßig schon ein schuldfähiger Erwachsener ist.

Aufsicht im Alltag: Begleitung und Nähe

In Zusammenarbeit mit Tal Fisher

Familien, die in ihrem Alltag vieles gemeinsam machen, planen und absprechen, vermitteln den Kindern in verschiedener Hinsicht ein Gefühl der Sicherheit. Ein ausgezeichnetes Beispiel hierfür sind die Mahlzeiten. Viele Forschungen haben erwiesen (zum Beispiel Fulkerson et al., 2006), dass Kinder aus Familien, in denen gemeinsame Mahlzeiten Teil des Alltags sind, seltener aus der Schule aussteigen, weniger rauchen, weniger Alkohol oder Drogen konsumieren, sich seltener in schlechte Gesellschaft begeben und weniger oft unter Depressionen oder Suizidgedanken leiden. Ähnlich wie die Muttermilch das Baby gegen viele Krankheiten immunisiert, schützen Familienmahlzeiten Kinder und Jugendliche vor vielen Gefahren, denen sie während ihrer Entwicklung ausgesetzt sind. Woran mag das liegen? Wir sind der Überzeugung, dass regelmäßige Familienmahlzeiten den Grundsatz der elterlichen Präsenz verkörpern, das heißt einen regelmäßigen Kontakt zwischen Eltern und Kind, den Austausch von Informationen, die Erfahrung von Begleitung und Nähe, das Gefühl von Zugehörigkeit und Schutz ermöglichen. Familienessen und andere gemeinsame alltägliche Unternehmungen, die wir in diesem Kapitel beschreiben werden, fungieren als Anker für das Kind und vermitteln ihm Stabilität und Verbundenheit.

Die alltägliche Beaufsichtigung des Kindes ist etwas anderes als die fokussierte und entschlossene wachsame Sorge von Eltern, die Warnsignale wahrgenommen haben und daher in problematische Verhältnisse eingreifen müssen. Erst wenn ein beunruhigendes Ereignis eintritt, widmen Eltern ihre uneingeschränkte Aufmerksamkeit dem Kind und machen sich von anderen Verpflichtungen frei, um die drohende Gefahr abzuwenden. Der Alltag ist hingegen von einer offenen Aufmerksamkeit geprägt, mit deren Hilfe Eltern endlos viele Informationen von ihrem Kind aufnehmen, beinahe ohne dass sie diesem Prozess Bedeutung beimessen. Die alltägliche

Begleitung des Kindes ist das Ergebnis einer konsistenten elterlichen Präsenz. Die Eltern interessieren sich für sein Leben, sind ihm gegenüber aufmerksam und achten auf mögliche Veränderungen. Manchmal gestaltet sich die elterliche Fürsorge derart natürlich, dass dem Kind und selbst den Eltern ihre Existenz kaum bewusst wird. Sie ist dennoch vorhanden. Die alltägliche Aufsicht besteht aus der kontinuierlichen einfühlsamen Begleitung, der wachsamen Sorge, die es den Eltern ermöglicht, problematische Entwicklungen frühzeitig zu erkennen und abzuwenden.

Die Existenz einer guten Präsenz der Eltern im Alltag des Kindes ist die Garantie dafür, dass Eltern in Zeiten der Not, wenn sie klare Warnzeichen wahrnehmen, ihre wachsame Sorge verstärken können, um effektiv und zielsicher zu handeln und die Gefahr zu überwinden. So erweisen sich die alltägliche Aufmerksamkeit und Begleitung der Eltern als eine Grundlage, die es den Eltern vereinfacht, in einem Notfall die notwendigen Maßnahmen zu ergreifen.

Eltern-Kind-Kontakt im Alltag

Spontane oder geplante Kontakte liefern den Eltern Informationen zur aktuellen Situation des Kindes und vermitteln dem Kind, dass die Eltern ihm nahestehen und es begleiten. Eine Mutter erzählte uns diesbezüglich Folgendes: »Zwei Mal die Woche fahre ich und hole die Mädchen von der Schule ab. Ich habe gemerkt, dass dieser Kontakt sehr wichtig ist, da ich an diesen Tagen die Erlebnisse des Schultages am spontansten und frischesten mitkriege: wie die Mathestunde war, was in der Pause passiert ist, wer mit wem gestritten hat, wer wen verletzt hat. Demgegenüber erzählen sie mir normalerweise, wenn überhaupt, nur in ganz allgemeinen Zügen von den Ereignissen, und dann auch nur, wenn ich spezifische Fragen stelle.«

Eine andere Mutter beschrieb den Kontakt zu ihrem Sohn wie folgt: »Mein Mann hat unserem Sohn geholfen, eine Präsentation für den Geschichtsunterricht vorzubereiten. Ich habe ihm geholfen, eine Feier mit seinen Freunden zu organisieren. So wissen wir viel besser, was im Leben unseres Sohnes passiert. Und wir haben das Recht, Fragen zu stellen. Wenn du mithilfst, darfst du dich auch dafür interessieren, wie die Dinge gelaufen sind.«

Wenn Eltern im Alltag regelmäßig Kontakt mit ihren Kindern haben, können sie viel einfacher Veränderungen wahrnehmen. Hier ein Beispiel: »Mein Sohn hatte immer gern seine Großeltern besucht. Plötzlich versuchte er, sich rauszureden und nicht mitzukommen. Wenn er es trotzdem tat, saß er verärgert und verschlossen im Auto und verdarb uns die Stimmung. Langsam wurde mir klar, dass diese neue Verhaltensweise mit dem, was er am Abend zuvor gemacht hatte, zusammenhing. Er hatte einen neuen Freundeskreis und angefangen, am Wochenende spät nach Hause zu kommen. Da war es nicht verwunderlich, dass er am darauffolgenden Morgen muffelig aufstand und noch in Partystimmung war. So entwickelte sich bei uns die Einsicht, dass wir einen neuen Lebensabschnitt mit neuen Herausforderungen, die zu bewältigen waren, begonnen hatten.«

Ein gemeinsamer und geregelter Alltag mit dem Kind erleichtert es den Eltern, zu bemerken, wenn das Kind von seinen gewöhnlichen Verhaltensweisen abweicht. Sie haben einen Anhaltspunkt und können entscheiden, ob sie die Dinge näher untersuchen wollen. Die regelmäßigen Kontakte können in dieser Hinsicht also mit einem Netz von Sensoren verglichen werden, das sensibel auf Abweichungen reagiert.

Der Alltagskontakt liefert den Eltern jedoch nicht nur Informationen und ermöglicht es ihnen, entsprechend der Notwendigkeit einzugreifen. Er stärkt auch die elterliche Präsenz im Bewusstsein des Kindes. Der wöchentliche Stundenplan des Kindes enthält nicht nur die Unterrichtsstunden der Schule, seine Nachmittagsaktivitäten und Hobbys, sondern auch eine Reihe von Terminen, an denen es sich mit den Eltern trifft. Solch eine fest im Wochenplan verankerte elterliche Präsenz fördert die Entwicklung der Selbstfürsorge des Kindes. Ein Kind, das einem Treffen mit seinen Eltern entgegensieht, wird sich leichter Versuchungen widersetzen können als ein Kind, das kein derartiges Treffen erwartet. Schon allein die Vorstellung, den Eltern bald gegenüberzustehen, oder die Erinnerung an ein vergangenes Beisammensein mit ihnen verstärken das Gefühl des Kindes, dass es begleitet wird und sich jemand für es interessiert. Dadurch wird sein Vermögen zur Selbstregulierung gestärkt. Ein Beispiel hierfür ist folgende Aussage: »Wenn meine Tochter zu einer Party ausgeht, bevorzuge ich immer, sie dort hinzufahren oder von dort abzuholen. So habe ich das Gefühl, dass ich auch in meiner Abwesenheit während der Party ein bisschen präsenter in ihrem Kopf bleibe. Ich spreche mich mit anderen Eltern ab und wir fahren unsere Kinder abwechselnd.«

Dies ist auch der Grund dafür, dass gemeinsam eingenommene Familienmahlzeiten eine solch positive Wirkung auf das Kind haben. Die Tatsache, dass das Kind weiß, dass es gleich mit den Eltern essen wird, oder sich an den Geschmack des letzten Essens erinnert, wirkt wie eine Gedächtnisstütze: »Die Eltern sind bei mir, die Familie ist bei mir, mein Zuhause ist hier.«

Die Anzahl der Kontakte mit dem Kind im Alltag zu verstärken, ist ein guter Weg für Eltern, die Basis für ihre Präsenz im Leben des Kindes zu vergrößern. Viele Eltern fragen sich, wie ihnen das gelingen soll, wenn ihr Kind sich schon an einen gewissen Freiraum in seinem Leben und einen eingeschränkten Kontakt mit seinen Eltern gewöhnt hat. Ähnlich wie bei anderen Schwierigkeiten, mit denen Eltern sich konfrontiert sehen, wenn sie versuchen, ihre Anwesenheit im Leben des Kindes zu verstärken, liegt die Antwort in ihrem Gefühl, dazu berechtigt zu sein. Wenn Eltern der Überzeugung sind, dass es ihre Pflicht ist, den Kontakt mit ihrem Kind zu verstärken, so werden sie auch fähig sein, ihre Präsenz im Leben des Kindes zu erhöhen. Das Kind wird die Entschlossenheit der Eltern und ihr Gefühl der Verpflichtung und Legitimation spüren und weniger Widerstand leisten.

Viele Eltern sind unbewusst der Annahme, dass sie das Einverständnis des Kindes benötigen, um ihre elterliche Präsenz zu verstärken. Eltern meinen dann, sie müssten sich für ihr Verhalten entschuldigen. Diese Haltung ermutigt wiederum das Kind dazu, ablehnend auf die elterliche Initiative zu reagieren. Dies gilt insbesondere für Kinder, die daran interessiert sind, die Eltern aus ihren Aktivitäten herauszuhalten. Eltern, die davon ausgehen, dass die Präsenz im Leben des eigenen Kindes dessen Zustimmung benötige, werden auf ihre Aufsicht oder deren Verstärkung verzichten, sobald sie auf den Widerstand des Kindes treffen.

Andere Eltern versuchen das Problem zu umgehen, indem sie das Kind heimlich beaufsichtigen. Sie spionieren es also ohne sein

Wissen aus. Um derartige Verhaltensweisen zu vermeiden, müssen wir verinnerlichen, dass die elterliche Präsenz und Aufsicht einen unentbehrlichen Teil des elterlichen Aufgabenbereichs darstellen. Das Kind kann diesbezüglich kein Veto einlegen. Wichtig ist außerdem, dass sich das Kind der elterlichen Aufsicht bewusst ist. Ohne dieses Bewusstsein kann sich beim Kind kein Gefühl des »Begleitet-Seins« entwickeln. Diese Erfahrung ist jedoch ganz zentral für den Einfluss der elterlichen Fürsorge.

Am effizientesten ist die elterliche Fürsorge, wenn Eltern von einem unerschütterlichen Verantwortungsgefühl erfüllt sind und den Mut haben, auch öffentlich in aller Deutlichkeit als Eltern aufzutreten und zu agieren. So sagte der Vater eines 13-jährigen Sohnes zu ihm, als er ihn zu seinem ersten nächtlichen Ausgang mit seinen Freunden fuhr: »Ich möchte dich hinfahren, damit ich weiß, wo du dich aufhältst und dass du dort gut ankommst.« Die Offenheit des Vaters verdeutlicht seine elterliche Pflicht und liefert einen klaren Grund für sein Handeln. Das wäre nicht so, wenn er seine Absichten verheimlichen und irgendwelche Ausreden erfinden würde. Es ist wichtig, zu betonen, dass eine erfolgreiche elterliche Aufsicht, die mit Offenheit kommuniziert wird, eine klare und stärkende Botschaft beinhaltet: »Ich werde dich nicht aufgeben!«, »Ich bin deine Mutter. Es ist meine Pflicht zu wissen, was mit dir passiert!« Eltern, die auf diese Art und Weise denken und kommunizieren, werden es nicht schwer haben, das Kind kontinuierlich und intensiv zu begleiten.

Elterliche Fürsorge als Netzwerk: das Einbeziehen von Familie, Freunden, Lehrern und anderen Eltern

Eltern, die ihr Kind ganz allein betreuen wollen, werden bald merken, dass es ihnen nur begrenzt möglich ist, ihr Kind zu begleiten und sich für seinen Schutz einzusetzen. Wenn ihre Sorge und Not stärker werden, könnten sie sich versucht fühlen, zu Maßnahmen zu greifen, die unangemessen sind und zu weit gehen und dadurch die elterliche Berechtigung in Frage stellen. Eltern neigen dazu, die Rolle eines eingrenzenden Überwachers oder nachforschenden Detektivs einzunehmen, der hinter den Kulissen agiert. Das Ganze sieht jedoch anders aus, wenn sie sich ein unterstützendes Netzwerk aufbauen, das andere Familienmitglieder, Lehrer in der Schule oder auch die Eltern der Freunde des Kindes mit einbezieht. Solch ein Netzwerk ermöglicht es den Eltern, das Kind in ein schützendes Umfeld einzubetten und dadurch ein effektives und hochsensibles System der Begleitung und Beaufsichtigung zu schaffen.

Manche Eltern schrecken aufgrund des Privatsphärenreflexes, der im vorigen Kapitel beschrieben wurde, davor zurück, anderen die Betreuung ihres Kindes anzuvertrauen: »Mein Kind wird vor Scham im Erdboden versinken!«; »Ich möchte doch nicht andere Leute belästigen!«. Solche Annahmen beeinträchtigen jedoch das Vermögen der Eltern, ihre Aufgabe zu erfüllen und im Leben des Kindes präsent zu sein. Ihre Neigung, sich aus den Angelegenheiten des Kindes herauszuhalten, wird dadurch größer. Der dadurch entstandene Schaden wiegt schwer, denn Eltern, die sich aus dem Leben ihres Kindes zurückgezogen haben, haben eine schwache Stellung. Sie sind nicht mehr in die verschiedenen Lebensbereiche des Kindes einbezogen, können keine Informationen einholen und nicht eingreifen, sollte dies notwendig sein. Ein Kind, das in solch einem Umfeld aufwächst, wird mehr und mehr in einem Vakuum agieren, in dem seine Probleme zu enormer Größe anwachsen können.

Wir haben betont, dass das Recht auf Privatsphäre einen wichtigen Wert darstellt. Sobald dieses Recht jedoch die höchste Priorität erhält und um jeden Preis bewahrt werden muss, wird die Aufgabe der Eltern, Begleiter und Wegweiser des Kindes zu sein, unausführbar. Deswegen bringen wir Eltern eine andere Sichtweise bei: Das Ausmaß der Privatsphäre, das die Eltern dem Kind gewähren, misst sich am Vermögen des Kindes, verantwortungsvoll zu handeln. Ein Kind, das sich in Gefahr bringt oder seine Privatsphäre für unakzeptable Zwecke missbraucht, verliert sein Recht auf Privatsphäre.

Der Privatsphärenreflex ist eng mit der Annahme verknüpft, dass Schamgefühle und Gewissensbisse eine schlechte und sogar schädliche Erfahrung darstellen. Gewiss sind solche Erfahrungen sehr unangenehm. Eltern, die andere Personen hinsichtlich negativer Verhaltensweisen ihres Kindes informieren, erleben oft eine heftige Reaktion des Kindes, selbst wenn es sich nur um den engsten Familienkreis handelt. Tatsächlich besitzen solche Situationen einen bloßstellenden Charakter. Sie müssen jedoch keinen Schaden zufügen, solange sie in einem unterstützenden und respektvollen Kontext stehen. Ein Kind, das bloßgestellt wird, keine Unterstützung erhält und degradiert wird, fühlt sich zu Recht verletzt und gedemütigt. Auf diese Weise können ihm in der Tat großes Leid und Schaden zugefügt werden. Ein Kind, das Schamgefühle empfindet, gleichzeitig jedoch Bestätigung und Unterstützung erhält, kann demgegenüber von solchen Erfahrungen für seine weitere Entwicklung profitieren. Aus diesem Grund ist es absolut notwendig, dass jede Person, die gegenüber einem Kind ein problematisches Verhalten kritisiert, das dieses entwickelt hat oder zeigt, ihm zugleich Respekt zukommen lässt und Unterstützung zusagt. Aussagen wie folgende können dabei hilfreich sein: »Du bist mir wichtig und ich bin mir sicher, dass du dieses Problem überwinden kannst. Ich helfe dir gern dabei!« oder »Deine Selbstachtung ist mir wichtig! Ich werde alles tun, damit du dich nicht gedemütigt fühlst«. Derartige Zusicherungen liefern der unangenehmen Erfahrung einen positiven Rahmen, so dass das Kind sich nicht alleingelassen und ausgestoßen fühlen muss.

Gehen alle wichtigen Bezugspersonen derart respektvoll mit dem Kind und seinen Problemen um, wird es in ein unterstützendes Netz eingebettet. Unserer Erfahrung nach ist dies die Haltung, die von allen beteiligten Erwachsenen eingenommen werden sollte. Auf diese Weise entstehen die für das Kind notwendigen Rahmenbedingungen, um die Scham zu überwinden, die mit der Aufdeckung eines negativen Verhaltens einhergeht.

Die Einsicht, dass Schamgefühle, sofern sie mit einem unterstützenden verbunden sind, für die Entwicklung des Kindes wichtig sind, verbreitet sich immer mehr unter Therapeuten und Forschern (vgl. Weinblatt, 2013). Der Kriminologe Joachim Kersten (2011) behauptet sogar, ein Charakterzug gewalttätiger Jugendlicher bestehe darin, dass sie keine Schamgefühle ertragen könnten, da sie niemals solche Gefühle in einem unterstützenden Umfeld erlebt hätten. Diese ihnen fehlende Erfahrung sei als eine »reparierende Scham« aufzufassen, die das Kind lehre, seinen Fehltritt wieder gutzumachen.

In den letzten Jahren wurde ein Rehabilitationsprogramm mit dem Namen »Restorative Justice«[1] für junge Straftäter entwickelt, das sich auf den positiven Einfluss solcher Schamerfahrungen beruft. Ein Straftäter, der an diesem Programm teilnimmt, muss sich mit dem Opfer und dessen Familie treffen, während er selbst von seiner Familie begleitet und unterstützt wird. Im Verlauf dieses Treffens wird der Straftäter mit den Folgen seiner Taten und dem Schaden, den er dem Opfer und seiner Familie zugefügt hat, konfrontiert. Gleichzeitig erhält er die Gelegenheit, sowohl materiell als auch immateriell einen Akt der Wiedergutmachung und Reparation zu vollziehen. Dieses Treffen ist für alle Beteiligten in emotionaler Hinsicht oftmals sehr schwer zu ertragen, hat aber ausgesprochen positive Auswirkungen. Dies haben einige Forschungsarbeiten bewiesen (siehe zum Beispiel Marshall, 1998).

Die Initiativen der »Restorative Justice« erfordern eine erhebliche Vorbereitung und Kooperation und sind daher nur in wenigen Straffällen möglich. Demgegenüber ist ein unterstützendes Netzwerk, wie wir es vorschlagen, relativ leicht aufzubauen und den Eltern ohne großen Aufwand verfügbar: Es erfordert keine institutionellen Vorbereitungen und ein Maß an Energie, das die Kapazitäten einer durchschnittlichen Familie nicht übersteigt. Wir sind der Meinung, dass solch ein die Eltern unterstützendes Netzwerk einen Kontext schafft, in dem Erfahrungen der »reparierenden Scham« gemacht werden können. Unsere Forschungsergebnisse (Lavi-Levavi, Shachar u. Omer, 2013; Weinblatt u. Omer, 2008) untermauern diese Annahme: Die Unterstützung durch ein Netzwerk mit dem Kind verbundener Personen vermindert erheblich die mit Gewalt einhergenden Handlungen und selbstgefährdenden Verhaltensweisen bei dem Kind. Ein derartiges Netzwerk schränkt zwar tatsächlich die Privatsphäre des Kindes ein, doch der Gewinn für das Kind steht in keinem Vergleich zu diesem teilweisen Verlust an Privatsphäre.

Das Einschränken der Privatsphäre darf nicht als Strafe verstanden werden. Es ist vielmehr eine Maßnahme, die zum Schutz

---

1 Restorative Justice (englisch to restore: wiederherstellen, justice: Justiz; Gerechtigkeit) ist ein international gebräuchlicher Begriff, der eine alternative Intervention zum gängigen gerichtlichen Strafverfahren bezeichnet.

des Kindes nötig ist. Oft wehrt sich das Kind verständlicherweise dagegen, dass die ihm zur Gewohnheit gewordene Privatsphäre verringert werden soll. Sobald das Kind jedoch versteht, dass Freunde und Familie auch zu seinem Schutz und als Hilfestellung mit einbezogen werden, nimmt der Widerstand allmählich ab. Im Laufe der Zeit wird es erfahren, dass durch die verstärkte Zugehörigkeit zur Familie und zum Freundeskreis sich seine Lage deutlich verbessert hat, auch wenn es hierfür auf einen Teil seiner Privatsphäre verzichten musste. Diejenigen, die die Eltern bei ihrer Aufgabe unterstützen, für ihr Kind zu sorgen, werden Teil eines Sicherheit und Beistand bietenden Netzwerkes, mit dessen Hilfe eine Verschlechterung der Lage des Kindes abgewendet und seine existenzielle Einsamkeit gemindert werden kann. Anstatt allein und ungeschützt in das weite Meer hinausgespült zu werden, ist das Kind nun durch die dicken Stränge der Zugehörigkeit verankert und mit der Familie und den Freunden verbunden.

Davon abgesehen ist es natürlich an erster Stelle die gegenseitige Absprache und Unterstützung des Elternpaars, die der elterlichen Aufsicht stärkere Gültigkeit und Effizienz verleihen. Nichtsdestotrotz ist ein Elternteil auch dann in der Lage, seine Aufgabe zu erfüllen, wenn der andere Elternteil es nicht unterstützt und sein Handeln nur minimal befürwortet, insbesondere wenn er dazu bereit ist, andere Helfer hinzuzuziehen. Wir möchten daher in den zwei folgenden Abschnitten als Erstes einige Ideen dazu aufführen, wie eine Zusammenarbeit zwischen den Elternteilen erreicht und verbessert werden kann, und als Zweites dazu, wie dasselbe im Hinblick auf andere Helfer möglich ist.

Die Zusammenarbeit des Elternpaars

Der jeweils andere Elternteil muss nicht der gleichen Meinung sein, um eine Zusammenarbeit zu bewirken. Die Hoffnung, den anderen von der eigenen Sichtweise der Dinge zu überzeugen, stellt oftmals sogar ein großes Hindernis für eine mögliche Kooperation dar, denn Menschen wehren sich meist gegen die Versuche anderer, ihre Meinung zu ändern, besonders dann, wenn diese Meinung auf vorherigen Konflikten und Meinungsverschiedenheiten beruht. Diese Einsicht ermöglicht es Eltern, eine Zusammenarbeit aufzubauen, selbst wenn ihre Übereinstimmung nur spärlich ist, sie geschieden sind oder die Kommunikation zwischen ihnen spannungsgeladen ist.

Es ist wichtig zu unterscheiden, wann eine aktive Zusammenarbeit angestrebt werden sollte, um die Last der wachsamen Sorge gemeinsam zu tragen, und wann davon ausgegangen werden sollte, dass nur eine minimale Mitarbeit erzielt werden kann, zum Beispiel in Form einer grundsätzlichen Zustimmung oder eines Zugeständnisses, den angestrebten Prozess nicht zu untergraben.

Im ersten Fall, der selbstverständlich bevorzugt werden sollte, können die Eltern sich über einen Plan einigen, wie sie die wachsame Sorge gemeinsam aktiv umsetzen möchten. Dieses Ziel kann am besten erreicht werden, indem die Eltern sich gegenseitig informieren und absprechen und die Aufgabenbereiche untereinander aufteilen. Wenn Eltern gemeinsam die Aufgaben ihrer elterlichen Fürsorge erfüllen und dem Kind dies zudem klar vermitteln, ist ihr Einfluss besonders stark.

Simon und Hella waren bezüglich ihres 14-jährigen Sohns Sebastian besorgt, da er sich mehr und mehr in seinem Zimmer abschottete und viele Stunden am Computer verbrachte. Sie erkannten, dass er oft bis tief in die Nacht hinein vor dem Bildschirm saß. Sie waren sich darin einig, dass sie die Nutzung des Computers stärker überwachen und einschränken müssten. Sie sprachen sich ab und entschieden, dem Sohn ihre Entscheidung gemeinsam zu vermitteln. Sie gingen in sein Zimmer und baten ihn, die Arbeit am Computer für einige Minuten einzustellen. Sie teilten ihm mit: »Wir sind nicht damit einverstanden, dass du so viele Stunden am Computer arbeitest, ganz besonders, wenn du deswegen bis spät in die Nacht wach bleibst. Wir haben uns deswegen entschlossen, eine neue Regel einzuführen: Um 23 Uhr ist Feierabend und der Computer wird ausgeschaltet. Wir werden sichergehen, dass diese neue Regel eingehalten wird.«

Ein gemeinsames Auftreten bei einer Zurechtweisung wie im Fallbeispiel wird viel besser aufgenommen als die verärgerte Belehrung eines Elternteils allein. Wenn nun die Eltern sich abwechselnd in den darauffolgenden Tagen vergewissern, dass der Computer um

23 Uhr ausgeschaltet wird, sind die Chancen, dass sie erfolgreich auf das Verhalten des Sohnes eingewirkt haben, noch größer. Solch eine Art der Zusammenarbeit bietet sich insbesondere dann an, wenn eine Reorganisation oder die Einführung einer neuen Regel ansteht. Wenn es jedoch darum geht, eine schon bestehende Maßnahme zu festigen oder weiterzuentwickeln oder die wachsame Sorge nur leicht zu verstärken, ist die Vehemenz eines solchen gemeinsamen Auftritts nicht notwendig. Oft müssen sogar geplante Eingriffe nicht unbedingt gemeinsam ausgeführt werden.

Doris musste feststellen, dass ihr Sohn Nils seine Hausaufgaben vernachlässigte und sogar eine schlechte Note im Deutschunterricht vor ihr verheimlicht hatte. Konrad, Nils' Vater, arbeitete jeden Tag bis spät abends und stand deswegen vor allem an den Wochenenden mit seinem Sohn in Kontakt. Die Aufgabenaufteilung zwischen den Eltern sah somit vor, dass Doris die meisten elterlichen Aufgaben erfüllte und also auch Nils' schulische Leistungen verfolgte. Doris sah keine Notwendigkeit darin, Konrad in die Geschehnisse zu verwickeln. Sie informierte ihn jedoch über das Vorgefallene und bat ihn, ihrem Sohn Nils mitzuteilen, dass er von den Ereignissen wisse und Doris darin unterstütze, seine schulischen Leistungen verstärkt zu überprüfen.

In diesem Beispiel bestärkt der Vater die Mutter in ihren Taten und steht auch gegenüber seinem Sohn hinter ihr und ihrem Handeln. Sie ist jedoch die ausführende Kraft. Auch eine derartige Unterstützung trägt viel zu einer Stärkung der elterlichen Stellung bei. Leider kann nicht immer ein solch minimaler Beitrag zur Zusammenarbeit erreicht werden. Oft ist ein Elternteil nicht bereit oder nicht interessiert daran, den anderen Elternteil zu unterstützen. In solchen Fällen kann zumindest ein geringes Maß an Koordination angestrebt werden, indem der handelnde Elternteil sich damit begnügt, seinem Partner regelmäßig Bericht zu erstatten. Hierbei darf nicht erwartet werden, dass der Partner irgendeine Verantwortung oder handelnde Rolle übernehmen wird. Je respektvoller die Berichterstattung, desto geringer ist immerhin die Wahrscheinlichkeit, dass der Partner eine negative Stellung einnimmt und zum Störfaktor wird.

Georg und Lena waren etwa seit zehn Jahren geschieden. Einen großen Teil dieser Zeitspanne hatte Lena mit ihren zwei Töchtern im Ausland gewohnt. Während dieser Jahre war Georg kaum in den Alltag seiner Kinder eingebunden gewesen. Wegen der schwierigen gemeinsamen Vergangenheit hatte Lena eine Kontaktaufnahme mit dem Vater ihrerseits vermieden und die anstehenden Angelegenheiten allein entschieden.

Als die Mutter mit ihren Töchtern nun wieder zurück in ihr Heimatland zog, fing die ältere Tochter Jessica an, sich mit anderen Jugendlichen herumzutreiben und zu später Stunde nach Hause zu kommen. Lena verstärkte daher ihre wachsame Fürsorge und wollte Georg von ihren Sorgen und Maßnahmen erzählen. Sie wagte jedoch nicht, ihn direkt zu kontaktieren, sondern schaltete einen Berater ein. Dieser bat Georg, an einer Beratungssitzung teilzunehmen, um über die geplanten Schritte informiert zu werden. Georg lehnte die Teilnahme an einer Beratung ab. Der Berater respektierte die reservierte Haltung des Vaters, betonte jedoch, dass es sich nur um eine einzelne Sitzung handle, die einer Berichterstattung dienen solle, damit Georg über die Sachlage informiert werden könne. Daraufhin willigte Georg ein zu kommen.

Während des Gesprächs wurden Georg die Probleme vorgetragen, aufgrund derer sich Lena an eine Beratung gewendet hatte. Ihm wurde mitgeteilt, dass natürlich sein Wille, nicht Teil des Beratungsprozesses zu sein, respektiert werde. Der Berater bat Georg jedoch um Erlaubnis, ihn in periodischen Abständen schriftlich über die Sachlage und die geplanten Schutzmaßnahmen Lenas zu unterrichten. »Wir verstehen, dass Sie nicht mitwirken möchten. Trotzdem würde ich Sie gern informieren. Ich meine, dass Sie als Vater Recht darauf haben, informiert zu werden. Sie können natürlich selber entscheiden, wie Sie reagieren möchten!« Georg willigte ein, schriftliche Berichterstattungen zu erhalten, und erklärte sich sogar dazu bereit, zu einer weiteren Beratungssitzung zu kommen, sollte dies erforderlich sein. So konnte im Verlauf einer Beratungssitzung eine bescheidene Zusammenarbeit bewirkt werden, die jedoch von großer Bedeutung war.

Zu Lenas Überraschung erzählte Georg der Tochter von dem Treffen und erklärte ihr sogar, dass er in Bezug auf die nächtlichen Ausgänge der gleichen Meinung sei wie ihre Mutter. Selbst solch eine scheinbar kleine Zustimmung, was das Aufsichtsverhalten des anderen Elternteils betrifft, hat einen großen Wert. Jessica war erstaunt darüber, dass ihr Vater informiert war, und erklärte sich zu einer Zusammenarbeit mit ihrer Mutter bereit. Georg übernahm zwar keine aktive Aufgabe der Aufsicht, erklärte aber die Maßnahmen der Mutter für legitim.

Auf diesem Weg kann eine passive Zusammenarbeit erreicht werden, die sich in der leisen Zustimmung des Partners ausdrückt und in seiner Rücksichtnahme, den Prozess nicht zu untergraben. Eine solch geringe Anteilnahme kann dem aktiven Elternteil sein Handeln im Hinblick auf die Kinder wesentlich erleichtern. Aus derartigen Erfahrungen von Eltern haben wir gelernt und eine Regel für die Fälle eingeführt, in denen es unmöglich ist, eine aktive Zusammenarbeit zu erreichen: Der eine Elternteil sollte seinem Partner von der Situation und den geplanten Schritten regelmäßig berichten. Hierbei ist zu beachten, dass die Berichterstattung respektvoll und ohne Anschuldigungen zu erfolgen hat. Je weniger Erwartungen, Forderungen oder Anschuldigungen in dem, wovon berichtet wird, mitschwingen, desto größer stehen die Chancen für eine positive Aufnahme und Auswirkung. Es folgt das Beispiel einer Berichterstattung, die von einer geschiedenen Mutter an den ausgesprochen passiven Vater geschrieben wurde.

»Hallo Michael. Ich habe mich entschieden, dir alle paar Wochen zu schreiben, was mich am Verhalten unserer Tochter Susa beunruhigt und mit welchen Entwicklungen ich zufrieden bin. Ich möchte, dass du weißt, dass Susa ihre schulischen Leistungen wesentlich verbessert hat, seitdem ich mit ihrer Lehrerin regelmäßig in Kontakt stehe und in Absprache mit ihr die Hausaufgaben nachsehe. Diese Zusammenarbeit hat dazu geführt, dass Susa viel weniger Schulunterricht versäumt als zuvor. Ich erhalte die Informationen von der Lehrerin und am gleichen Abend spreche ich mit Susa, damit sie weiß, dass ich informiert bin. Ich dachte, dass es wichtig ist, auch dich zu informieren. Ich respektiere deine Haltung in Bezug auf die Angelegenheiten. Trotzdem empfinde ich es als meine elterliche Pflicht, dich als Susas Vater von den Geschehnissen wissen zu lassen. Sei gegrüßt, Renate.«

In diesem Fall gab es keine Erwartung, dass der Vater irgendwelche Maßnahmen der elterlichen Fürsorge initiieren würde. Die Formulierung »ich respektiere deine Haltung« verringert grundsätzlich die Gefahr, dass der Vater auf die Berichterstattung negativ reagieren wird. Es besteht sogar eine gute Chance, dass der Vater während einer seiner Gespräche mit seiner Tochter die Berichterstattungen der Mutter erwähnen wird. Dies wird wiederum einen positiven Einfluss auf das Wohlbefinden der Tochter haben. Ihr Leben wird ihr weniger stark in verschiedene Lebensbereiche (zum Beispiel ihre Beziehung zum Vater und ihre Beziehung zur Mutter) getrennt erscheinen, die nicht in Kontakt miteinander stehen; es wird damit weniger chaotisch und von größerer Konsequenz geprägt sein. Solch eine Erfahrung stärkt im Kind die Verankerung der Eltern sowie deren Präsenz im eigenen Leben.

In den meisten Familien lastet die Aufgabe der elterlichen Betreuung der Kinder fast gänzlich auf einem Elternteil. Der andere Elternteil trägt dann meist nur eine passive Verantwortung. Dies bedeutet keinesfalls, dass die Familienstrukturen zum Scheitern verurteilt sind. Die wachsame Sorge muss dadurch nicht an Effektivität einbüßen. Es ist jedoch wichtig, sich dieser Aufgabenverteilung von aktiver und passiver Verantwortung bewusst zu sein, damit eine fehlende Zusammenarbeit nicht Grund für den aktiven Elternteil wird, seine Bemühungen um eine wachsame Sorge aufzugeben. Auch wenn es nur eine gewisse Befürwortung des anderen Elternteils ist, die für die geplanten Schritte eingeholt werden kann, schafft dies durchaus akzeptable Voraussetzungen für eine gute elterliche Fürsorge und Begleitung.

Andere Menschen mit einbeziehen

Die Einbeziehung der Großeltern oder anderer Verwandte in die wachsame Sorge hat sich als ein guter Weg erwiesen, gefährliche Verhaltensweisen bei Kindern und Jugendlichen zu verringern. Forschungsergebnisse zeigen (zum Beispiel Dornbusch et al., 1985), dass das Risiko drastisch abnimmt, dass Kinder in rechtswidrige Handlungen verwickelt werden, wenn die Großeltern am Familienleben teilnehmen. Diese Ergebnisse enthalten eine wichtige Botschaft für

Eltern: Es lohnt sich, sich um eine gute Beziehung zu den Großeltern zu bemühen und Zeit und Kraft für eine solche aufzubringen. Eine feste Beziehung zwischen der Kernfamilie und den Großeltern, deren Teilnahme an den Problemen ihrer Enkel und regelmäßige Familientreffen, zu denen auch die Großeltern gehören, stärken die elterliche Aufsicht. Eine Haltung, die Großeltern nicht mit den Problemen der Enkel belasten möchte und ihnen besorgniserregende Informationen vorenthält, wird den Großeltern hingegen nichts nützen und die Eltern in ihrer Stellung schwächen. Unsere Erfahrung hat uns gelehrt, dass sogar Großeltern, die weit weg wohnen und zudem oft mit gesundheitlichen Problemen zu kämpfen haben, sehr positiv auf den Versuch der Eltern reagieren, sie mit einzubeziehen. Sie haben keineswegs das Gefühl, dass die Eltern sie »belasten«. Das Gegenteil ist der Fall: Sie fühlen sich wertgeschätzt und freuen sich über die Gelegenheit, ihren Enkelkindern als Großeltern beistehen und eine wertvolle Hilfe sein zu können. Auch sie können auf diese Weise zu einer bedeutsamen Unterstützung werden.

Klara und Simon waren wegen der zunehmenden Passivität ihres 15-jährigen Sohnes Alex sehr besorgt. Der Jugendliche verbrachte mehr und mehr Stunden vor dem Fernseher und am Computer. Er vermied es, in den Stunden nach der Schule aus dem Haus zu gehen, und fing an, jeglichen Kontakt mit der Außenwelt abzulehnen.
    Die Großeltern wohnten eine Fahrtstunde entfernt von der Familie. Sie wussten nichts von den veränderten Verhaltensweisen ihres Enkels. Die Eltern wollten ihnen weitere Sorgen ersparen, da der Großvater schwer krank und die Großmutter von seiner Pflege und den Sorgen um ihn erschöpft war und selbst gesundheitlich angegriffen. In der Beratung wurden die Eltern dazu ermutigt, die Großeltern mit einzubeziehen. Sie entschlossen sich, ihnen von ihren Sorgen um Alex zu erzählen und sie um ihre Unterstützung zu bitten. Die Großeltern freuten sich darüber und erklärten sich auf die Nachfrage der Eltern dazu bereit, ihren Enkel jeden Nachmittag anzurufen. Denn beide Eltern kamen erst abends von der Arbeit nach Hause, so dass Alex viele Stunden unbeschäftigt allein zu Hause verbrachte.
    Anfangs reagierte Alex gereizt auf die Telefonate seiner Großeltern, da sie ihn bei seinen nachmittäglichen Seifenopern im Fernseher stör-

ten. Das änderte sich jedoch, nachdem ihn sein Großvater zwei Mal besucht hatte. Alex wusste, dass der Großvater nur selten das Haus verließ, und war bewegt von den Anstrengungen, die er auf sich nahm, um sich mit ihm zu treffen. Allmählich entwickelte sich nun ein neuer Alltag: Ein Mal die Woche besuchte Alex nun direkt nach der Schule seine Großeltern und der Großvater nahm ein früheres Hobby wieder auf und schaute sich regelmäßig Fußballspiele mit Alex an.

Ein einfacher Weg, die Großeltern mit einzubeziehen, besteht darin, ihnen regelmäßig von den Aktivitäten der Enkel zu berichten. Man sollte ihnen von positiven und negativen Ereignissen aus dem Schulleben erzählen, von den Freizeitaktivitäten, dem Freundeskreis der Enkel und auch von ihren Schwierigkeiten. Dies sollte ganz offen geschehen. Das Kind muss wissen, dass die Eltern seinen Großeltern von ihm erzählen. So wird es nicht erstaunt sein, wenn die Großmutter versucht, mit ihm über verschiedene Ereignisse zu sprechen. Die Großeltern sollten dazu ermutigt werden, mit den Enkeln über positive und negative Geschehnisse zu sprechen.

Wenn die Eltern sich sorgen, dass die Großeltern das Kind belehren oder gar bestrafen könnten, raten wir, die Großeltern ausdrücklich darum zu bitten, dies nicht zu tun. Nichtsdestotrotz ist ein tadelnder Großvater besser als einer, der nicht weiß, was im Leben des Kindes passiert. Allein die Tatsache, dass die Großeltern am Leben des Enkelkindes teilnehmen, weitet die Begleitung des Kindes aus, verbessert die Aufsicht und stärkt das Kind in seinem Zugehörigkeitsgefühl. So erfährt das Kind, dass sich die ganze Familie für es interessiert und sich um es sorgt.

Das Gleiche gilt für das Miteinbeziehen von Tanten und Onkeln, von anderen Familienmitgliedern oder engen Freunden der Eltern. Das Hinzuziehen anderer Menschen hilft den Eltern, ihre wachsame Sorge zu verstärken. Auf diese Weise kann außerdem die Erfahrung des Kindes intensiviert werden, dass hier Menschen sind, die es aktiv begleiten. Anstatt dass die Eltern isoliert und verschlossen in ihrer Kernfamilie bleiben, öffnen sie die Tore ihrer Elternschaft und agieren innerhalb eines breiten Netzwerkes. Die Verankerung der Elternschaft innerhalb der Großfamilie und dem Gemeindeleben verleiht dem elterlichen Handeln die notwendige Legitimität und überbrückt die Kluft zwischen dem privaten Leben und der öffentlichen Außenwelt.

Die Vorteile eines ausgedehnten Aufsichtsnetzwerks zeigen sich ganz besonders gut in Bezug auf das Schulleben des Kindes. Eltern, die eine positive Beziehung mit dem Klassenlehrer oder mit einer anderen Person innerhalb der Schule aufbauen, so dass ein gegenseitiger Informationsfluss stattfindet und gemeinsam nach möglichen Lösungen für Probleme gesucht wird, sind stärker mit diesem zentralen Lebensbereich des Kindes verbunden. Eltern, die sich um einen derart wichtigen Kontakt in Bezug auf den Schulalltag ihres Kindes nicht bemühen oder sogar Streit mit dem Schulpersonal suchen, beeinträchtigen ihre Möglichkeiten, das Kind zu beaufsichtigen, erheblich. Das Schulleben rückt aus ihrer Reichweite.

Die Schule ist ein gutes Beispiel dafür, dass Eltern sich nicht ohne die Hilfe anderer über all die verschiedenen Aktivitäten und Verhaltensweisen des Kindes einen Überblick verschaffen können, auch wenn sie noch so gut darin sind, Zusammenhänge und Sachverhalte aus wenigen Informationen zu erschließen. Dies gilt auch für weitere Lebensbereiche des Kindes, wie zum Beispiel seinen Freundeskreis. Auch hier gilt, dass Eltern nur schwer einen Einblick bekommen und schnell ausgeschlossen werden, wenn sie sich nicht um den Kontakt mit anderen Eltern im Freundeskreis bemühen.

Eltern sollten sich fragen, ob sie genügend Kontakt zu den Eltern der Freunde ihres Kindes haben. Dieser Kontakt hilft dabei, unerwünschten Entwicklungen vorzubeugen, indem gegebenenfalls die Eltern der Freunde eingreifen. Außerdem wird das Kind nicht so leicht unerwünschte Verhaltensweisen übernehmen, wenn es weiß, dass seine Eltern über die Geschehnisse informiert werden. Der erste Kontakt zu den Eltern eines Freundes kann an besondere Ereignisse geknüpft werden, zum Beispiel an die Vorbereitung einer Klassenfahrt, an Elternabende in der Schule, an Gemeindefeste und so weiter. Bei solch einer Gelegenheit kann man äußern: »Ich würde mich über regelmäßigere Gespräche mit Ihnen freuen, damit wir uns über unsere Kinder austauschen können. Wäre das für Sie in Ordnung?« Auch hier fällt es Eltern leichter, den Kontakt mit anderen Eltern zu verstärken, wenn sie davon überzeugt sind, dass dies ihre Pflicht ist, da sie dadurch ihr Kind besser begleiten und schützen können. Auch diese Kontakte sollten offen und mit dem Wissen des Kindes hergestellt und gepflegt werden. Eltern, die spüren, dass solch ein Schritt nicht den Gewohnheiten entspricht, die das Kind von ihnen kennt, können ihm ihr verändertes Verhalten erklären: »Ich habe mich entschieden, mit anderen Eltern zu sprechen und mich mit ihnen auszutauschen. Ich verstehe jetzt, dass der Kontakt zwischen uns Eltern wichtig ist.«

Die Eltern von Freunden können der Begleitung des Kindes zusätzliche Aspekte und Perspektiven hinzufügen. Wenn sie eine besondere Beziehung zum Kind entwickelt haben, können sie auf eine andere Art und Weise mit ihm über bestimmte Angelegenheiten sprechen als die Eltern des Kindes. Viele Eltern sind es bereits gewohnt, bei bestimmten Aufgaben Bekannte oder Freunde hinzuzuziehen. Manche alleinerziehende Mutter wird zum Beispiel nicht zögern, einen Freund der Familie zu bitten, mit ihrem jugendlichen Sohn über das Thema Sexualität zu sprechen. Bekannte und Freunde können auch bei anderen Themen und in Bezug auf andere Aufgabenbereiche um Unterstützung gebeten werden. Stellen Sie sich vor, dass ein Freund der Eltern das Kind zu einem Gespräch einlädt und dieses wie folgt einleitet: »Dein Vater hat mir erzählt, dass du in letzter Zeit ganz schlecht gelaunt von den Treffen mit deinen Freunden nach Hause kommst. Ich würde dir gern helfen. Wenn du möchtest, dass gewisse Dinge zwischen uns bleiben, werde ich das gern respektieren.« Der Freund macht dem Kind auf diese Weise klar, dass er kein Agent der Eltern ist, der ihm hinterherspioniert. Er hilft den Eltern dabei, das Kind in ein Netzwerk der Fürsorge und des Schutzes einzubetten. Es ist durchaus im Sinne einer respektvollen Begleitung, dass gewisse Dinge diskret behandelt werden. Die Effektivität der wachsamen Sorge wird dadurch nicht eingeschränkt. Eine effektive Begleitung der Eltern bedeutet keinesfalls, dass sie alles wissen müssen.

Der Dialog zwischen Eltern und Kind

Ein ganz wichtiger Bestandteil der elterlichen wachsamen Sorge im Alltag besteht in der Einführung eines Dialoges mit dem Kind. Dieser ist oft nur schwer fassbar. Worin besteht das Geheimnis solch eines Dialoges? Wie kann er gefördert werden? Wie stellt man eine Atmosphäre her, in der das Kind bereit ist zu erzählen und auch zuzuhören? Viele meinen, dass das Vermögen, einen Dialog zu führen, intuitiv ist und nicht erlernt oder eingeübt werden kann. Sicherlich gibt es Eltern oder richtiger gesagt Eltern-Kind-Beziehungen, in denen es ganz selbstverständlich ist, einen Dialog miteinander zu führen – Eltern und Kinder also, die sich die einem solchen Dialog zugrunde liegenden Fähigkeiten tatsächlich ganz intuitiv angeeignet haben. In den meisten Familien ist dies jedoch nicht der Fall. Vielen Eltern fällt es schwer, einen produktiven Dialog mit ihrem Kind zu führen, ganz besonders wenn es um Themen geht, die wichtig sind, um die elterliche Aufgabe der wachsamen Sorge zu verfolgen. Unser Ziel ist es, allen Eltern eine produktive Dialogführung zu ermöglichen und Wege aufzuzeigen, die das Vermögen aller Eltern verbessert, mit ihrem Kind über verschiedene Themen zu sprechen, insbesondere über Dinge, die elterliche Sorge wecken.

Moral predigen oder Freundschaft pflegen – zwei unerwünschte Extreme

Ein Dilemma der Eltern, die den Dialog mit ihrem Kind über dessen Sorgen suchen, besteht in der optimalen elterlichen Haltung, die sie im Hinblick auf einen produktiven Dialog einnehmen sollten. Die meisten Eltern bevorzugen einen offenen Dialog, das heißt ein spontanes angenehmes Gespräch, bei dem aufrichtig gesprochen wird. Andere Eltern befürchten, dass solch ein offener Dialog das Ziel verfehlen und ihre elterliche Stellung untergraben wird. Sie meinen, dass sie dem Kind klar und deutlich sagen müssen, was ihre Erwartungen an es sind und welche Gefahren ihm lauern. Beide Haltungen sind gerechtfertigt. Egal für welchen Weg Eltern sich entscheiden, sie sollten hierbei darauf achten, nicht in eine der zwei typischen Fallen zu geraten. Auf der einen Seite können sich Eltern, die Offenheit und Aufrichtigkeit als höchsten Wert setzen, in einer freundschaftlichen und gleichberechtigten Stellung wiederfinden, die ihren Wertvorstellungen nicht genügend Ausdrucksstärke verleiht. Im schlimmsten Fall fühlt sich das Kind auf diese Weise legitimiert, sein problematisches Verhalten beizubehalten. Auf der anderen Seite können Eltern, die eine erzieherische Haltung einnehmen, in Gefahr geraten, ihr Kind zu belehren und es zurechtzuweisen. Solche Verhaltensweisen verringern jedoch die Chancen, Aufrichtigkeit und Offenheit im Dialog mit dem Kind zu erreichen. Belehrungen sind meist kontraproduktiv, ganz besonders bei Kindern, die zu unerwünschten Verhaltensweisen neigen und die Zurechtweisung der Eltern als Provokation empfinden und daher, um ihre Unabhängigkeit unter Beweis zu stellen, absichtlich genau das Gegenteil von dem machen, was die Eltern erwarten. Die folgenden zwei Fallbeispiele zeigen, wie leicht Eltern in eine dieser Fallen geraten können.

Renate war alleinerziehende Mutter ihrer 17-jährigen Tochter Laura. Sie pflegte ein gleichberechtigtes und freundschaftliches Verhältnis mit ihrer Tochter. Denn sie war der Überzeugung, dass sie nur durch eine offene und nichtwertende Haltung Lauras Vertrauen gewinnen könne, und glaubte, dass die Freundschaft mit dem Kind der Schlüssel sei, um eine gute Mutter sein zu können. Im Laufe der Jahre war sie die engste Vertrauensperson ihrer Tochter geworden und je älter Laura wurde, desto mehr sah Renate auch ihre Tochter als ihre engste Vertrauensperson an. Eines Tages erzählte Laura ihrer Mutter davon, dass sie mit zwei Jugendlichen gleichzeitig zusammen war. Renate war überrascht, ja erschrocken von dieser Mitteilung. Sie fürchtete aber, ihre Meinung zu äußern, da sie so das Vertrauen ihrer Tochter verlieren könnte. Als sie nun in Bezug auf Lauras Verhalten dennoch zumindest vorsichtig Kritik übte, reagierte diese in aller Schärfe und drohte, ihrer Mutter nie wieder etwas anzuvertrauen. Renate sah keine andere Möglichkeit, als wieder ihre vorherige nichtwertende Haltung einzunehmen. Ihr war nun jedoch klar, dass das freundschaftliche Verhältnis mit Laura ihre Mutterrolle beeinträchtigte.

Igor sprach mit seinem 13-jährigen Sohn Erwin scherzhaft über das Rauchen mit Freunden. Ermutigt durch den freundschaftlichen Ton seines Vaters erzählte Erwin, dass einer seiner Freunde Zigaretten mitbrachte, die sie gemeinsam rauchten. Daraufhin veränderte der Vater schlagartig seinen Tonfall und begann Igor über die Gefahren des Rauchens zu belehren. Er drohte Igor sogar damit, sein Taschengeld zu streichen, sollte er noch einmal rauchen.

In beiden Fällen wurde das Vermögen der Eltern, ihre Kinder zu beaufsichtigen, beeinträchtigt, wenn auch auf ganz unterschiedliche

Weise. Renate befürchtete, dass sie ihre ehrliche elterliche Meinung zu dem Verhalten ihrer Tochter nicht äußern könne, ohne das gegenseitige Vertrauen und die bisherige Freundschaftsbeziehung zu verletzen. Igor reagierte auf die Offenheit des Sohnes mit einer Moralpredigt und einer Drohung, die sich auf die zukünftige Aufrichtigkeit und Offenheit seines Sohnes nur negativ auswirken konnten. Diese Schwierigkeiten führen zu der Frage, wie ein Dialog so geführt werden kann, dass er sowohl Nähe, Vertrauen und Offenheit erzeugt, als auch die elterliche Rolle verdeutlicht, in der die Eltern das Kind mit wachsamer Sorge begleiten, beaufsichtigen und beschützen.

Aufmerksamkeit, Zugänglichkeit und Selbstkontrolle

Viele Eltern sagen ihren Kindern: »Solltest du ein Problem haben, wende dich an mich, erzähl mir davon, vertraue dich mir an. Ich werde alles tun, um dir zu helfen!« Diese Art Aussage ermutigt tatsächlich manche Kinder, sich an die Eltern zu wenden, wenn sie in Schwierigkeiten sind. Für viele Kinder reicht eine solche Aussage jedoch nicht aus, insbesondere dann, wenn sie das Gefühl haben, nicht wirklich die Aufmerksamkeit der Eltern zu erhalten.

Die meisten Eltern wissen, welche Faktoren sich negativ auf die Bereitschaft ihres Kindes auswirken, sie an seinem Leben teilhaben zu lassen. Wenn man sie fragt, warum ihr Kind sie nicht um Hilfe bittet, antworten sie oft: »Weil es Angst hat, dass ich böse werde!« Es scheint daher wichtig, dass Eltern sich selber prüfen und ihre Reaktionen überdenken. Sollte ihnen dies schwerfallen, empfehlen wir, den anderen Elternteil oder einen guten Familienfreund um Hilfe zu bitten. Ein Gespräch wird schnell die Gründe aufdecken, warum das Kind sich nicht mit seinen Problemen an die Eltern wendet. Eltern fragen sich zum Beispiel: »Muss ich etwa schweigen, wenn mir mein Kind erzählt, dass es Drogen nimmt?« Wir möchten an dieser Stelle und in diesem Zusammenhang betonen, dass aufmerksame Eltern, die Belehrungen oder Drohungen vermeiden, nicht ihr Vermögen verlieren, das Kind zu beaufsichtigen. Es gilt das Gegenteil: Eltern, die ihre Reaktionen beherrschen und bedenken, können sich ihrem Kind und seiner aktuellen Situation viel souveräner zuwenden. Sie nehmen eine Haltung als Begleiter und Beobachter ein, sind sich der Vorkommnisse bewusst und können notfalls eingreifen. Solch ein Verhalten vermittelt dem Kind, dass ihm seine Eltern nahestehen, sich für das, was es macht, interessieren und sich wünschen, einbezogen zu werden. Dieses Gefühl stärkt es wiederum gegenüber Gefahren. Die Tatsache, dass die Eltern das Kind nicht sofort belehren oder ihm mit Strafen drohen, bedeutet nicht, dass sie passiv sind. Das Gespräch ermöglicht es den Eltern, ihre Schritte zu planen und ihre wachsame Sorge auf umsichtige und angemessene Weise auszudehnen.

Emil, der 16-jährige Sohn von Olaf, war schon häufiger in ernsthafte Schwierigkeiten geraten. Olaf teilte daher seinem Sohn Folgendes mit: »Solltest du wieder in Schwierigkeiten geraten, komm bitte und erzähl mir davon! Ich verspreche dir, dich nicht zu belehren und nicht wütend zu werden. Wir werden uns gemeinsam hinsetzen und eine Lösung für das Problem suchen. Du kannst mich an mein Versprechen erinnern. Sag mir einfach: ›Papa, ich muss dir etwas erzählen. Ich bin in Schwierigkeiten. Denk an dein Versprechen, bitte, und werde nicht böse!‹«

Michael war geschieden und teilte sich die Kinderbetreuung mit seiner ehemaligen Frau. Er merkte, dass die Stimmung seines 15-jährigen Sohnes Harald in letzter Zeit sehr schlecht war. Er war der strengere Elternteil, während die Mutter eine liberalere elterliche Haltung einnahm. Michael wusste, dass Harald Angst vor seinen Reaktionen hatte und deswegen versuchen würde, Schwierigkeiten zu verheimlichen. Obwohl er sich bewusst war, dass Harald seine Hilfe brauchte, empfand er, dass eine Wand sie voneinander trennte. Angeregt von den Beratungsgesprächen entschloss er sich, dieses Hindernis aus dem Weg zu räumen. Er wendete sich an seinen Sohn und sagte: »Ich sehe, dass dich etwas bedrückt. Ich war oft sehr streng mit dir und ungeduldig. Ich verspreche dir, dass ich mich bemühen möchte, meine negativen Reaktionen zurückzuhalten, und versuchen werde, dir zu helfen, wenn du mir von dem erzählst, was dich so sehr beschäftigt.« In den folgenden Tagen rief er seinen Sohn jeden Tag von der Arbeit aus an und erklärte ihm wieder und wieder das Gleiche: »Ich möchte einfach stärker in deinem Leben präsent sein und dir näher stehen!«

Zwei Wochen später unternahmen Michael und Harald einen Ausflug in den Norden des Landes. Während dieser Wochenendreise erzählte

Harald seinem Vater, dass er in der Schule wegen zweier Freunde Probleme bekommen habe, weil diese gegen die Regeln der Schule verstoßen würden. Harald gab nicht alle Details preis, aber machte deutlich, um welche Probleme es sich ungefähr handelte. In der Vergangenheit hatte Michael in solchen Situationen seinen Sohn gescholten, insbesondere angesichts der Tatsache, dass er ihm schon einige Male vor diesen zwei Freunden gewarnt hatte. Dieses Mal schaffte er es jedoch dank seiner eigenen Vorbereitungen, sich zu kontrollieren und anders zu reagieren. Er sagte seinem Sohn: »Ich bin froh, dass du mir davon erzählst! Heute wollen wir den Ausflug genießen. Aber wir werden uns zu Hause hinsetzen und zusammen überlegen, wie du mit dieser Situation am besten umgehst und wieder aus ihr herausfindest.«

Das oben aufgeführte Fallbeispiel von Michael und seinem Umgang mit der Situation führt uns einige wichtige Prinzipien vor Augen:
1. Die Verstärkung der elterlichen Präsenz und Aufmerksamkeit: Der Vater teilt seinem Sohn mit, dass er gern hören würde, was ihn beunruhigt. Außerdem zeigen die täglichen Telefonate dem Jugendlichen, dass sein Vater beständig an ihn denkt und sich um ihn sorgt.
2. Das Überwinden der impulsiven Neigung, das Kind auszuschimpfen oder zu belehren: Der Vater verspricht seinem Sohn, dass er sich bemühen wird, nicht auf negative Weise zu reagieren, sollte der Sohn sich ihm anvertrauen.
3. Der Aufschub einer Reaktion: Als der Sohn dem Vater von einem Teil seiner Probleme erzählt, hört der Vater aufmerksam zu und verschiebt die eigene Stellungnahme und mögliche praktische Maßnahmen auf einen späteren Zeitpunkt. Stattdessen sagt er: »Wir werden zusammen überlegen, wie du mit dieser Situation am besten umgehst und wieder aus ihr herausfindest.«

Auf diese Weise zeigt der Vater seinem Sohn, dass auf dessen Aufrichtigkeit und Offenheit keine impulsive Reaktion von Seiten des Vaters zu befürchten ist.

Um das Gefühl des Kindes zu stärken, dass es offen mit den Eltern sprechen kann, können diese ein besonderes Treffen oder einen Ausflug anregen. Zum Beispiel können Eltern ihrem Kind vorschlagen, ein Mal im Monat gemeinsam essen zu gehen. »Das wird unsere Zeit sein, über Dinge zu sprechen, für die wir im Alltag oft keine Zeit finden. Ich verspreche dir, dass ich dich nicht ausfragen oder bedrängen werde und auch nicht böse sein werde über etwas, was du mir erzählst.« Das Schaffen einer solchen Ausnahmesituation, in der andere Regeln gelten als im Alltag, gibt Sicherheit. Während der gemeinsamen Zeit können Vater oder Mutter zu einer offenen Atmosphäre beitragen, indem sie ihrem Kind zum Beispiel eigene Erinnerungen aus der Kindheit oder von Ereignissen bei der Arbeit, eigenen Plänen und ähnlichen persönlichen Angelegenheiten erzählen. Hierbei sollten sich die Eltern allerdings bewusst sein, dass dies kein Gespräch unter Freunden ist und das Kind nicht mit Dingen belastet werden sollte, mit denen es noch nicht umzugehen weiß.

Natürlich ist es auch wichtig, dass die Eltern ihr Versprechen einhalten und sich nicht ärgern, das Kind nicht zu belehren versuchen und nicht entsetzt oder erschrocken auf Erzählungen des Kindes reagieren. Solche ängstlichen oder gar hysterischen Reaktionen werden die Tür zu einem offenen Dialog wieder verschließen. Selbstverständlich können Eltern dem Kind verdeutlichen, dass sie besorgt sind über die Dinge, die das Kind erzählt. Sie können zum Beispiel sagen: »Du erzählst mir über besorgniserregende Ereignisse. Sicherlich fällt dir die Situation schwer. Auch für mich ist es nicht leicht, angesichts deiner Beschreibungen ruhig zu bleiben. Lass uns warten, bis sich die Aufregung wieder legt, damit wir dann alles mit klarem Kopf durchdenken können.« Kontrollieren Eltern sich selbst und übernehmen auf diese Weise Verantwortung für das Kind, kann es sich an ihnen ein Beispiel nehmen.

Es ist von zentraler Bedeutung zu begreifen, dass das aufmerksame Zuhören und die darauffolgende Reaktion zwei voneinander zu trennende Handlungen sind. Es sind zwei verschiedene Schritte im Umgang mit einem Problem. Eltern, die diese Einsicht umsetzen, werden aufmerksamer zuhören können und dadurch die Bereitschaft des Kindes stärken, von sich zu erzählen. Sie werden außerdem die Effektivität ihrer Handlungen vergrößern, da ihre Reaktionen zu einem späteren Zeitpunkt besser durchdacht und sachlicher sein werden. Eltern, die auf die Geschichten ihres Kindes mit Angst, Schrecken oder Ärger reagieren, werden dem Kind hingegen das Gefühl vermitteln, dass es sich besser nicht preisgeben sollte. Das Kind könnte zur Schlussfolgerung kommen: »Ich werde nie wieder etwas von mir erzählen!«

Wir alle, Kinder und Erwachsene, schützen uns vor Aussagen, die uns aus Kritik, Wut oder Angst entgegengebracht werden, indem wir uns emotional verschließen. Eltern entschuldigen ihre Handlungsweisen oft dadurch, dass sie eben auch »nur Menschen« seien und solche Reaktionen ihrem emotionalen Zustand entsprächen. Es ist richtig, dass es nur natürlich und menschlich ist, ängstlich oder wütend zu reagieren. Nichtsdestotrotz können Eltern anders handeln, wenn sie verstehen, dass sie mit ihren heftigen Reaktionen genau das Gegenteil von dem erreichen, was sie erreichen wollen. Wenn Eltern begreifen, dass sich das Kind verschließt, wenn sie verärgert oder entsetzt reagieren, können sie sich darin üben, sich anders zu verhalten. Während unserer Arbeit mit Eltern von stark verhaltensauffälligen Kindern konnten wir beweisen, dass sogar extrem impulsive Eltern lernen können, ihre Reaktionen zu einem gewissen Grad zu beherrschen.

Folgende wichtige Einsicht ist sowohl die Grundlage für einen offenen und produktiven Austausch zwischen Eltern und Kind als auch das Geheimnis dafür, dass Eltern ihren Kindern näherkommen: *Ein Gespräch zwischen Eltern und Kind, bei dem sich beide Seiten wohl fühlen, ist wichtiger als die Aufdeckung irgendwelcher Informationen!* Wenn Eltern ein offenes Gespräch mit ihrem Kind führen, zeigen sie ihr Interesse an dem Kind, anstatt es auszuforschen. Der Unterschied liegt in der Atmosphäre. Eine interessierte Haltung meint, dass man unvoreingenommen zuhört und sich verpflichtet, das Kind zu unterstützen.

Eltern fragen sich häufig: »Was nützt mir ein offener Dialog, wenn ich mit seiner Hilfe nicht die notwendigen Informationen einholen kann?« Uns ist es wichtig, zu betonen, dass der offene Dialog die elterliche Begleitung und Beaufsichtigung des Kindes fördert, selbst wenn das Kind nicht die erhoffte Information liefert. Dies geschieht auf vier unterschiedlichen Wegen:

1. Durch die Gespräche werden die Eltern im Bewusstsein des Kindes präsenter. Die Chancen, dass das Kind an seine Eltern denken und dadurch unerwünschten Versuchungen widerstehen wird, werden hierdurch verbessert.

2. Die Gelegenheiten, in denen sich das Kind an die Eltern wenden kann, sollte es in Schwierigkeiten geraten, nehmen zu.
3. Das Feingefühl der Eltern für ihr Kind wird verfeinert. Sie können auf diese Weise Veränderungen in dem Wohlbefinden des Kindes besser wahrnehmen.
4. Eltern können ihren Sorgen Ausdruck geben. Offene und interessierte Gespräche liefern die optimalen Bedingungen dafür, dass das Kind empfänglich für die Sorgen wird, die sich die Eltern machen, und positiv anstatt negativ auf diese reagiert.

Hier einige Sätze, mit denen offene Gespräche eingeleitet werden können:
- »Ich habe bemerkt, dass du in letzter Zeit mit schrecklicher Laune aus der Schule kommst. Du bist mir wichtig und deshalb würde ich gern wissen, was bei dir los ist.«
- »Du verhältst dich in letzter Zeit so reserviert mir gegenüber. Bist du vielleicht wegen irgendetwas wütend auf mich? Möglicherweise möchtest du mir sagen, was es ist. Dann können wir versuchen, eine Lösung für das Problem zu finden.«
- »Facebook ist zum Zentrum deines Lebens geworden. Du investierst so viel Zeit in dieses Netzwerk, dass ich sehe, wie wichtig dir das ist. Wie du weißt, finde ich mich am Computer nicht so gut zurecht. Wärst du bereit, mit mir eine Tour durch Facebook zu machen und mir das Internet ein wenig zu erklären? Du musst ja nicht alles mit mir teilen, sondern kannst für dich behalten, was du möchtest. Wir können eine Stunde ausmachen, in der du mich ein bisschen einführst und anleitest. Was hältst du davon?«

Wenn Eltern sich mit derartigen Aussagen an ihr Kind wenden, kommen sowohl ihr Interesse und ihre Sorge zum Ausdruck wie auch ihre Zurückhaltung und ihr Respekt vor der Privatsphäre des Kindes. Auch wenn kein offenes Gespräch zustande kommt, vergrößern solche Vorschläge die Chancen, dass die Kommunikation zwischen Eltern und Kind in Zukunft offener und vertrauter sein wird.

Wenn ein offener Dialog entsteht, ist es sehr wichtig, diesen auf ebenso bedachtsame Weise zu beenden, wie er begonnen wurde. Hier zwei Beispiele, wie ein Gespräch beendet werden kann, so

dass die günstige Atmosphäre erhalten bleibt, die ein aufrichtiges Gespräch ermöglicht hat, ohne hierbei die elterliche Pflicht zur Aufsicht und Begleitung des Kindes zu vernachlässigen:
- »Ich bin froh, dass du mir vertraust. Wir werden eine Lösung suchen müssen. Zuerst wollen wir uns aber beruhigen. Morgen können wir uns gemeinsam hinsetzen und mit klarem Kopf überlegen, was zu tun ist.«
- »Ich schätze es sehr, dass du mir davon erzählst. Auch wenn es mir nicht leichtfällt, diese Dinge zu hören. Jeder Vater wäre sehr besorgt, würde ihm so etwas zu Ohren kommen. Ich habe versprochen, nicht böse zu werden und dich nicht auszuschimpfen. Mir ist es wichtig, dieses Versprechen einzuhalten. Aber das Thema ist hiermit nicht abgeschlossen. Ich möchte mich mit deiner Mama beraten. Wir drei werden gemeinsam eine Lösung suchen.«

Das letzte Beispiel kann überraschend wirken: Ein Vater kündigt seinem Sohn an, dass er der Mutter vom Inhalt des Gesprächs zwischen Vater und Sohn erzählen wird. Wir möchten diesbezüglich betonen, dass die Präsenz eines Elternteils im Gespräch mit dem Kind unserem Verständnis nach immer die elterliche Rolle im Ganzen repräsentiert, das heißt beide Elternteile zusammen. Besondere Inhalte, die im Gespräch manchmal nur dem am Gespräch teilnehmenden Elternteil gelten, sollten dem anderen Elternteil nicht vorenthalten werden. Das elterliche »Ich« ist tatsächlich immer ein »Wir«. Eltern, die mit ihrem Kind einen Geheimbund schließen und gewisse Informationen nicht an den anderen Elternteil weiterleiten, schaden hiermit ihrem Vermögen, ihre elterliche Rolle als wachsam Sorgende zu erfüllen. Alle Eltern sollten sich ernsthaft fragen, ob sie es tatsächlich für angebracht halten, den Bitten ihres Kindes nachzugeben und ihren Partner nicht über problematische Vorkommnisse zu informieren. Der zugefügte Schaden ist doppelt so groß, wenn Eltern selber ihr Kind zu Geheimnissen gegenüber dem anderen Elternteil anstiften, indem sie zum Beispiel vorschlagen: »Komm, wir werden Mama davon nichts erzählen!« Wenn Eltern in der Vergangenheit einverstanden damit waren, Dinge, die das gemeinsame Kind betreffen, vor dem anderen Elternteil zu verheimlichen, können sie versuchen, den Schaden zu reparieren, indem sie dem Kind mitteilen: »Ich habe in der Vergangenheit akzeptiert, dass wir Papa nichts von gewissen Ereignissen erzählen. Aber jetzt verstehe ich, dass es nicht gut ist, so zu handeln, und habe mich entschlossen, das in Zukunft anders zu handhaben und ihn immer zu informieren!« Sollte das Kind daraufhin drohen, dass es nichts mehr erzählen wird, kann man antworten: »Mir ist es sehr wichtig, dass du mir weiterhin Vertrauen schenkst. Aber ich bin nicht mehr bereit, dass wir Geheimnisse vor Papa haben!«

Elterliche Mitteilungen – wie sprechen, ohne Widerstand zu provozieren?

Offenheit und Aufrichtigkeit sind eine wichtige Komponente im Gespräch zwischen Eltern und Kind. Der Eltern-Kind-Dialog enthält jedoch noch eine andere wichtige Komponente: die Verdeutlichung der elterlichen Haltung und Vermittlung von bestimmten elterlichen Mitteilungen. Es ist diesbezüglich wichtig, zwischen konstruktiven Mitteilungen und Belehrungen zu unterscheiden. Belehrungen kennzeichnet der Versuch, die eigene Meinung dem Kind aufzuzwingen. Dies geschieht durch wiederholte, energische und eindringliche Aussagen, die oft einen das Kind kritisierenden Beigeschmack haben. Derartige Aussagen provozieren jedoch den Widerstand des Kindes. Es wird versuchen, seine Unabhängigkeit zu schützen; sich gegen jeden Versuch der Eltern, ihm ihre Meinung aufzuzwingen, zur Wehr setzen; wird seine Ohren vor den Sätzen der Eltern verschließen und verletzt auf die Kritik reagieren. Manchmal schwören sich Kinder sogar, genau das Gegenteil von dem zu machen, was die Eltern von ihnen fordern.

Eltern, die erkennen, wie schädlich Belehrungen sind, können diese vermeiden und andere Wege suchen, um ihren Standpunkt zu verdeutlichen. Erfolgreiche elterliche Mitteilungen basieren auf dem Verständnis, dass Aufsicht nicht mit Kontrolle gleichzusetzen ist. Eltern können dem Kind weder ihre Meinung aufzwingen noch gewisse Verhaltensweisen erzwingen. Nichtsdestotrotz können sie ihrem Kind vermitteln, dass sie ihren elterlichen Aufgaben und Einstellungen verpflichtet sind, auch wenn sie es nicht zwingen können, ihren Standpunkt zu übernehmen. Eltern können zum Beispiel klären, welche Regeln im Zusammenleben der Familie berücksichtigt werden müssen: »*Hier zu Hause* sprechen wir uns ab und teilen einander mit, wann immer es Änderungen in unseren Plänen gibt«, »*In unserer Familie* reden wir nicht auf solch erniedrigende und einschüchternde Weise miteinander. Wir werden uns von nun an solchen Ausdrucksweisen von dir widersetzen!«, »*Deine Mutter und ich* haben beschlossen, dass die Türen im Haus nicht mehr abgeschlossen werden und sich niemand mehr mit Freunden oder am Computer einschließt«. Solche Mitteilungen sind wirkungsvoller, wenn sie ruhig und entschlossen und ohne unnötige Wiederholungen ausgesprochen werden. Sollte das Kind widersprechen, kann man sagen: »Du bist Teil unserer Familie« oder »Das sind nun einmal die Regeln hier bei uns zu Hause«. Die Betonung der Tatsache, dass das Kind zur Familie oder zum Haushalt gehört, geht Hand in Hand mit der Erklärung der neuen Regeln. Derartige Mitteilungen haben eine ungewöhnliche Aussagekraft. Doch ist dabei zu beachten, dass die Zugehörigkeit des Kindes zur Familie auf keinen Fall davon abhängig gemacht werden darf, dass es die neuen Regeln befolgt. Es wäre ein Fehler, Sätze wie die folgenden hinzuzufügen: »Bist du nun Teil unserer Familie oder nicht?!«, »Wenn du dich nicht an die Regeln hältst, schließt du dich selber aus!« Solche Drohungen untergraben das Zugehörigkeitsgefühl des Kindes und vergrößern die Gefahr, dass das Kind sich eher im Widerstand als in der Familie zu Hause fühlt und deshalb alle Regeln verweigert.

Die elterliche Meinung wird hingegen dadurch bestärkt, dass eine dritte Person sie bestätigt. Zum Beispiel können die Großeltern oder Onkel und Tanten dem Kind sagen: »Deine Eltern haben mir erzählt, dass sie von dir erwarten, ihnen deine Pläne mitzuteilen. Ich wollte dir sagen, dass ich da ganz ihrer Meinung bin. Es ist ihre elterliche Pflicht, so zu handeln.« Die Verwendung von Aussagen wie »Dies ist ihre elterliche Pflicht!«, »Sie haben keine Wahl« oder »So ist das bei uns in der Familie!« vermittelt dem Kind, dass die elterliche Haltung nicht deren Willkür entspringt, sondern allgemein gültigen Wertvorstellungen entspricht.

Eltern, die möchten, dass ihre Aussagen auch ohne die Unterstützung anderer ernst genommen werden, sehen die Legitimität ihrer Mitteilungen leichter in Frage gestellt. Ohne den Rückhalt ihrer Familie müssen sie andere Wege finden, um ihren Mitteilungen die notwendige Aussagekraft zu geben. Sie geraten schneller in Versuchung, belehrend mit dem Kind zu sprechen oder unangemessen heftige Maßnahmen zu ergreifen, erreichen aber dadurch keine Zusammenarbeit mit dem Kind, sondern seinen Widerstand.

Mitteilungen zu elterlichen Grundsätzen werden einseitig ausgesprochen und nicht debattiert. Ein Grund für die geschwächte elterliche Aufsicht ist, wie bereits erwähnt, der Glaube, dass Eltern für ihre Handlungen das Einverständnis des Kindes benötigen. Die Mitarbeit und das Einverständnis des Kindes erleichtern natürlich die Arbeit der Eltern. Ihre Aufsichtspflicht ist jedoch nicht weniger notwendig oder handlungsfähig, wenn das Kind sich dagegen wehrt. Im folgenden Kapitel werden wir daher besprechen, wie Eltern mit dem aktiven Widerstand des Kindes gegen die elterliche Beaufsichtigung umgehen können. Dies betrifft Situationen, die außerhalb des Wirkungsbereichs der elterlichen wachsamen Sorge im Alltag liegen, wie wir sie in diesem Kapitel behandelt haben. Wir möchten allerdings betonen, dass Eltern auch in der alltäglichen elterlichen Begleitung gut daran tun, ihre Mitteilungen, ihre Haltung und ihre Maßnahmen als Teil ihrer elterlichen Aufgabe und Verpflichtung aufzufassen und nicht von dem Einverständnis des Kindes abhängig zu machen. Natürlich können sie dem Kind die Sachlage zu erklären versuchen: »Ich freue mich, dass du mit unseren Maßnahmen einverstanden bist!« oder »Deine Zusammenarbeit ist mir sehr wichtig«. Eltern sollten jedoch von ihrer Aufgabe ehrlich überzeugt sein, das Kind auch ohne sein Einverständnis oder seine Zusammenarbeit zu begleiten und zu beaufsichtigen. Diese Überzeugung verleiht dem elterlichen Handeln Stärke und Überzeugungskraft.

Problematische Geschehnisse vorhersehen und besprechen

Ein weiteres Mittel, das Eltern helfen kann, ihre wachsame Sorge im Alltag zu verstärken, besteht darin, dass mögliche Probleme vorhergesehen werden können und ihnen somit vorgebeugt werden kann.

Viele Eltern verwenden dieses Mittel ganz intuitiv, wie in den zwei folgenden Beispielen deutlich wird:
- »Ich möchte mit dir über die anstehende Reise mit deinen Freunden sprechen. Das ist das erste Mal, dass du mit Freunden für einige Tage allein unterwegs bist. Damit wir beide uns sicherer fühlen können, möchte ich mit dir überlegen, in welche Situationen ihr geraten könntet und wie ihr Probleme vermeiden könnt.«
- »Ich möchte mit dir über die problematischen Seiten der Facebook-Nutzung sprechen. Ich meine, dass ich ein besseres Gefühl haben werde, wenn wir uns zusammen überlegen, was für Gefahren im Internet auf dich lauern und wie du dich vor ihnen schützen kannst.«

Folgende Schritte sind notwendig, um problematische Ereignisse vorhersehen und ihnen vorzubeugen zu können: Man sollte die antizipierte Entwicklung der Ereignisse beschreiben, den Anlass benennen (eine Party, eine Reise, ein Treffen mit Freunden oder Ähnliches) und gemeinsam überlegen, welche Probleme auftauchen könnten. Dann sollten verschiedene Reaktionen beleuchtet werden, die einer weiteren Verschärfung der Lage entgegenwirken können.

Zuvor ist es jedoch wichtig, den positiven Ablauf der Dinge vorauszusetzen und zu beschreiben. Wenn man sich zu schnell auf die Befürchtungen und Sorgen konzentriert, kann das nämlich die Phantasie eingrenzen und die Vielfältigkeit der vorhersehbaren Entwicklungen einschränken. Sollte nun die Tochter sagen: »Es reicht, Mama. Es gibt keinen Grund zur Sorge!«, kann die Mutter antworten: »Lass uns die Sorgen also erst einmal beiseitelegen und lieber überlegen, wie ein guter Verlauf der Dinge für dich aussieht.« Wenn die positiven Seiten der Ereignisse beleuchtet werden, kann sich das Gespräch entwickeln, ohne dass das Kind sich ständig über die »übertriebenen Sorgen« der Eltern ärgern muss. Schon allein das Reflektieren über mögliche Ereignisse stellt eine schützende Funktion dar, die das Kind vor möglichen negativen Entwicklungen bewahren kann, selbst wenn diese nicht direkt angesprochen werden. Oft kann zu der positiven Beschreibung der möglichen Ereignisse jedoch ein Satz wie etwa folgender hinzugefügt werden: »Mit höchster Wahrscheinlichkeit wird alles glattgehen, genauso, wie wir es erwarten. Trotzdem möchte ich dich fragen, wie du reagieren wirst, sollten Probleme auftauchen.« Wenn das Kind fragt: »Welche Probleme?«, können Eltern zum Beispiel konkret fragen: »Was wirst du tun, wenn dir jemand anbietet, Marihuana zu rauchen?«, »Wie wirst du dich verhalten, wenn alkoholische Getränke angeboten werden?«, »Wie wirst du nach Hause kommen?«.

Die Fragen allein rufen dem Kind bereits die elterliche Präsenz ins Bewusstsein. Zudem ist es empfehlenswert, das Gespräch mit einer kleinen Anliegen abzuschließen: »Bitte sende mir doch gegen Mitternacht eine SMS. So werde ich ruhiger schlafen gehen können.« Kinder lehnen meist nur schwer eine Bitte ab, die freundlich vorgetragen wird. Sollte das Kind sich trotzdem dagegen auflehnen, können die Eltern hinzufügen: »Ich vertraue dir und bin damit einverstanden, dass du zu der Party gehst. Dafür bitte ich dich aber um eine Kleinigkeit: dass du mir eine kurze Nachricht schickst, damit ich ruhiger zu Bett gehen kann.« Wenn das Kind sich weiterhin der Bitte widersetzt, kann auch gesagt werden: »Ich möchte mich nicht mit der Angst schlafen legen, dass etwas nicht in Ordnung ist. Ich bitte dich, mir kurz zu simsen, damit ich weiß, dass du wohlauf bist. So sehe ich mich auch nicht genötigt, deine Freunde anzurufen, um sicherzugehen, dass es euch gut geht.«

Die Bitte an das Kind, den Eltern eine SMS zu schicken, ist ein gutes Beispiel dafür, wie die moderne Technologie der Mobiltelefone zu Gunsten der elterlichen Aufsicht angewendet werden kann. Auf diesem Weg kann das Kind auf eigene Initiative und ohne große Probleme den Kontakt mit den Eltern aufnehmen. Gleichzeitig wird die Präsenz der Eltern im Bewusstsein des Kindes gestärkt.

Der Umgang mit dem Widerstand des Kindes

Die wachsame Sorge ist, wie oben ausgeführt, Teil der elterlichen Pflicht und nicht von dem Einverständnis des Kindes abhängig. Die Mitarbeit des Kindes ermöglicht selbstverständlich eine angenehme Atmosphäre und einen offenen und freundlichen Umgang zwischen Eltern und Kind. Wenn sich jedoch die Warnsignale in Bezug auf die Lage des Kindes häufen und das Kind nicht zu einer Zusammenarbeit bereit ist, müssen die Eltern ihre wachsame Sorge verstärken, selbst wenn dies bei ihrem Kind auf Protest stößt.

Viele Eltern reagieren auf die Entdeckung, dass das Kind in Ereignisse verwickelt ist, die sie als problematisch oder gefährlich ansehen, mit unnachgiebiger Härte. Die meisten Eltern missbilligen das, was ihr Kind tut, dann in aller Schärfe und fordern von ihm, die von ihnen kritisierten Verhaltensweisen sofort und endgültig aufzugeben. Diese Art Reaktion ist verständlich, doch meist wirkungslos. Es ist unmöglich, einem unerwünschten Verhalten oder Handeln des Kindes mit einem Schlag Einhalt zu gebieten. Ein langfristiger Plan für die Verstärkung der elterlichen wachsamen Sorge muss entwickelt werden. Die Erwartung, dass das Kind die Forderungen der Eltern akzeptieren und sein Verhalten von einem Tag auf den anderen verändern wird, kann zum Hindernis für eine erfolgreiche Veränderung werden. Wir streben eine langfristige elterliche Präsenz und elterliche Begleitung an, anstatt zu erwarten, dass das Kind mit einer einmaligen Konfrontation aufgerüttelt wird.

Wir haben eine Liste der Unterschiede erstellt, um die charakteristischen Züge der beiden verschiedenen, oben beschriebenen elterlichen Haltungen der vergeblichen Erwartung und der langfristigen wachsamen Sorge zu verdeutlichen:

Die vergebliche Erwartung einer einschneidenden Veränderung

- Eltern erwarten, dass sie durch eine unnachgiebige und heftige Konfrontation mit ihrem Kind eine endgültige Veränderung seiner Verhaltensweisen erreichen können.
- Eltern »sammeln Beweise«, um dem Kind seinen Fehltritt vor Augen führen zu können.
- Eltern drohen mit extremen Strafen oder bestrafen das Kind tatsächlich mit aller Härte.
- Eltern schreien das Kind an, beschuldigen es und verwenden unangebrachte Schimpfwörter.
- Eltern verlieren ihre Selbstbeherrschung.
- Eltern »geben das Kind auf« oder »kapitulieren«.
- Eltern erwarten ein sofortiges Einstellen der negativen Verhaltensweisen und Handlungen.

Die langfristige wachsame Sorge

- Eltern treffen alle Vorkehrungen, um ihr Kind wachsam zu begleiten, auch wenn es sich dagegen zur Wehr setzt.
- Eltern verkünden ihrem Kind, dass sie fortan ihrer elterlichen Pflicht nachkommen und sein Verhalten in Augenschein nehmen werden.
- Eltern teilen ihrem Kind mit, dass sie sich den inakzeptablen Verhaltensweisen widersetzen werden.
- Eltern beschreiben in leisem Ton die negativen Handlungen des Kindes und verdeutlichen, dass sie diesen unnachgiebig Widerstand leisten werden.
- Eltern behalten ihre Selbstkontrolle, egal wie sehr das Kind sie zu provozieren versucht.
- Eltern bleiben ihrer Elternrolle verpflichtet und beharren auf ihren Begleitungsmaßnahmen, auch wenn keine sichtbare Verbesserung erkennbar ist.
- Eltern wissen, dass eine Veränderung nur schrittweise erfolgen wird und oftmals nur eine teilweise Verbesserung der Lage erreicht werden kann.

Viele Eltern müssen erst die Erfahrung machen, dass eine Konfrontation als Maßnahme fehlschlägt, bevor sie die notwendige Kraft aufbringen, eine langfristige elterliche Begleitung des Kindes ins Auge zu fassen. Wir erwarten keineswegs, dass Eltern vollkommen auf ihre instinktiven Reaktionen verzichten. Schließlich ist es ganz natürlich, dass Eltern entsetzt auf schwere Fehltritte ihres Kindes reagieren. Wenn sie aber schon Erfahrung gesammelt haben, die problematischen Verhaltensweisen kennen und gelernt haben, dass ihre impulsive, heftige Reaktion nicht, wie gedacht, die erwünschte Veränderung bewirkt, sollten sie die entsprechenden Schlussfolgerungen ziehen und ihre Haltung und eigenen Verhaltensweisen ändern. Es ist hilfreich, zu verstehen, welche unterschiedlichen Erfahrungen sie und ihr Kind machen, wenn Eltern gemäß dem Ansatz der sofortigen und schonungslosen Konfrontation im Umgang mit dem Problem handeln. Indem wir nachfolgend diese unterschiedlichen Erfahrungen und ihre Konsequenzen aufzeigen, hoffen wir, Eltern zu einem Umdenken zu ermutigen.

Die Erfahrung der Konfrontation und des Bruchs zwischen Eltern und Kind

Eltern, die eine schnelle Veränderung erwarten, werden ihre ganze Aufmerksamkeit den Reaktionen des Kindes zuwenden. Sie hoffen, dass das Kind dank ihrer Wut und Enttäuschung seinen Fehltritt eingestehen und Reue zeigen wird. In ihrer Vorstellung wird das Kind sich infolge der Konfrontation mit seinen Eltern verpflichtet fühlen, sein Verhalten zu ändern und zukünftig seine Versprechen einzuhalten. Sobald das Kind diesen Erwartungen nicht entspricht, glauben die Eltern, dass noch stärkere Drohungen nötig sind, um eine Verhaltensveränderung beim Kind zu erreichen: »Wenn du dies noch ein Mal tust, dann …« Wenn das Kind sein Verhalten noch immer nicht ändert, sehen sich die Eltern gezwungen, ihre Drohung wahr zu machen, und bestrafen das Kind mit aller Schärfe. Das Fehlschlagen der Strafen ist unvermeidlich. Manche Eltern sind nicht fähig, die angedrohte Strafe konsequent in die Tat umzusetzen. Andere Eltern müssen feststellen, dass das Kind nach dem »Absitzen seiner Strafe« die unerwünschten Verhaltensweisen wieder aufnimmt. In beiden Fällen werden die Eltern vom Gefühl der Hilflosigkeit überwältigt.

Der Versuch, eine sofortige Veränderung herbeizuführen, kann auch zu einer Verschärfung der Konflikte führen. Das Kind fühlt sich zu Unrecht oder in übertriebener Weise für das, was es getan hat, von seinen Eltern gemaßregelt und beschimpft. Es zahlt es ihnen daher mit gleicher Münze heim: Beschimpfungen gegen Beschimpfungen, Flüche gegen Flüche, Drohungen gegen Drohungen. Manchmal kann ein deutlicher Eskalationsprozess verfolgt werden, in dem Beschimpfungen mit Drohungen und Drohungen mit Gewalt vergolten werden. Die Folgen solch einer Eskalation sind gravierend, denn mit ihr wächst die Gefahr, dass die Situation vollkommen außer Kontrolle geraten und in Gewalttaten ausarten wird, die nicht mehr rückgängig gemacht werden können. Die Kräfte der Eltern werden zunehmend strapaziert, die Familie gewöhnt sich an Verhaltensweisen im gemeinsamen Zusammenleben, die Geschrei und Drohungen normal erscheinen lassen. Eine Situation, in der Versuche der Vermittlung und Verständigung auf taube Ohren fallen und die dem Gewöhnungsprozess an eine besonders laute Umwelt gleicht: Allmählich nimmt unsere Sensibilität für die Lautstärke normaler Geräusche ab und wir nehmen nur noch diejenigen Geräusche wahr, die andere als Lärm empfinden.

Die emotionale Verfassung der Eltern, die einen solch aggressiven Umgang mit ihrem Kind über eine längere Zeitspanne ertragen, ist enorm belastet. Sie fühlen sich entkräftet, hilf- und hoffnungslos. Jeder Gedanke an eine weitere Auseinandersetzung mit dem Kind löst Panik aus. Um weiteren Konfrontationen aus dem Weg zu gehen, lassen die Eltern ihr Kind schließlich nach seinem eigenen Wunsch schalten und walten, halten selber lieber Abstand und erzielen somit eine Scheinruhe. Meist sehen sie ihr Kind in einem negativen Licht und empfinden, dass sie in ihrer Elternrolle versagt haben. Die ständigen Auseinandersetzungen und das Gefühl der Niederlage nagen unaufhörlich an ihnen. Oft machen sich Anzeichen extremer Anspannung, von Angst und Depression bemerkbar. Nicht selten wird auch die Beziehung zwischen den Eltern durch die Konflikte mit dem Kind beeinträchtigt. Sie werfen jeweils dem anderen vor, für die Unarten und die Aufsässigkeit des Kindes verantwortlich zu sein. Väter, die eine autoritäre Haltung vertreten, beschuldigen die Mütter, dass sie zu nachgiebig sind und ihren Erziehungsstandpunkt untergraben. Mütter, die eine einfühlsame Erziehung bevorzugen und dem Kind Verständnis und Akzeptanz entgegenzubringen versuchen, verurteilen die Väter dafür, dass sie das Kind zurückweisen und seinem Selbstbewusstsein schaden. Manchmal ist die Rollenverteilung auch genau andersherum und die Mutter beschuldigt den Vater, dass er einer Auseinandersetzung mit den Problemen, die sie mit dem Kind hätten, aus dem Weg gehe, die Rolle des »liebevollen Vaters« bevorzuge und sie zu Unrecht als stur und herrschsüchtig bezeichne.

Und wie ergeht es dem Kind in dieser Situation? Oftmals erlebt es die Forderungen der Eltern, sein Verhalten zu verändern und sich ihnen unterzuordnen, als eine Bedrohung, die seine eigenen Wünsche und seine Unabhängigkeit gefährden. Die wütende und einschneidende Art, mit der die Eltern reagieren, stellt in seinen Augen die Legitimität ihrer Forderungen in Frage. Den Eltern nachzugeben käme einer endgültigen Niederlage gleich, die seinen Status und sein Selbstwertgefühl stark beeinträchtigen würde. Das Kind sieht daher meist nur zwei mögliche Lösungen: entweder die Eltern offen herauszufordern oder ihnen auszuweichen und heimlich seine Wünsche weiterzuverfolgen. Beide Strategien schließen einander nicht aus. Viele Kinder – vor allem Jugendliche – verfolgen beide Lösungen gleichzeitig.

Wenn Kinder ihre Eltern herausfordern, drückt sich dies meist in Verhaltensweisen aus, die von den Eltern als »frech« bezeichnet werden. Es handelt sich um Unverschämtheiten, die den Eltern vermitteln sollen, dass das Kind sich nicht um ihre Meinung kümmert, dass sie und das, was sie denken, ihm egal sind. Für das Kind handelt es sich um einen Überlebenskampf. Es fühlt, dass sein Wille und sein Selbst vollkommen negiert würden, wenn es klein beigeben und nicht zurückschlagen würde. Das Repertoire an Waffen, die es in einem solchen Kampf einsetzen kann, ist unendlich. Es kann die Eltern mit seinen Provokationen bis zum Kontrollverlust treiben. Es kann mit leisen oder lauten Drohungen den Eltern unliebsame Aktionen ankündigen oder aber auch eine gleichgültige Miene aufsetzen und seine Entfremdung zur Schau tragen. Je stärker die Eltern versuchen, das Kind »aufzurütteln« und seinen Panzer zu durchbrechen, desto mehr verschanzt sich das Kind. Beide Seiten haben dann meist das Gefühl, dass sie in unterschiedlichen Welten mit entgegengesetzten Regeln leben. In solch einer Situation werden sowohl die Eltern als auch das Kind es bevorzugen, den Kontakt auf das notwendige Minimum zu reduzieren. Miteinander geredet wird kaum noch, man geht sich aus dem Weg und vermeidet Konfrontationen. So wird die Kluft zwischen den Parteien immer größer.

Wie finden Eltern den Weg zurück zu ihrem Kind?

Ein zentrales Hindernis für Eltern, die ihre elterliche Stimme wiederfinden möchten, besteht darin, dass sie ihre Einschätzung der Situation ausschließlich an den Verhaltensweisen des Kindes ausrichten. Redet man mit den Eltern, konzentrieren sich ihre Beschreibungen auf die schlimmen Taten des Kindes, auf die sie keinen Einfluss hätten: »Wir sind ihm egal!«, »Er verschwindet nachts nach Lust und Laune!«, »Er stiehlt!«, »Er lügt uns an!« Wir nennen diesen negativen, fast obsessiven Fokus der Eltern negative Hypnose. In einem Zustand der Hypnose ist die Aufmerksamkeit der hypnotisierten Person vollkommen von dem Hypnotiseur abhängig, so dass sie ihr Verhalten nicht selbstbestimmt steuern kann. Ähnlich steht es um Eltern, die durch ihr Kind hypnotisiert und von seinen Handlungsweisen ganz und gar eingenommen sind und sich deshalb schwer tun, aus dem Teufelskreis auszubrechen und wieder einen unabhängigen Standpunkt einzunehmen.

Glücklicherweise handelt es sich nur scheinbar um eine Hypnose. Dem Teufelskreis kann ein Ende gesetzt werden. Eltern sind auch nach einer langen Zeit der Hilflosigkeit und Eskalation dazu fähig, ihre elterlichen Funktionen wieder aufzunehmen und im Leben ihres Kindes erneut an Bedeutung zu gewinnen.

Unsere Arbeit mit Eltern hat uns gelehrt, dass es zwei wesentliche Prozesse sind, zu denen wir anregen und die die Motivation der Eltern, an ihrer eigenen Haltung und ihrem eigenen Verhalten zu arbeiten, erhöhen:
1. Wir setzen einen Prozess in Gang, der zur Einsicht führt, dass die Eltern ihr Kind nicht kontrollieren, sondern nur ihr eigenes Verhalten bestimmen können.

2. Wir lenken die Aufmerksamkeit und die Bemühungen der Eltern in eine andere Richtung: Anstatt sich auf die Verhaltensweisen des Kindes zu fixieren, versuchen sie, sich auf ihren eigenen Standpunkt zu konzentrieren, und bemühen sich, diesen sowie die Beharrlichkeit, mit der sie ihre Regeln vertreten, zu stärken. Hierdurch können Eltern dem Kind wieder als stabilisierender Anker dienen.

Die beiden Prozesse stärken sich gegenseitig: Je überzeugter die Eltern sind, dass sie keine Kontrolle über das Kind, sondern nur über sich selber haben, desto besser ist ihr Vermögen, an ihrer eigenen elterlichen Verankerung zu arbeiten. Je mehr sich Eltern darauf konzentrieren, ihre eigene elterliche Haltung zu verstärken, desto besser können sie sich von dem Machtkampf und der Illusion befreien, das eigene Kind kontrollieren zu können – eine Illusion, die sie in eine Sackgasse geführt hat, aus der sie wieder herausfinden müssen.

Nathan war schrecklich verbittert über seinen 16-jährigen Sohn Joel, der die Tefillin nicht täglich anlegte, wie es das jüdische Gebot fordert. Er legte seinem Sohn deswegen schwere Strafen auf, die aber wegen Meinungsverschiedenheiten mit seiner Frau Mara nicht ausgeführt wurden. Die Eltern waren auch frustriert darüber, dass Joel freitags nicht mehr mit der Familie zusammen aß oder fortging, bevor die Mahlzeit beendet war. Es wiederholte sich immer öfter, dass er abends zur Essenszeit nicht da war oder mitten im Essen aufstand, um sich mit seinen Freunden zu treffen, deren Familien zum größten Teil nicht religiös waren. Die Eltern waren verwirrt und wussten nicht, auf welche Regeln sie bestehen und wie sie diese durchsetzen sollten.

Joels Eltern kamen in unsere Beratungsstelle und mit unserer Hilfe sahen sie ein, dass sie zwar nicht über Joels Verhalten und seine religiöse Neigung bestimmen, aber durchaus Verhaltensregeln für das gemeinsame Zusammenleben vorgeben können. Das taten sie auch. Sie teilten Joel mit: »Wir können dich nicht zwingen, ein gläubiger Mensch zu sein. Das ist etwas zwischen dir und Gott. Aber wir bestehen auf gewissen Verhaltensregeln in unserem Haus. Deswegen haben wir beschlossen, dass wir von nun an von dir erwarten, freitags mit uns zu essen und bis zum Ende der Familienmahlzeit am Tisch sitzen zu bleiben. Solltest du diese Regel übertreten, werden wir dir das wöchentliche Taschengeld streichen. Außerdem werden wir keine Aktivitäten mehr finanzieren, die unseren Werten als Familie und gläubige Menschen widersprechen.«

In Folge dieser Mitteilung bekam Joel zwei Mal kein Taschengeld, da er am Freitagabend nicht zu Hause gewesen war. Daraufhin nahm Joel wieder regelmäßig an den freitäglichen Abendessen teil, demonstrierte jedoch Desinteresse. Er saß mit verschlossenem Gesicht am Tisch und sang die Shabbat-Lieder nicht mit. Nach zwei Monaten hatte er sich an die neue Sachlage gewöhnt und wurde bei den Abendessen wieder etwas aktiver.

In Bezug auf das Anlegen der Tefillin änderte sich sein Verhalten nur mäßig: Er legte die Tefillin in Eile und ohne die erforderliche Sorgfalt an. Schrittweise verstand der Vater, dass er keine Kontrolle über den Glauben des Sohnes haben konnte.

Anhand des oben geschilderten Fallbeispiels von Joel lässt sich eine wichtige Unterscheidung bezüglich der Einflussnahme von Eltern etwas näher beleuchten: Auf den ersten Blick scheint kein großer Unterschied zwischen dem fehlenden Interesse des Sohnes an den Familienessen und am Anlegen der Tefillin zu bestehen. Es besteht jedoch in unseren Augen ein grundlegender Unterschied zwischen diesen beiden nachlässigen Handlungen des Sohnes, insofern der jeweilige Fokus der Kontrolle unterschiedlicher Art ist: Die freitäglichen Abendessen sind ein zentraler Teil des Familienlebens und des Alltags, während das Anlegen der Tefillin eine Handlung des persönlichen Glaubens ist. Die Festlegung »So gestalten wir unser Zusammenleben« hat eine stärkere Legitimität als die Vorgabe »So hast du dein Leben in Bezug auf den Glauben zu gestalten!«.

Natürlich können die Eltern ihrem Sohn Joel nicht auferlegen, mit demselben Interesse und derselben Freude wie sie am Familienleben teilzunehmen. Sie versuchen jedoch, den vorgegebenen Rahmen der Familienessen zu bewahren. Auch die Mitteilung, dass sie fortan keine Aktivitäten finanzieren werden, die ihren Werten widersprechen, entspricht dem Prinzip, dass sie zwar Joels Verhaltensweisen nicht bestimmen, durchaus aber Einfluss auf die Rahmenbedingungen nehmen können. Demgegenüber muss ihr Versuch, Joel dazu zu bringen, Tefillin anzulegen, scheitern, da die innere religiöse Überzeugung Joels nicht in ihrer Entscheidungsmacht liegt.

Zwischen der Kontrolle der Eltern über ihr eigenes Verhalten, der Art und Weise, wie sie das Familienleben gestalten, und dem Versuch, das Kind zu kontrollieren, zu unterscheiden, ist nicht immer einfach und eindeutig. Es folgen einige Beispiele, die verdeutlichen, wie Eltern sich in dieser Grauzone besser orientieren können:

- Es ist unmöglich, ein Kind von seinem Ärger und Neid gegen seinen Bruder abzubringen. Eltern können jedoch sagen: »Wir können dir nicht vorgeben, welche Gefühle du gegen deinen Bruder entwickelst. Aber wir treten jeder Gewalt oder Demütigung, die du ihm zufügst, entgegen und ziehen dich für ein solches Verhalten zur Verantwortung.«
- Eltern können ihrem Kind nicht vorschreiben, dass es gern und guten Willens für die Schule lernt und die Hausaufgaben macht. Sie können aber dem Kind Folgendes mitteilen: »Wir können dich nicht dazu zwingen, ein guter Schüler zu sein. Aber es ist unsere Pflicht zu überprüfen, ob du in die Schule gehst, dich für die Prüfungen vorbereitest und deine Hausaufgaben machst. Von nun an werden wir mit deinem Lehrer in Kontakt stehen und uns regelmäßig informieren.«
- Es steht nicht in der Macht der Eltern, ein jugendliches Mädchen dazu zu bringen, auf sich aufzupassen und jeder möglichen Versuchung zu widerstehen. Ihre Eltern können ihr jedoch sagen: »Wir haben keine Kontrolle über dein Verhalten, wenn du ausgehst. Es ist jedoch unsere Pflicht, auf der Hut zu sein, ganz besonders nach den Ereignissen des letzten Monats. Deswegen fordern wir von nun an, dass du uns mitteilst, wohin du gehst und mit wem du dort bist. Außerdem erwarten wir von dir, dass du uns vor 23 Uhr eine SMS schickst.«
- Es ist beinahe unmöglich zu verhindern, dass Jugendliche sich am Computer verbotene Inhalte ansehen. Trotzdem können Eltern ihren Sohn mitteilen: »Wir sind nicht mehr damit einverstanden, dass du die ganze Nacht am Computer sitzt. Wir sind gern bereit, dir den Zugang zum Internet zu ermöglichen. Aber wir möchten in deiner Nähe sein, während du im Internet surfst, und werden

von nun an um Mitternacht das Internet ausschalten. Wir wollen dich nicht hinterrücks ausspionieren, aber wir werden dich immer mal wieder im Zimmer besuchen, um zu sehen, was du am Computer machst.«

Diese Beispiele führen vor Augen, wie Eltern ihre Bemühungen, das Kind vollkommen zu kontrollieren, aufgeben und stattdessen ihren Standpunkt und die von ihnen vertretbaren Regeln verteidigen. Diese Eltern verzichten keinesfalls auf ihre wachsame Sorge, sie verstärken sogar ihre elterliche Präsenz und ihre Möglichkeiten, das Kind zu begleiten.

Wir empfehlen Eltern, gut zu durchdenken, was sie von ihrem Kind fordern können und wollen. Hierbei sollten sie sich auf die elterlichen Pflichten und Regeln konzentrieren, die ihnen wirklich wichtig sind. Auf keinen Fall steht es in ihrer Macht, dem Kind seine Gefühle, Gedanken und Handlungsweisen vorzuschreiben.

Sich auf Konfrontationen vorbereiten und die Selbstkontrolle festigen

Selbstkontrolle ist eine der wichtigsten Grundlagen für die elterliche Verankerung. Eltern, die sich in laute Streitereien verwickeln lassen und die Kontrolle über ihre Reaktionen verlieren, können ihrem Kind nicht als Anker dienen. Schlimmer noch: Sie verstärken den Sog, der das Kind in gefährliche Strudel zieht.

Viele Eltern akzeptieren nur schwer, dass sie sich eine bessere Selbstbeherrschung aneignen müssen, ganz besonders, wenn sie denken, dass das Kind sie für schwach und machtlos hält, sollten sie seine Provokationen einfach so hinnehmen. »Warum sollten wir schweigen, wenn unsere Tochter sich so frech benimmt?!« Sie wundern sich nicht selten, wenn wir sie in den Beratungssitzungen darum bitten, die provokativen Aussagen des Kindes zu überhören oder gewisse Verhaltensweisen zu übersehen. Ihrem Verständnis nach muss die elterliche Würde und der Status der Eltern sofort und unwiderruflich zum Ausdruck gebracht werden. Sie glauben, sie müssten jeden Konflikt gewinnen, sonst würde das Kind sie nicht mehr ernst nehmen. Dieser Glaube führt dazu, dass sie auf jede noch so kleine Provokation des Kindes reagieren, um nicht als Verlierer dazustehen.

Unserem Verständnis nach gilt genau das Gegenteil. Wir sehen die Stärke der Eltern gerade darin, dass sie fähig sind, ihre elterlichen Ziele zu verfolgen, ohne sich von den Provokationen der Kinder davon abbringen und zu gegenseitigen Siegesmanövern verleiten zu lassen. Elterliche Schwäche zeigt sich vielmehr in der Neigung, laut mit dem Kind zu streiten, wenn es frech wird, und zu glauben, dass Eltern dem Kind etwas beweisen müssten. Lassen sich Eltern auf die endlosen Reibereien ein, die an ihren Kräften zehren, verlieren sie ihre Ankerfunktion für das Kind.

Eltern müssen sich darauf vorbereiten, dass ihr Kind ihre Selbstkontrolle jedes Mal, wenn sie versuchen, ihre wachsame Sorge zu verstärken, herausfordern wird. Vorzeitige Vorbereitungen helfen den Eltern, den Versuchen des Kindes, die Eltern in weitere Konflikte zu verwickeln, zu widerstehen, ohne ihre elterlichen Pflichten zu vernachlässigen. Die Konfrontationen mit den Kindern können verschiedener Art sein, in allen sind jedoch Versuche des Kindes zu sehen, die elterliche Standhaftigkeit zu erschüttern, an der Entschlossenheit der Eltern zu rütteln und die Legitimität der elterlichen Maßnahmen in Frage zu stellen. Das Kind zieht die Eltern in laute Konflikte und endlose Streitereien hinein oder spricht Drohungen aus, dass die elterlichen Schritte Folgen haben werden. Hier sind einige Beispiele für typische Reaktionen der Kinder:

- Alma ist 14 Jahre alt. Sie schreit ihre Mutter an, weil diese nacheinander ihre Freunde angerufen hat, als sie nicht zur vereinbarten Zeit nach Hause gekommen ist: »Du hast meinen Freundeskreis zerstört! Du hast mich in den Augen all meiner Freunde lächerlich gemacht! Deinetwegen werde ich nie wieder in die Schule gehen können!«
- Roland ist 13 Jahre alt. In der Vergangenheit hat er von seinen Eltern Geld gestohlen, um sich Wettkarten für Fußballspiele zu kaufen. Nun versucht er, seinen Vater in eine Diskussion über sein Recht auf Privatsphäre zu verwickeln, nachdem dieser sein Zimmer durchsucht hat. Roland wiederholt immer wieder, dass sein Zimmer seine Privatsphäre sei und dass sein Vater das gegenseitige Vertrauen missbraucht habe, als er in der Abwesenheit des

Sohnes das Zimmer betreten habe. Er sagt, dass er sich wie auf der Anklagebank fühle, wobei er von vornherein für schuldig erklärt worden sei.
– Der 17-jährige Erwin droht seiner Mutter, nachdem diese ein langes Gespräch mit seiner 15-jährigen Freunden geführt hat, mit folgenden Worten: »Wenn du das noch einmal machst, wirst du mich dein Lebtag nicht mehr wiedersehen!«

Die aufgeführten Reaktionen spiegeln die Versuche der Kinder wider, die Eltern von ihren Beaufsichtigungsmaßnahmen abzubringen. Wir können in ihnen einige der wesentlichen Taktiken erkennen, die von Kindern angewendet werden, um die Entschlossenheit der Eltern zu untergraben: Sie werfen den Eltern vor, dass sie sie durch ihre Maßnahmen bei ihren Freunden herabsetzen und ihren Freundschaften schaden; sie verwickeln die Eltern in Streitgespräche über ihr gesetzliches Recht auf Privatsphäre; sie konfrontieren die Eltern damit, dass diese keine Beweismittel für ihre Behauptungen haben, oder sie drohen den Eltern mit einem endgültigen Kontaktabbruch.

Die Bereitschaft der Eltern, sich auf eine Diskussion mit ihm einzulassen oder seine Behauptungen zu widerlegen, signalisiert dem Kind, dass die Eltern von ihrer eigenen Meinung nicht vollkommen überzeugt sind und ihre Entscheidung beeinflusst werden kann. Denn eine Entscheidung, über die diskutiert werden kann, ist nicht endgültig. Umso wichtiger ist die Vorbereitung der Eltern auf diese Art Konfrontation, so dass sie Verhaltensweisen vermeiden können, die an ihrer eigenen Verankerung rütteln.

Selbstüberzeugung und Ausstrahlung ruhiger Bestimmtheit

Die meisten Kinder reagieren auf die Verstärkung der elterlichen wachsamen Sorge mit nur geringem Widerstand. Dies liegt daran, dass Kinder zwar von Versuchungen oder möglichen Abenteuern angezogen werden, aber auch das Bedürfnis nach Schutz und Zugehörigkeit verspüren. Eltern, die ihrem Kind verdeutlichen, dass sie es nicht aufgeben, und entschlossen ihre Präsenz im Leben des Kindes vertreten, entsprechen diesem Bedürfnis und vermitteln ein Gefühl der Sicherheit. Es liegt in der Natur des Entwicklungsprozesses, dass ein Kind seinen Wirkungsbereich und seine Unabhängigkeit vergrößert. Trotzdem kann es sich der elterliche Pflicht bewusst sein und den eigenen Wunsch nach Begleitung anerkennen. Sobald Eltern begreifen, dass dies die Gefühlslage der meisten Kinder ist, fällt es ihnen leichter, ihre Aufgabe zu erfüllen und Reibungen mit dem Kind auszuhalten. Diese sollten insbesondere bei Jugendlichen als Teil des Heranwachsens verstanden werden.

Bei dem elterlichen Versuch, ihre wachsame Sorge zu intensivieren, reagiert also die größte Anzahl der Kinder auf angemessene Weise. Nur eine kleine Minderheit wird den Eltern lautstark Widerstand und Drohungen entgegensetzen. Diese lösen dann meist ein Gefühl der Eskalation und des Kontrollverlustes aus. Noch weniger Kinder werden sich nicht allein mit demonstrativem Protest zufrieden geben, sondern ihren Drohungen durch Taten Nachdruck verleihen. Sie werden zum Beispiel absichtlich das Eigentum der Eltern beschädigen oder das Haus lautstark verlassen. Die Botschaft dieser Kinder ist, dass sie bereit sind, Verletzungen in Kauf zu nehmen – an sich selbst, den Eltern oder der Eltern-Kind-Beziehung.

Das Geschrei, die Drohungen oder die verletzenden Taten des Kindes spiegeln immer ein fortdauerndes gegenseitiges Verhältnis zwischen Eltern und Kind wider: Ein schreiendes oder drohendes Kind ist gleichzeitig immer für die Reaktion der Eltern empfänglich. Das Nachgeben oder aber der Gegenangriff der Eltern wird grundsätzlich die Verschärfung und Eskalation des Konflikts nach sich ziehen, auch wenn die Eltern natürlich das Gegenteil bewirken wollen. Wenn Eltern sich dem Willen des Kindes fügen, werden zwei Prozesse eingeleitet: Zum einen verweilt das Kind in seiner bedrohlichen Lage, zum anderen versteht es nun, dass es auch in Zukunft der wachsamen Sorge der Eltern entgehen kann, indem es den Konflikt zuspitzt. Der Schaden ist nicht weniger gering, wenn Eltern auf die verschärfte Reaktion des Kindes ihrerseits mit Gegendrohungen oder extremen Strafen reagieren. Das Kind zieht daraus den Schluss: »Entweder sie oder ich!« Es wird daher entweder bis zum bitteren Ende kämpfen oder untertauchen und heimlich seine Interessen verfolgen. In beiden Fällen schaden die Eltern sich selbst und vergrößern gleichzeitig die Gefahr für das Kind.

Viele Eltern schwanken zwischen beiden Polen: Mal geben sie dem Kind nach, mal greifen sie es ebenfalls an. Der zugefügte Schaden wird dadurch besonders groß, so als ob die zwei schädigenden Verhaltensmuster sich miteinander multipliziert hätten.

Wir verweisen auf ein anderes Verhaltensmuster, durch das sowohl der Konflikt eingedämmt als auch die Gefahr verringert werden kann, nämlich durch die leise Bestimmtheit der Eltern, mit der sie auf ihrer Haltung der wachsamen Sorge beharren. Eltern, die von der Notwendigkeit ihrer Handlungsweise überzeugt sind, weil durch sie ihr Kind beschützt wird, werden in ihrer Absicht erfolgreich sein, sich von ihrem Kind nicht in Auseinandersetzungen ziehen zu lassen. Sie werden eine ruhige Sicherheit ausstrahlen, die dem Kind ihre Beharrlichkeit, das Kind weiterhin mit wachsamer Sorge zu begleiten, vermittelt. Wenn Eltern sich nicht aufregen, nicht streiten, nicht aus der Fassung geraten oder sich einschüchtern lassen, wird sich das Kind an die verstärkte wachsame Sorge der Eltern sehr viel leichter gewöhnen.

Auch die standfestesten Eltern benötigen von Zeit zu Zeit eine Stärkung ihrer Haltung und ihres Vermögens, einer Eskalation entgegenzuwirken. Wir bieten daher zehn Ansatzpunkte, die Eltern helfen, ihre Kräfte in regelmäßigen Abständen wieder aufzuladen und ihre Chancen, eine der Situation angebrachte Reaktion zu finden, zu vergrößern. Wir verstehen die folgenden Aussagen als einen Leitfaden, der der Selbstbeherrschung dient und Eltern, die ihn sich innerlich vorsagen und auf diese Weise seine Richtlinien erfassen und bedenken, in ihrer Haltung der wachsamen Sorge und im Hinblick auf bestimmte Handlungsweisen bestärkt:

1. Es ist meine allererste Pflicht, mein Kind zu begleiten. Ich kann diese Pflicht nicht vernachlässigen, ohne an elterlicher Präsenz einzubüßen und mein Kind mit den Herausforderungen seines Lebens alleinzulassen. Sobald besorgniserregende Anzeichen auftreten, ist es meine Pflicht, meine wachsame Sorge zu verstärken.
2. Ich muss und kann mein Kind nicht von der Legitimität meiner Pflicht zur wachsamen Sorge überzeugen. Ich kann mich aber selbst unterstützen, indem ich mir sage: »Ich habe keine Wahl!« oder »Dies ist meine Pflicht!«. Wenn ich mich auf eine Diskus-

sion einlasse und versuche, meine Maßnahmen zu rechtfertigen, wird dies meine Entscheidung erschüttern und den Widerstand meines Kindes verstärken.
3. Ich muss und kann meinem Kind nicht beweisen, dass ich handfeste Gründe für die Verstärkung meiner wachsamen Sorge habe. Wenn ich meine Aufsicht ausdehnen möchte, so ist dies nicht das Ergebnis von Beweismaterialien, sondern meine Reaktion auf besorgniserregende Anzeichen, die ich wahrnehme.
4. Mein Kind könnte versuchen, meinen Willen und meine Überzeugung zu erschüttern. In diesem Fall muss ich fest daran denken: »Nicht in den Konflikt hineinziehen lassen! Nicht streiten! Nicht zurückschlagen! Nicht schockieren lassen! Nicht nachgeben!«
5. Wenn ich auf die Provokationen meines Kindes nicht reagiere, so beweise ich damit innere Standhaftigkeit. Wenn ich mich in einen Streit, eine Konfrontation oder weitere Überzeugungsversuche verwickeln lasse, so ist dies ein Zeichen dafür, dass ich meinem Kind keinen Anker biete, sondern zu einem Ping-Pong-Ball werde.
6. Ich kann nicht allein handeln. Ich muss meinen Einfluss ausdehnen, indem ich meine Familie, meine Freunde, das Schulpersonal und anderer Unterstützungsquellen hinzuziehe. Um Unterstützung bitten, bedeutet nicht, dass ich schwach bin, sondern dass ich eine breite Basis für meine wachsame Sorge aufbauen möchte.
7. Eine Verstärkung der wachsamen Sorge wird keine sofortigen Ergebnisse erzielen. Eine Verbesserung wird sich schrittweise einstellen und meist auch nur teilweise erreicht werden können. Trotzdem wird durch meine Maßnahmen die Gefahr eingedämmt. Außerdem bin ich durch sie stärker am Leben meines Kindes beteiligt und werde daher in Zukunft besser und schneller zum Schutz meines Kindes handeln können, sollte dies erforderlich sein.
8. Selbst wenn ich Fehltritte nicht vermeiden kann und mich zu einem unbeherrschten Verhalten verleiten lasse, ist morgen ein neuer Tag, an dem ich von Neuem meiner elterlichen Aufgabe gerecht werden kann, für mein Kind Sorge zu tragen und zugleich meine Selbstbeherrschung zu bewahren.

9. Sollte mein Kind mir drohen, so werde ich ihm sagen: »Ich werde alles tun, was in meiner Macht steht, um das, womit du mir drohst, zu verhindern. Aber ich kann nicht nachgeben! Nachgeben würde bedeuten, dich aufzugeben!«
10. Sollte ich mich vor einer Drohung meines Kindes fürchten, so muss ich mich auf sie und ihre Folgen vorbereiten. Eine gute Vorbereitung verringert die Gefahr einer aggressiven Konfrontation und dass das Kind Drohungen, die es ausgesprochen hat, wahr macht. Wenn ich mich vorbereite, stärke ich mich und werde nicht in Versuchung geführt, klein beizugeben. Wenn ich der Drohung nachgebe, wird dies zu weiteren Drohungen führen und die Gefahren, denen das Kind ausgesetzt ist, vermehren.

Die Aussagen des Leitfadens zielen auf eine Veränderung unserer emotionalen Reaktionsschemata und Verhaltensweisen. Beherzigen wir die hinter dem Leitfaden stehenden Richtlinien, können wir in Situationen, in denen wir zuvor zu unbedachten Reaktionen und einem Gefühl, dringlich handeln zu müssen, verleitet wurden, tief Luft holen und uns einen Aufschub gewähren.

Mit der Zeit wird die elterliche Präsenz zu einem Flüsterton, der das Kind begleitet, egal wohin es geht. Dies ist der Kern dessen, was die elterliche wachsame Sorge erreichen möchte und was wir als Schlüssel für die Entwicklung des Kindes begreifen, weil es sein Vermögen, sich selbst vor Gefahren zu schützen, erhöht.

Wie bereiten Eltern sich auf Notfälle vor?

Eltern sollten ein Notprogramm haben, mit dem sie besser mit Situationen fertig werden können, vor denen sie sich fürchten und mit denen ihre Kinder drohen. Auf diese Weise werden sie ihre Entscheidung, das Kind mit wachsamer Sorge zu begleiten, leichter verfolgen können. Denn ihr Notprogramm wirkt vorbeugend gegen das Gefühl der Hilflosigkeit, das meist der Hauptgrund für unüberlegte Reaktionen und einen Kontrollverlust ist. Bereits das Wissen um solch ein Notprogramm verringert die Furcht; so kann allein der Gedanke, dass sie sich auf Notfälle, wie zum Beispiel das Verschwinden des Kindes, Gewaltanwendung oder sogar einen Suizidversuch, vorbereitet haben, viele Eltern ermutigen.

Da Eltern von ihren Befürchtungen und den Drohungen ihrer Kinder ohne ein Notprogramm vollkommen beansprucht werden, bleibt ihnen keine andere Wahl, als sich aktiv auf die befürchteten Notfälle vorzubereiten. Tatsächlich wird die Gefahr, dass die befürchteten Situationen eintreten, durch die Vorbereitungen verringert. So haben Eltern einen doppelten Gewinn: Die Vorbereitungen wirken eindämmend auf die Drohungen der Kinder und helfen den Eltern gleichzeitig, im Fall der Fälle die Notlage meistern zu können.

Das Unterstützungsnetz
Eine wichtige Grundlage für die Auseinandersetzung mit Notsituationen ist der Aufbau einer Gruppe von Helfern. Eltern, die allein einer Bedrohung gegenüberstehen, werden verständlicherweise viel verängstigter und gelähmter sein als Eltern, die auf Menschen, die ihnen helfen, zurückgreifen können. Wir haben bereits im vorigen Kapitel betont, dass die elterliche Fürsorge, will sie das Kind nachhaltig begleiten, ein Unterstützungsnetz benötigt, das sie und das Kind einbettet, und erläutert, warum dies so ist. Sehen Eltern sich mit besonders bedrohlichen Situationen konfrontiert, ist dieses Netz von noch größerer Bedeutung.

Die Dynamik von Eskalationsprozessen entspricht der Dynamik von Erpressungen. Je isolierter die erpresste Person ist, desto effektiver ist die Erpressung. Deswegen droht ein Erpresser meist damit, dass das Opfer noch stärker verletzt werde, sollten andere von der Erpressung erfahren. Das Kind, das seine Eltern bedroht, handelt auf ähnliche Weise. Oft verheimlichen Eltern, dass ihr Kind eine entsetzliche Drohung ausgesprochen hat, sei es aus Demütigung und Scham, sei es aus Angst vor der Reaktion des Kindes. Dadurch gewinnt die Drohung an Einfluss und zieht die Beteiligten noch stärker in ihren Bann.

Sollten Eltern nicht in der Lage sein, sich selbstständig ein Unterstützungsnetz aufzubauen, empfehlen wir, dass sie sich an professionelle Hilfe wenden. Mit der Anleitung unserer Beratungszentren haben sich schon Hunderte von Eltern aus der Isolation und Lähmung befreien können und die Unterstützung von Familienmitgliedern, Freunden und Bekannten eingeholt. Einige von ihnen konnten diese Hilfe auf eigene Initiative hin erfragen, sobald sie verstanden hatten, wie wichtig dieser Schritt ist. Andere wiederum benötigten eine klarere Anleitung, um die notwendigen Schritte einzuleiten.

Wie wählen Eltern geeignete Helfer aus?

Unsere Erfahrung hat uns gelehrt, dass jede Person als Helfer in Frage kommt, die in Beziehung zu den Eltern steht oder mit dem Kind in Kontakt ist – sei es aufgrund einer persönlichen Beziehung zum Kind oder aufgrund der Funktion, die sie im Leben des Kindes oder der Eltern erfüllt. Das Ermitteln von Helfern wie Großeltern, Onkeln und Tanten, Cousins und Cousinen, Schwagern, Freunden, Arbeitskollegen, Nachbarn und manchmal sogar Freunden aus der Vergangenheit, kann für die Überwindung der Bedrohung von großer Bedeutung sein. Auch Lehrer, Leiter in der Jugendbewegung oder von Sportgruppen und anderen Nachmittagsaktivitäten, ein Gemeindepolizist oder die Eltern der Freunde des Kindes können als Helfer tätig werden.

Die meisten Eltern neigen dazu, die Liste der potenziellen Helfer stark einzuschränken. Wir ermutigen sie daher dazu, diese Neigung auf jeden Fall, und sei es durch die größtmögliche Anstrengung, zu überwinden. Je mehr Helfer, desto größer der elterliche Rückhalt und ihr Vermögen, im Notfall zu handeln. Vor allem Eltern, die sich an ein isoliertes Leben gewöhnt haben und sehr auf ihre Privatsphäre bedacht sind – nicht selten gerade aufgrund der Probleme des Kindes –, werden sich mit der Helfersuche schwer tun und annehmen, dass andere Personen ihnen nicht helfen wollen. Es ist daher wichtig, zu wissen, dass es sich lohnt, die Schranke zu öffnen. Eltern, die überzeugt werden konnten und ihre natürliche Neigung überwanden, waren meist überrascht, wie positiv ihre Initiative aufgenommen wurde und in vielen Fällen konkrete Hilfe geleistet wurde.

Viele Eltern bauen ihr Unterstützungsnetz schrittweise aus. Anfangs fragen sie nur einige wenige Familienmitglieder, ob sie als Helfer in Frage kommen, und sammeln so ihre erste Erfahrung hinsichtlich der Suche nach Unterstützung. Wenn sie dann mit einer ernsthaften Bedrohung konfrontiert sehen, nutzen sie die Notlage, um ihr Unterstützungsnetz auszudehnen. Notsituationen liefern den Eltern eine unwiderrufliche Legitimation und öffnen Türen, die vorher versperrt waren. Das Kind wird auf die ihm eigene Art und Weise reagieren, unabhängig davon, ob fünf, zehn oder noch mehr Helfer mit einbezogen wurden. Deswegen sollte der Moment der Not genutzt werden, das Unterstützungsnetz so breitflächig wie möglich anzulegen.

Wie Helfer kontaktieren?
Der beste Weg, Helfer anzusprechen, ist eine offene und direkte Anfrage. Zum Beispiel: »Ich mache mir immer mehr Sorgen um mein Kind. Ich habe das Gefühl, dass es Dinge vor mir verheimlicht, und ich sorge mich, dass es in Schwierigkeiten steckt. Wären Sie dazu bereit, dass wir uns treffen und ausführlicher darüber sprechen?« Oder: »In letzter Zeit haben meine Frau und ich bemerkt, dass unserer Tochter sich in fragwürdiger Gesellschaft befindet. Sie ist ausgesprochen frech und streitsüchtig geworden. Wenn wir ihr Fragen stellen, schreit sie uns an und droht uns mit allem Möglichen. Wir würden uns gern mit Ihnen treffen, mehr davon erzählen und Ihre Meinung dazu hören.« Solche direkten Anfragen stoßen bei den meisten potenziellen Helfern auf ein offenes Ohr. Die Offenheit der Eltern löst bei der angesprochenen Person meist Mitgefühl und Verständnis aus. Personen, die selbst Eltern von Kindern sind, identifizieren sich mit den Sorgen und Befürchtungen. Andere Eltern müssen sich eingestehen: »Dies könnte auch mir passieren!« Viele Eltern antworten: »Gern treffe ich mich mit Ihnen. Ich habe ähnliche Befürchtungen in Bezug auf meinen Jungen.«

Das Gespräch mit Familienmitgliedern sollte mit ähnlichen Anfragen angestoßen werden. Hier sollte jedoch noch ein erklärender Satz hinzugefügt werden: »Wir haben bisher nichts davon erzählt, weil wir unsere Tochter nicht bloßstellen wollten.« oder »Wir haben euch davon nicht wissen lassen, weil wir euch nicht damit belasten wollten.« Solch eine Erklärung wird die Chancen einer verständnisvollen Reaktion vergrößern. Die Familienmitglieder werden begreifen, dass sich die Eltern nicht unüberlegt an sie wenden. Die Eltern ergreifen diese Initiative erst, nachdem ihre Bemühungen fehlgeschlagen sind, das Problem auf anderen Wegen zu lösen.

Wenn es sich um eine berufliche oder öffentliche Beziehung handelt (ein Lehrer, Gruppenleiter oder anderer Kontakt innerhalb des Familienumfeldes), kann Bezug auf die Stellung dieser Person im Leben des Kindes genommen werden. Ein Lehrer kann zum Beispiel wie folgt angesprochen werden: »Ich wende mich an Sie wegen der Dinge, die in letzter Zeit im Zusammenhang mit meiner Tochter in der Schule passieren. Sie weicht mir jedes Mal aus, wenn ich zur Schule oder zu ihren Freunden Fragen stelle. Könnten wir für ein Gespräch einen Termin vereinbaren?« Den Leiter einer Freizeitgruppe könnte man beispielsweise so ansprechen: »Ich habe den Eindruck, dass Sie einen guten Einfluss auf meinen Sohn haben. Er geht gern zum Volleyball und redet häufig von Ihnen. Ich sorge mich in letzter Zeit sehr um ihn und würde Ihnen gern mehr davon erzählen. Wären Sie bereit, dass wir uns einmal treffen?«

Was dem Helfer sagen und welche Art von Unterstützung erfragen?

Die Kontaktaufnahme mit einem potenziellen Helfer legt die Grundlage für ein persönliches Treffen und Gespräch mit ihm. Die Person weiß schon, dass es sich um die Befürchtungen der Eltern in Bezug auf ein besorgniserregendes Verhalten des Kindes handelt. Während des Treffens sollten die Eltern nun konkrete Beispiele für die problematischen Vorfälle und Anzeichen aufführen. Sie sollten erklären, dass diese Ereignisse sie dazu gebracht hätten, ihre wachsame Sorge zu verstärken, um einer weiteren Verschlechterung der Lage vorzubeugen. So können die Eltern zum Beispiel sagen: »Ich befinde mich in einem Lernprozess. Ich versuche, den richtigen Weg zu finden, um meine elterliche Betreuung zu intensivieren und der momentanen Situation anzupassen. Das halte ich für notwendig. Ich habe begriffen, dass meine Stellung geschwächt und verletzlich ist, solange ich allein und isoliert agiere. Deswegen überwinde ich jetzt meine Scheu und bitte Sie um Hilfe.«

Sollte der potenzielle Helfer Interesse an diesem Lernprozess der Eltern zeigen, so lohnt es sich, ihm Genaueres davon zu erzählen und die Wege aufzuzeigen, auf denen die Eltern versuchen, ihre Aufsicht über das Kind zu verbessern. Ein Helfer, der über die Details der Bemühungen der Eltern informiert ist, wird meist hilfsbereiter und stärker beteiligt sein. In der Regel gilt, je offener die Eltern von ihren Sorgen und auf diese bezogenen Maßnahmen erzählen, desto besser kann der Helfer ihnen zu Seite stehen.

Die einfachste Bitte, die für jeden Helfer gilt, besteht darin, dass der Helfer die Familie zu Hause besuchen möchte. Dieser Besuch sollte für eine Zeit geplant werden, in der das Kind zu Hause ist. Sollte der Helfer die Familie am Ende doch während der Abwesenheit des Kindes besuchen, ist es wichtig, dass er dem Kind ein Zeichen hinterlässt, dass er da gewesen ist, zum Beispiel eine geschriebene Nachricht mit einer positiven Botschaft, ein kleines Andenken wie zum Beispiel eine Süßigkeit, ein kleines Mitbringsel oder ein Foto von einer gemeinsamen Unternehmung. Die Eltern können den Helfer im Voraus darum bitten, solch ein Zeichen vorzubereiten. Derartige Botschaften, ob es sich um Nachrichten oder kleine Geschenke handelt, wecken von Neuem das Gefühl der Zugehörigkeit im Kind, welches wahrscheinlich durch die problematischen Ereignisse geschwächt wurde.

Sollte das Kind den Helfer nicht kennen, zum Beispiel weil es sich um einen Arbeitskollegen der Eltern handelt, ist es wichtig, dass die Eltern das Kind über den bevorstehenden Besuch informieren. Sie sollten erklären, dass die Person sie besuchen kommt, um die Familie in dieser schwierigen Zeit zu unterstützen.

Durch die Besuche verändert sich die häusliche Atmosphäre und die Eltern werden nach und nach aus ihrer Isolation herausgeholt, selbst wenn das Kind den Besucher nicht kennenlernt oder zur Zeit des Besuches abwesend sein sollte. Eltern müssen sich auf eine wütende Reaktion des Kindes gefasst machen: »Wie könnt ihr es wagen, mit fremden Personen über mich zu sprechen?!« Die beste Antwort auf solch eine Frage ist: »Wir empfinden, dass wir eine schwierige Zeit durchmachen, und haben uns deswegen entschlossen, jede mögliche Hilfe einzuholen.« Selbst wenn das Kind daraufhin türenknallend weggeht, haben die Eltern ihr Ziel erreicht, nämlich dem Kind verdeutlicht, dass sie entschlossen sind, sich aus ihrer Isolation zu befreien.

Wenn der Helfer eine persönliche Beziehung zu dem Kind hat, sollte er sich direkt an das Kind wenden und sagen: »Ich verstehe, dass ihr eine schwierige Zeit durchmacht. Ich möchte, dass du weißt, dass ich dir gern auf jedem erdenklichen Wege helfen möchte!« Sollte das Kind es unmöglich machen, dass derartige Worte ihm gegenüber ausgesprochen werden, zum Beispiel indem es sich in seinem Zimmer verschanzt, kann der Helfer sie auch auf einen Zettel schreiben und die Eltern bitten, diesen auf den Schreibtisch des Kindes zu legen. Es sollte jedoch keine Reaktion auf diese Botschaft erwartet werden. Ziel der Mitteilung ist, das Kind wissen zu lassen, dass die Eltern jemanden um Hilfe gebeten haben, dass dieser sich nun ebenfalls um das Kind Sorgen macht und bereit ist, zu helfen. Es ist eine einseitige Mitteilung, die keinen Dialog mit dem Kind erfordert.

Die Besuche der Helfer und deren Botschaften verdeutlichen ihr Interesse am Kind und ihre Bereitschaft, zu helfen. Dies untermauert die elterliche wachsame Sorge. Die elterliche Präsenz erhält damit mehr Gewicht. Sie wird nun durch die Unterstützung anderer Menschen genährt und erhält auf diese Weise stärkere Legitimation.

Der nächste Abschnitt befasst sich mit den häufigsten beängstigenden Situationen und Bedrohungen, bei deren Überwindung das Unterstützungsnetz der Helfer eine wesentliche Rolle spielen kann.

Die Drohung des Kindes, von zu Hause wegzulaufen

»Ich werde von zu Hause weglaufen!« So oder ähnlich drohen viele Kinde ihren Eltern, einige von ihnen treffen sogar entsprechende Maßnahmen. Derartige Drohungen wecken bei den Eltern große Sorgen. Sie haben Angst, dass das Kind tatsächlich fortlaufen, sich auf der Straße herumtreiben, zu Drogen greifen und sich zu Straftaten oder zur Prostitution verleiten lassen könnte. Die Bedrohung, das Kind könnte den Kontakt abbrechen und sie vollkommen zurückweisen, erschüttert Eltern zutiefst. Sie erzeugt bei ihnen das Schuldgefühl, dass sie für die Situation und die extreme Reaktion des Kindes verantwortlich seien. Die Schuldgefühle wühlen die Eltern derart auf, dass sie alles Erdenkliche tun, um den Forderungen des Kindes gerecht zu werden, auch wenn ihr Eingehen auf die Wünsche des Kindes ihrer elterlichen Sorge widerspricht. So wirkt die Verbindung von Angst, Schuld und dem Wunsch, das Kind zufriedenzustellen, als Gift, das die Eltern lähmt und hinnehmen lässt, dass das Kind sich von ihnen zurückzieht. Die Gefahr, dass die Eltern für das

Kind an Bedeutung verlieren, wächst auf diese Weise, anstatt sich zu verringern.

Wie können Eltern dem lähmenden Einfluss ihrer Gefühle entgehen? Wie können sie das Zusammenspiel von Angst, Schuld und dem Wunsch, um jeden Preis das Wohlwohlen des Kindes auf sich zu ziehen, das sie klein beigeben lässt, durchbrechen? Wie können sie verinnerlichen, dass sie gerade jetzt, da das Kind sie am stärksten braucht, nicht auf ihre elterliche Präsenz in seinem Leben verzichten dürfen? Unsere Antwort auf diese Fragen ist zweigeteilt:
- Eltern müssen erst einmal begreifen, dass sie durch ihr Nachgeben dem Kind die Botschaft vermitteln, dass sie es aufgeben und auf ihre elterliche Präsenz verzichten. Durch ihr Verhalten vertiefen sie das Gefühl des Kindes, dass sie ihre Hoffnung verloren haben und das Kind daher nun allein- und seinem eigenen Schicksal überlassen.
- Eltern müssen sich daran erinnern, dass sie viele verschiedene Handlungsmöglichkeiten haben, durch die sie ihre Präsenz und ihre Rolle als Vater oder Mutter im Leben des Kindes stärken können. Sie können ihrem Kind beweisen, dass sie es niemals aufgeben werden.

Hannah war 17 Jahre alt. Sie tat sich in der Schule wegen objektiv vorhandener Lernschwierigkeiten schwer. Sie ging trotzdem in die Schule, um ihre Freunde dort zu treffen. Ihre Schulfreundschaften konzentrierten sich im Laufe der Zeit auf eine Randgruppe von Jugendlichen, die selbst auf dem besten Weg waren, die Schule abzubrechen. Hannahs Eltern, Gabi und David, empfanden, dass Hannah sich immer weiter zurückzog, sich verschloss und immer mehr Zeit in fragwürdiger Gesellschaft verbrachte. Als sie versuchten, sie mit dem Problem zu konfrontieren und Regeln in Bezug auf die abendlichen Ausgangsstunden einzuführen, schloss sich Hannah für zwei Tage in ihrem Zimmer ein. Sie verweigerte jeden Versuch ihrer Eltern, mit ihr Kontakt aufzunehmen, und nahm nicht mehr an den Familienmahlzeiten teil. Am Abend des zweiten Tages verschwand sie ohne Erklärung, schlief bei einer Freundin und kam am darauffolgenden Tag mit einem Piercing in der Zunge nach Hause. Die konservativen Eltern waren erschüttert. Als Gabi ihre Tochter zu ihrem Verschwinden und zum Piercing befragte, antwortete diese bitter, dass die Eltern alles Erdenkliche unternehmen würden, um sie immer weiter aus dem Hause zu vertreiben. Im darauffolgenden Jahr wiederholten sich Vorfälle dieser Art, Hannah schloss sich nach Zusammenstößen mit den Eltern entweder im Zimmer ein oder verschwand einfach. Die Kluft zwischen ihr und ihren Eltern wurde immer größer und die Eltern begannen, jegliche Auseinandersetzung zu vermeiden aufgrund ihrer Angst, sie könnten die Lage noch weiter verschlimmern.

Während des ersten Beratungsgesprächs sagte die Mutter mit Schmerz in der Stimme, dass sie ihr Vertrauen in Hannahs Fähigkeit, die Schule abzuschließen oder eine Anstellung über längere Zeit zu halten, verloren habe. Sie erwähnte zwei Versuche von Hannah, während der Sommerferien zu arbeiten, die nach einer Woche gescheitert waren. Aus dem Gespräch wurde deutlich, dass Hannah in ähnlicher Weise an ihren Fähigkeiten zweifelte. Die Eltern begriffen, dass sie die Situation nicht weiter hinnehmen durften. Ihre Tatenlosigkeit spiegelte ihre Hoffnungslosigkeit und ihr erschüttertes Vertrauen in Hannahs Fähigkeiten wider. Gleichzeitig nahmen in dieser Situation ihre Zweifel immer mehr zu, dass sie Hannah helfen könnten. Sie entschieden sich daher, schrittweise Maßnahmen zu greifen, um die Lage zu ändern.

Gabi und David gewannen ihre Freunde und Familienmitglieder als Helfer und kontaktierten sogar einige von Hannahs Freunden und deren Eltern. Dank ihrer Vorbereitungen im Hinblick auf mögliche Auseinandersetzungen schafften sie es, einige Streitgespräche zu überstehen, ohne an Standfestigkeit einzubüßen oder die Situation eskalieren zu lassen. Sie hörten außerdem auf, das Handy von Hannah zu finanzieren, und schränkten die Nutzung des Computers während der Nachtstunden ein. Wann immer Hannah von zu Hause verschwand, kontaktierten die Eltern ihre Freunde, fanden heraus, wo Hannah war, suchten sie dort auf und baten sie, wieder mit nach Hause zu kommen. Hannah war aufgebracht und wütend, doch sie fügte sich der Bitte ihrer Eltern. Diese begleiteten ihre Maßnahmen mit Mitteilungen, die ihre Liebe und Zuneigung zu Hannah eindeutig in Worte fassten und wiederum durch Mitteilungen der Helfer gestärkt wurden.

Schrittweise fing Hannah wieder an, an den gemeinsamen Abendessen teilzunehmen. Während der Sommerferien arbeitete sie überraschenderweise zwei Monate lang und verdiente sich Geld. Am Ende der Sommerferien willigte sie ein, an einer externen Schule ihr Abitur zu absolvieren. Die Eltern fühlten, dass Hannah tatsächlich dazu bereit war, die notwenigen Anstrengungen aufzubringen, um wieder den Anschluss an den Unterricht zu finden und ihre Abiturprüfungen zu bestehen. Sowohl Hannah als auch ihre Eltern waren in ihrem Optimismus vorsichtig. Es war jedoch für alle Beteiligten deutlich, dass Hannahs Fähigkeiten größer waren, als sie bisher angenommen hatten.

Ein Kind, das seine Eltern daran »hindern« kann, Maßnahmen zu seinem Schutze zu ergreifen, indem es droht, fortzulaufen oder den Kontakt abzubrechen, findet sich in einem ungeschützten Raum wieder, in dem seine Verzweiflung zwangsläufig wachsen muss und seine Fähigkeit abnimmt, sich selbst zu helfen. Wir vergleichen diese Situation mit dem tatenlosen Hinnehmen der Tatsache, dass das Ankerseil genau in dem Moment zerreißt, in dem das Schiff in unsichere Gewässer gerät. Es ist wichtig, sich vor Augen zu führen, dass das Kind in dieser Situation das Gefühl hat, in der Stunde der Gefahr alleingelassen beziehungsweise verlassen worden zu sein. Dies nimmt es als endgültigen Beweis dafür, dass die Eltern nicht für es da sind. Sie haben es aufgegeben, es kann von ihnen keine Hilfe erwarten. In solch einer Situation fühlt sich das Kind noch stärker von Freundschaften angezogen, die in den Augen der Eltern unerwünscht sind, um dort Bestätigung zu finden. Sein Trotz und seine Verachtung den Eltern gegenüber verstärken sich. In den Augen des Kindes ist jedes Übel, das ihm widerfährt, eine Strafe und ein Beweis dafür, dass seine Eltern ihm gegenüber gescheitert sind. Eine beharrliche elterliche Fürsorge und die Bereitschaft, Schwierigkeiten zu ertragen, um dem Kind zu helfen, werden sich hingegen im Gedächtnis des Kindes als Zeichen der elterlichen Liebe einprägen und ihm die Hoffnung auf eine Besserung vermitteln. Die Anstrengungen der Eltern werden vom Kind auch dann als positiv erlebt, wenn für beide Seiten schmerzvolle Auseinandersetzungen nicht vermieden werden können und der Weg der wachsamen Sorge sich als steinig erweist.

    Praktische Vorbereitungen für den Fall, dass das Kind seine Drohungen in die Tat umsetzen und tatsächlich weglaufen sollte, ermöglichen den Eltern, das Gefühl ihrer Hilflosigkeit zu überwinden. Die geplanten Reaktionen und Handlungen der Eltern zielen darauf ab, Gelegenheiten eines Zusammenkommens zwischen Eltern und Kind zu erzeugen und die Präsenz der Eltern im Leben des Kindes verstärkt spürbar werden zu lassen. Dies ist gerade in den besonders bedrohlichen Situationen wichtig, in denen vorher der Kontakt abgebrochen wurde und sich die Hoffnungslosigkeit der Eltern vertiefte. Oft verdeutlichen die Mühen der Suche nach dem Kind und ihre Bereitschaft, um das Wohl ihres Kindes zu kämpfen, stärker die Liebe der Eltern, als es alle Worte könnten.

Der 17-jährige Boris pflegte schon seit Monaten betrunken oder unter Drogeneinfluss nach Hause zu kommen. Ein Mal verschwand er für mehrere Tage, nachdem die Eltern ihn dabei erwischt hatten, wie er Schmuck seiner Mutter gestohlen hatte. Arthur und Susa, seine Eltern, hatten sich auf diese Möglichkeit vorbereitet. Sie kontaktierten einige seiner Freunde, die bestätigten, dass sie mit Boris in Kontakt stünden. Die Eltern bevorzugten es, die Polizei vorläufig nicht zu informieren, da die Freunde den Eindruck hatten, dass Boris hierauf unvorhersehbar reagieren könnte. Trotz der elterlichen Sorge und ihrer Bereitschaft, die Polizei nicht einzuschalten, waren die Freunde nicht bereit, Boris' Versteck preiszugeben. Die Eltern vergrößerten daher ihren Suchradius und kontaktierten weitere seiner Freunde. Mit Hilfe eines Helfers, der durch seine Arbeit Erfahrung mit gefährdeten Jugendlichen hatte, konnten sie Boris ausfindig machen. Arthur suchte gemeinsam mit dem Helfer Boris' Aufenthaltsort auf. Er schlief in einem verdreckten Zimmer auf einer Matratze auf dem Boden. Überall lagen Zigarettenstummel, Bierdosen, leere Weinflaschen und Essensreste herum. Sie weckten Boris auf, der seinen Vater erstaunt ansah und fragte: »Wie hast du mich gefunden?« Arthur antwortete daraufhin: »Wir werden dich immer finden, weil wir nie aufhören werden, dich zu suchen!« Boris kam mit seinem Vater nach Hause und wurde in ein Unterstützungsnetz eingebettet. Unter den Helfern waren alte Freunde, die ihn unterstützten und sich an gute Dinge in seiner Vergangenheit erinnerten. Mit ihrer Hilfe konnte er die ersten Schritte seiner Rückkehr in ein geregelteres Alltagsleben planen.

Das Gefühl, begleitet zu werden, und die Erleichterung, dass er fortan weniger isoliert sein würde, rührten bei Boris nicht nur von der Tatsache her, dass er »gefunden« worden war. Die lange und schwierige Suche nach ihm, die Versuche, Kontakt mit hm aufzunehmen, die Nachrichten, die ihm von seinen Freunden vermittelt worden waren – all diese Dinge verdeutlichten dem Jugendlichen das Engagement, die Nähe und die Beziehung zu anderen Menschen, nicht zuletzt zu seinen Eltern. Ein Kind, das gefunden wird, erlebt, dass ihre Sorge und Liebe die Eltern angetrieben haben, nach ihm zu suchen. Solche Erlebnisse bieten ein Gegengewicht zu dem Gefühl, dass die Eltern sich mit dem Bruch zwischen ihnen und dem Kind abgefunden haben. Deswegen können solche Erfahrungen eine Art Reparatur und Wiedergutmachung für die Eltern-Kind-Beziehung darstellen.

Eine derartige Erfahrung wurde in der Geschichte Tom Sawyers festgehalten: Tom läuft von zu Hause weg und versteckt sich auf einer Insel in der Mitte des Flusses, geht jedoch nach Hause zurück, um mit großer Zufriedenheit den Seinen nachzuspionieren und ihren Anstrengungen bei der Suche nach ihm zuzusehen. Das Wissen, dass seine Familie nach ihm sucht und um seinen Verlust trauert, prägt sich in Toms Gedächtnis ein.

Eltern sollten nicht befürchten, dass die Suche nach dem Kind als eine Art »Belohnung« für das Weglaufen verstanden werden könnte. Die Suche ist von großer emotionaler Bedeutung. Sie wird einen Weg in das Herz des Kindes finden, auch wenn es dies nicht zugeben sollte, und sich zu einer inneren Stimme entwickeln, die dem Kind leise zuflüstert: »Ich wurde nicht vergessen und nicht aufgegeben! Man macht sich Sorgen um mich, hat sich angestrengt für mich, hat mich gefunden!«

Um sich auf ein mögliches Verschwinden oder einen Kontaktabbruch des Kindes vorzubereiten, müssen die Eltern eine Namens- und Telefonliste all derer erstellen, die mit dem Kind in Kontakt stehen. Auch Menschen, die in der Vergangenheit Kontakt mit dem Kind hatten, sollten in die Liste aufgenommen werden und können von Bedeutung sein, selbst wenn sie nicht aktiv zu der Suche beitragen werden. Diese Kontakte werden wichtig, nachdem das Kind tatsächlich weggelaufen ist und die Eltern es wiedergefunden haben. Dann können diese Personen in ein Unterstützungsnetz aufgenommen werden, das dem Kind die Botschaft vermittelt: »Du bist nicht allein! Wir vergessen dich nicht! Wir verlassen dich nicht!«

Alle Eltern können eine solche Telefonliste erstellen, wenn sie sich nur genügend anstrengen. Ein Name führt zu dem nächsten. Die Bereitschaft der Eltern, andere Menschen anzurufen und Nachforschungen anzustellen, stärkt bereits ihre begleitende Präsenz im Leben des Kindes. Im Verlauf dieser Vorbereitungen werden Eltern zwangsläufig in das soziale Netzwerk des Kindes eingebunden. Von niemandem sollte behauptet werden: »Diese Leute werden uns nicht helfen können. Sie sind es doch, die das Kind in den Abgrund treiben!« Solch eine elterliche Haltung hält den Bruch zwischen den verschiedenen Welten aufrecht. Durch ihre Bereitwilligkeit, Freunde des Kindes anzurufen und zu kontaktieren, werden immer weitere Anhaltspunkte für ihre elterliche Präsenz in der problematischen Lebenslage des Kindes geschaffen. Von den anfänglichen Inseln der elterlichen Begleitung ausgehend, kann zu einem späteren Zeitpunkt ein schützendes Netz um das Kind herum angelegt werden.

Die Kontaktaufnahme mit den Eltern der Freunde des Kindes ist von großer Bedeutung. Alle Eltern sollten als potenzielle Verbündete betrachtet werden, die ähnliche Interessen vertreten. Die Annahme, dass diese oder jene Eltern unpassend als Verbündete seien oder bei einer Elterninitiative zu Gunsten des Kindes nicht mitwirken würden, ist überflüssig und hinderlich. Selbst Eltern, die sich selber hoffnungslos und ratlos fühlen, werden positiv reagieren, wenn man mit ihnen respektvoll das Gespräch sucht, sie um einen bescheidenen Beitrag bittet und ihnen als Gegenleistung einen ähnlichen Dienst verspricht. Eltern werden es schaffen, einen positiven Kontakt selbst mit denjenigen Eltern der Freunde ihres Kindes aufzubauen, die ihnen fragwürdig erscheinen. Auch diese Eltern wünschen sich zutiefst, zu hören, dass sie gute Eltern sind, selbst wenn ihr Leben ihnen schwierige Verhältnisse eingebracht hat. Wenn man diesen Wunsch anspricht, wird man nicht enttäuscht werden und entdecken, dass auch diese Eltern bereit sind, zu helfen. Schließlich sitzen Eltern doch am Ende alle in ein und demselben Boot.

Es kann nicht genug betont werden, dass es unter keinen Umständen zu einer handgreiflichen Auseinandersetzung mit dem Kind kommen sollte. Es sollte niemals versucht werden, das Kind dazu zu zwingen, nach Hause zu kommen! Solche Maßnahmen führen unumgänglich zu einer Eskalation und die elterlichen Handlungen und Bemühungen verlieren ihren Wert. Auch wenn das Kind erneut weglaufen sollte, sobald die Eltern an seinem Aufenthaltsort erscheinen, dürfen die Eltern ihm nicht hinterherrennen. Vor Ort sollte mit den anwesenden Freunden und Bekannten gesprochen werden. Solche Gespräche sind eine gute Gelegenheit, um neue Kontakte zu knüpfen, und führen manchmal zu überraschenden Kooperationen.

Mario teilte seinem 13-jährigen Sohn Karl mit, dass er unnachgiebig reagieren würde, sollte dieser sich nicht an die Forderungen der Eltern halten, was seine abendlichen Ausgänge betraf. Der Vater war wegen der täglichen Ausgänge seines Sohnes besorgt, der sich mit einer Gruppe Jugendlicher traf, die älter waren als er. Diese Gruppe stand unter dem Verdacht des Vandalismus und Motorradraubs. Karl machte deutlich, dass er über die Drohungen seines Vaters wütend war, ohne jedoch überzureagieren. Er ging in sein Zimmer und verschloss die Tür. Am nächsten Abend verschwand er wieder. Dieses Mal ging Mario los, um ihn zu suchen. Er fand ihn mit der Jugendgruppe an einer Straßenecke, an der sich die Jugendlichen öfter aufzuhalten pflegten. Mario stieg aus dem Auto aus und befahl seinem Sohn mit lauter Stimme, in das Auto einzusteigen. Als dieser sich weigerte, ergriff Mario ihn, drehte ihm den Arm auf den Rücken und setzte ihn gewaltsam in das Auto. Spät in der Nacht verließ Karl erneut das Haus und verschwand. Die Eltern riefen die Polizei an. Als die Polizei Karl ausfindig machte, berichtete dieser dem Polizisten, dass sein Vater ihn auf der Straße vor seinen Freunden geschlagen habe. Entsprechend wurde eine Ermittlung gegen Mario eingeleitet. Der fühlte sich von jenem Augenblick an hilflos, ihm waren die Hände gebunden. Er wusste nur zu gut, dass ihn Karl ohne Zögern wieder verklagen würde.

Manchmal scheuen Eltern davor zurück, sich darauf vorzubereiten, dass das Kind nach einer Auseinandersetzung von zu Hause wegläuft oder verschwindet. Sie glauben, dass ihnen derartige Vorbereitungen sowieso nichts nützen würden, da das Kind so oder so immer wieder weglaufen würde. Je mehr sie es suchen würden, desto weiter weg würde es laufen, um ihnen zu entfliehen. Sie denken, dass

Suchaktionen eine Sisyphusarbeit und nutzlose Mühe seien, und sind davon überzeugt, dass sich eine wirkliche Veränderung im Kind selber entwickeln muss und nicht von den Eltern erzwungen werden kann. Oft meinen sie sogar, dass nur eine Psychotherapie das Problem beheben könne. Dies ist jedoch eine Illusion. Wenn Eltern auf die Begleitung des Kindes verzichten und ausschließlich auf den Erfolg einer Therapie bauen, ist eine weitere Verschlechterung der Lage unausweichlich. Eine Psychotherapie kann nur dann von Nutzen sein, wenn die Eltern die Begleitung ihres Kindes nicht aufgeben. Am schlimmsten ist es, wenn Eltern mit ihrem Kind abmachen, dass sie es nicht mehr suchen und niemanden mehr anrufen würden, wenn es sich zu einer Therapie verpflichte. In diesem Fall kann die Therapie der elterlichen wachsamen Sorge sogar schaden, denn wann immer die Eltern nun ihre Sorgen aussprechen und darum bitten, in die Schwierigkeiten des Kindes mit einbezogen zu werden, kann dieses entgegnen: »Ich bin in Therapie. Dies sind meine privaten Angelegenheiten!«

Der Glaube, dass die Suche nach dem Kind zwecklos ist, hat sich als falsch erwiesen. Forschungsergebnisse beweisen (zum Beispiel Guilamo-Ramos, Jaccard u. Dittus, 2010), dass Eltern, die ihr Kind suchen und auf ihre elterliche Pflicht bestehen, das Risiko wesentlich verringern, dass das Kind in eine gefährliche Situation gerät. Selbst wenn der Erfolg nicht sofort sichtbar ist, zahlt sich die Beharrlichkeit der Eltern aus und verbessert sich die Lage des Kindes allmählich. Eltern, die vor dem Ausmaß solch einer Initiative zurückschrecken, können sich Vorgaben machen, die eine Suche überschaubarer erscheinen lassen. Zum Beispiel können sie sich vornehmen: »Wir werden allerhöchstens drei Suchaktionen starten, die eine Suche auf den Straßen und einen Besuch bei seinen Freunden mit einbeziehen. Zwischen jeder Suchaktion werden wir uns zu Hause ausruhen, um unsere Kräfte nicht zu sehr zu strapazieren. Während dieser Zeit können wir eine Telefonrunde starten und bei seinen Freunden und den Eltern der Freunde Nachrichten für ihn hinterlassen.« Solch ein Programm kann den Eltern die notwendige Kraft geben, die Anstrengungen einer Suche auf sich zu nehmen. Eltern, die dazu bereit sind, solche und ähnliche Pläne zu verfolgen, sind unserer Erfahrung nach in der Lage, ihr Vermögen, das Kind zu begleiten, wesentlich zu verbessern und ihm zu vermitteln, dass sie an seinem Leben aktiv teilnehmen. Meist erreichen diese Eltern gar nicht die maximale Anzahl der Suchaktionen, die sie sich vorgenommen haben.

In den vorausgegangenen Büchern »Autorität durch Beziehung« (Omer u. Schlippe, 2004) und »Stärke statt Macht« (Omer u. Schlippe, 2010) können detaillierte Anweisungen nachgelesen werden, wie eine Telefonrunde in einer Situation auszuführen ist, in der ein Eskalationsprozess oder ein Zusammenprall vermieden wird. Eltern, die sicher sein wollen, dass sie richtig handeln, können von diesen detaillierten Anweisungen viel lernen. Ohne die Details hier noch einmal zu erläutern, möchten wir betonen, dass Eltern, die gemäß dieser Anweisungen handeln, in kurzer Zeit – manchmal schon innerhalb einiger Wochen – nicht mehr vom Leben des Kindes ausgeschlossen und unwissend sind, sondern sich mit dem Kind eng verbunden fühlen, über seine Aktivitäten informiert sind und hinsichtlich aktueller Entwicklungen auf dem Laufenden gehalten werden.

Die Vorbereitungen, das Verschwinden des Kindes betreffend, haben an sich großen Wert, selbst wenn das Kind nie davonläuft und verschwindet. Sie ermöglichen den Eltern, sich von ihrem Gefühl der Hilflosigkeit zu befreien und ihrer Aufgabe der wachsamen Sorge selbst angesichts der Gefahr, dass das Kind weglaufen könnte, nachzukommen. Sie verringern sogar die Wahrscheinlichkeit, dass solch eine Notlage eintreten wird, da die elterliche Wachsamkeit und verstärkte Präsenz dem vorbeugen. Eltern, die sich von der Drohung des Kindes, wegzulaufen, einschüchtern und lähmen lassen, vergrößern hingegen die Gefahr, dass es dies tatsächlich tun wird.

Suiziddrohungen

Die Angst, das Kind könne eine Selbsttötung versuchen, betrifft das schlimmste von allen Szenarien, die sich Eltern ausmalen können. Währen andere Taten in irgendeiner Form wieder gutzumachen sind, so ist ein Suizid unwiderruflich und nicht rückgängig zu machen. Die Angst einer solchen Handlung lauert am Rande des Bewusstseins vieler Eltern, selbst wenn das Kind nie direkt eine Selbsttötung ausgesprochen oder angedeutet hat. Sie steigt ins Unermessliche, wenn das Kind auch nur ein einziges Mal andeutungsweise mit einer Selbsttötung gedroht hat. In solchen Fällen raten wir Eltern, sich an professionelle Hilfe zu wenden, die in diesem Bereich Erfahrung hat, aber deshalb auf keinen Fall auf ihre eigenen Vorbereitungen und das Schaffen eines Unterstützungsnetzes zu verzichten. Wir möchten nochmals betonen, dass eine individuelle Psychotherapie nur dann eine Möglichkeit ist, das Kind zu unterstützen und ihm zu helfen, wenn die Eltern das Kind weiterhin aktiv begleiten und darauf achten, dass es den alltäglichen Verpflichtungen nachkommt. Sobald die Eltern in Passivität verfallen oder sich dem Willen des Kindes fügen und erwarten, dass die professionelle Therapie allein zu einer Veränderung des Verhaltens des Kindes führe, kann nur eine Verschlechterung der Lage zu erwarten sein.

Auf keinen Fall sollte nach einer Suiziddrohung, sei sie direkt ausgesprochen oder nur angedeutet worden, die Erwartung eingestellt werden, dass das Kind seinen Alltagspflichten nachkommt. Solch ein Verzicht wird voraussichtlich die Verfassung des Kindes weiter verschlechtern und das Suizidrisiko längerfristig vergrößern. Dies gilt vor allem für Kinder, die zu einem Schulabbruch neigen oder sich immer stärker verschließen und abschotten. Viele Eltern ermöglichen es ihrem Kind, zu Hause zu bleiben, sobald sie Anzeichen einer Niedergeschlagenheit und gedrückten Stimmung wahrnehmen, die von Schwierigkeiten herrühren, sich in der Schule oder im sozialen Gefüge der Gleichaltrigen zurechtzufinden. Sobald das Kind seinem Gefühl der Not dadurch entgehen kann, dass es den Rahmen des Alltags außer Kraft setzt und sich der Schule entzieht, werden verschiedene Prozesse in Gang gesetzt:

1. Das Kind gibt endgültig seine Versuche auf, seine Probleme zu meistern und zu überwinden. Dies wiederum führt zu einer Verschärfung seiner Ängste und Depressionen.
2. Durch den Rückzug werden die sozialen Kontakte des Kindes gelockert und oftmals ganz abgebrochen.
3. Ein Schulabbruch schadet dem Selbstwertgefühl und lässt das Kind ohne große Hoffnung in seine Zukunft blicken.

Die potenzielle Gefahr eines Suizidversuches wird in einer Situation, in der das Kind zunehmend untätig, einsam und hoffnungslos ist, viel größer, als sie es während der ursprünglichen Krise war. Wenn das Kind hingegen die Erfahrung macht, dass seine Eltern bereit dazu sind, für es einzutreten, und gegen einen Schulabbruch oder einen Rückzug Widerstand leisten, so wird es zwar wahrscheinlich zunächst wütend auf sie sein, aber gleichzeitig wird sich sein Gefühl der Einsamkeit und Hoffnungslosigkeit verringern. Außerdem nehmen die Eltern durch ihren Einsatz weiterhin aktiv am Leben des Kindes teil, so dass sie besser im Hinblick auf das, was im Leben des Kindes geschieht, informiert bleiben und im Notfall zum Schutz des Kindes eingreifen können.

Manche Eltern, die Angst haben, das Kind könne Suizid begehen oder einen Nervenzusammenbruch erleiden, vergleichen ihre Situation mit einer Gratwanderung über einem Abgrund, bei der jeder zusätzliche Druck und jede weitere Forderung das Kind dazu bringen könnten, in seinen Tod zu springen. Viele Kinder verstärken diesen Eindruck durch Verhaltensweisen, die von den Eltern als Notsignale verstanden werden, sie beunruhigen und ihre Angst vergrößern. Eltern führen dann häufig Streitgespräche miteinander und fragen sich, ob das Kind tatsächlich in Not oder sein Verhalten nur eine Manipulation ist. Sobald der eine Elternteil das Kind einer Manipulation beschuldigt, entsteht eine tiefe Kluft zwischen den Eltern, und der andere Elternteil meint, das Kind mit allen Mitteln vor der Meinung des feindseligen Elternteils schützen zu müssen. Auf diese Weise ergreift ein Elternteil Maßnahmen, die das Kind schützen sollen, während der andere immer mehr Forderungen an das Kind stellt. Um solche Rollenaufteilungen mit entgegengesetzten Verhaltensweisen dem Kind gegenüber zwischen den Eltern zu vermeiden, weisen wir darauf hin, dass die Unterscheidung zwischen »wirklicher Not« und »Manipulation« irrelevant für Situationen dieser Art ist. Es kann und soll nicht abgestritten werden, dass das Kind Schwierigkeiten hat und deswegen in der Schule oder in der Klassengemeinschaft leidet. Es ist verständlich, dass das Kind den Eltern sein Leid verdeutlichen möchte, um sich zu entlasten. Ähnlich wie das Weinen eines kleinen Kindes anschwillt, wenn die Eltern nicht wie erwartet auf sein Weinen reagieren, wird auch das große Kind die Verdeutlichung seines Leids verstärken, wenn die Eltern es nicht auf die erhoffte Weise entlasten. Wenn das Kind sich am Abgrund befindet, müssen wir uns nicht fragen, ob es ein Künstler der Zurschaustellung seines Leids oder tatsächlich derart hoffnungslos ist. Wir müssen uns vielmehr fragen, wie dem Kind geholfen werden kann, damit es sich wieder vom Abgrund löst und entfernt.

Wer dem Wunsch des Kindes, keine Forderungen zu stellen und es in seiner Zurückgezogenheit nicht zu stören, nachgibt, lässt zu, dass es am Abgrund stehen bleibt und der Gefahr, die dieser darstellt, weiterhin ausgesetzt ist. Wenn die Eltern dem Kind und seiner Not jedoch zur Seite stehen, es zu unterstützen versuchen, ohne von ihrer Erwartung abzulassen, dass es seinen Verpflichtungen nachzukommen hat, wird es sich weniger einsam und hoffnungslos vor einem Abgrund stehend fühlen. Die Tatsache, dass die Eltern präsent sind und die Familie es in ein Unterstützungsnetz einbetten, dass sie Befehlen des Kindes wie »Verschwindet von hier!« oder »Davon darf niemand wissen!« nicht Folge leisten, wird voraussichtlich im Kind eine große Entrüstung und Wut auslösen, mindert jedoch seine Verzweiflung und sein Gefühl der Verlassenheit. Sobald die Eltern dem scheinbaren Willen des Kindes, es seinem Schicksal zu überlassen, nicht nachgeben, platzieren sie sich in ausreichender Nähe des Kindes, um im Notfall zu seinem Schutz eingreifen und es vom Abgrund lösen zu können.

Viele Eltern befürchten, dass das Kind sich nicht an die Helfer wenden wird. Sie meinen, es wird sie auf diese Weise zu bestrafen versuchen, weil sie anderen von Dingen erzählt haben, die es selber streng geheim hält. In der Tat reagieren viele Kinder erst einmal mit demonstrativem Protest und heftiger Ablehnung auf die Helfer. Sobald die Eltern dennoch beharrlich ihren Plan weiterverfolgen und ihren Versuch nicht aufgeben, Helfer als Vermittler einzubeziehen, wird das Kind die Helfer mehr und mehr akzeptieren. Meist werden zumindest die Hilfsangebote von einem der Helfer vom Kind angenommen. In solch einem Prozess wird die Mauer, mit der das Kind sich umgibt, Stein für Stein abgebaut. Die Möglichkeit, sich an einen Helfer wenden zu können, verringert das Gefühl der Ausweglosigkeit selbst dann, wenn das Kind weiterhin nicht dazu bereit sein sollte, die von den Eltern angebotene Hilfe anzunehmen. Die Telefonanrufe und schriftlichen Nachrichten der Helfer werden vom Kind gewiss nicht gleichgültig aufgenommen, selbst wenn es

Gleichgültigkeit demonstriert. Jede Botschaft eines Helfers wird zu einer Möglichkeit, sich aus der Notlage zu befreien. Das Gewicht solcher Botschaften steigt, je stärker das Leid des Kindes ist. Mehr noch, ein suizidgefährdetes Kind wird meist schneller die angebotene Hilfe annehmen als ein noch nicht an Suizid denkendes, verzweifeltes Kind, denn der Suizid ist für ein verzweifeltes Kind einerseits zwar anziehend, andererseits jedoch sehr beängstigend. Je näher das Kind dem Abgrund und damit dem Suizid kommt, desto stärker wird auch seine Angst und entsprechend größer seine Bereitschaft, die rettende Hand eines Helfers zu ergreifen.

Der Aufbau eines Unterstützungsnetzes verändert noch aus einem anderen Grund das Suizidrisiko für das Kind. Die suizidalen Neigungen kommen meist in der Eltern-Kind-Beziehung am stärksten zum Ausdruck. Man kann den geschlossen Beziehungskreis zwischen Eltern und Kind als idealen Nährboden für suizidale Gedanken verstehen. Die Gründe liegen auf der Hand: In Anwesenheit der Eltern ist die Bereitschaft des Kindes, sich mit seinen Problemen auseinanderzusetzen, geringer. Es verhält sich meist abhängiger und kindlicher den Eltern gegenüber und weiß, wie es den notwendigen Druck ausüben kann, um seinen Willen durchzusetzen. Es ist ein Fehler zu glauben, dass die Neigung zur Selbsttötung sich einzig und allein in der Seele des Kindes entwickelt. Vielmehr wird eine solche Neigung durch die Interaktion mit der dem Kind am nächsten stehenden Umgebung genährt. Je stärker sich Suiziddrohungen als Teil der Kommunikation etablieren, desto größer wird die Attraktivität suizidaler Gedanken und Aussagen. Dies ändert sich von Grund auf, sobald sich das Umfeld des Suiziddialogs verändert. Sobald die Helfer Teil der Kommunikation zu den Suizidgedanken des Kindes werden, wandelt sich diese von Grund auf: Die suizidalen Andeutungen nehmen ab, und wann immer sie auftauchen, werden sie nicht mehr durch die Reaktionen des Umfeldes verstärkt. Auf diese Weise verliert diese Art Kommunikation an Anziehungskraft und Einflussvermögen. Infolgedessen nimmt auch das Ausmaß an Suizidgedanken ab. Um diese Veränderung zu beschleunigen, schlagen wir Eltern vor, dass sie jedes Mal einen Helfer hinzuziehen, wenn das Kind eine Suiziddrohung äußert. Die Eltern sollten natürlich jede Art der Provokation vermeiden: Sie sollten den Helfer nicht in

Anwesenheit des Kindes anrufen, ihn aber darum bitten, mit dem Kind Kontakt aufzunehmen, um seine Sorge auszusprechen und Unterstützung anzubieten. Auf diesem Weg werden sich schnell die Voraussetzungen verändern, die diese Art der Kommunikation, wie sie für Suizidgefährdete typisch ist, ermöglichen.

Simon war 18 Jahre alt. Er geriet in eine schwere Krise, nachdem er einen Laufwettbewerb auf Landesebene verloren hatte, auf den er sich ein Jahr lang vorbereitet hatte. Er warf demonstrativ die Sportschuhe weg, die seine Eltern ihm zum Geburtstag gekauft hatten, und teilte mit, dass er nicht mehr an Wettläufen teilnehmen würde. Die Krise verschärfte sich, als er erfuhr, dass er wegen des intensiven Trainings drei seiner Abiturprüfungen nicht bestanden hatte. Er beschuldigte seine Eltern, dass sie ihn nie verstanden hätten und nicht begriffen hätten, welchem Stress er ausgesetzt gewesen sei. Die Beschuldigungen vermehrten sich und es schien, als ob Simon seine Eltern für alle Fehler, die sie seiner Ansicht nach seit seiner frühen Kindheit begangen hätten, zur Rechenschaft ziehen wolle. Er drohte mit Suizid, anfangs nur mit Andeutungen, später ganz direkt. Er wütete während dieser Anfälle regelrecht gegen seine Eltern. Zwei Mal weckte er sie sogar mitten in der Nacht und zerbrach Gegenstände in ihrem Schlafzimmer.

Die Sorge der Eltern wurde noch größer, als Simon nachts zu verschwinden begann. Sie wendeten sich an einen Psychiater, aber Simon lehnte jede Zusammenarbeit ab. Die Eltern kamen daraufhin in unser Elternberatungszentrum. Mit Hilfe des Therapeuten bauten die Eltern ein Unterstützungsnetz auf, das Familienmitglieder, Freunde, den Sporttrainer und zwei von Simons ältesten Freunden mit einbezog. Die Lage beruhigte sich teilweise, nachdem Simons Cousin ihm anbot, dass er für einige Wochen zu ihm ziehen könne. Als aber die Mutter zu Besuch kam, wurde Simon wieder von seiner Wut ergriffen und drohte ihr mit Suizid. Er schloss sich für lange Zeit im Badezimmer ein und reagierte nicht auf die Versuche, ihn anzusprechen. Als er endlich die Tür aufschloss, verließ er das Haus ohne ein weiteres Wort. Es schien, als ob das bestehende Verhältnis zwischen Simon und seinen Eltern die Kommunikation und seine Suiziddrohungen nur verschärfe. Es wurde deswegen beschlossen, dass in den nächsten Wochen vorläufig nur die Helfer Kontakt mit Simon aufnehmen würden, um zu versuchen, ihm zu helfen.

Anfangs war Simon empört darüber, dass seine Probleme »in aller Munde waren«. Er teilte den Helfern mit, dass sie ihm nicht helfen könnten, erklärte sich jedoch bereit, dass sie ihn im Haus seines Cousins besuchten. Während der drei Tage nach dem Zusammenstoß mit seiner Mutter nahmen fünf Helfer mit ihm Kontakt auf. In der dritten Nacht wurde Simon ganz besonders von Unruhe gepackt und wollte das Haus verlassen. Er ließ sich von seinem Onkel und einem Freund überreden, dass sie mit ihm kommen würden, und die drei machten gemeinsam einen langen Spaziergang. Sie blieben die ganze Nacht bei Simon. Diese gemeinsam verbrachte Zeit gab der Beziehung eine neue Bedeutung, ähnlich einer Gruppe von Freunden, die gemeinsam für etwas kämpften. Diese Veränderung wurde in den Telefonaten Simons mit seinem Onkel und seinem Freund in den darauffolgenden Tagen deutlich. Sein psychischer Zustand war zwar einige weitere Wochen sehr labil, aber seine Suiziddrohungen nahmen ab. In dieser Zeit kommunizierten Simon und seinen Eltern fast gar nicht miteinander, die Kommunikation wurde erst nach einem Monat wieder aufgenommen, nachdem Simon begann, ein Rehabilitationsprogramm für Jugendliche in der Gemeinde zu besuchen.

Eltern, deren Kinder ihren Alltagspflichten nachkommen, werden sich wundern, wie das oben aufgezeigte extreme Fallbeispiel von Simon für sie von Relevanz sein kann. Wie schon erwähnt, ist es jedoch unserer Ansicht nach wichtig, sich auch extreme Entwicklungsverläufe vor Augen zu führen, selbst wenn kaum anzunehmen ist, dass sie eintreten. Das Aufzeigen extremer Szenarien stärkt Eltern, die sich um ihr Kind sorgen, und ermutigt sie zum Handeln. Ein frühes Eingreifen der Eltern verringert die Gefahr, dass es zu derart negativen Ereignissen und Entwicklungen kommen wird. Wenn die Sorge von Eltern angesichts vom Kind vermittelter Suizidgedanken zunimmt, kann ein Szenario, wie es das Fallbeispiel zeigt, den Eltern helfen, in ihrer momentanen Situation auf bestmögliche Weise zu reagieren, ohne hierbei in eine der beiden schon benannten Fallen zu geraten: den Privatsphärenreflex oder den Verzicht auf jegliche Forderungen an das Kind in Bezug auf seine Alltagsverpflichtungen. Eltern sollten sich ins Bewusstsein rufen, dass sie das Kind auf keinen Fall von seinen Alltagspflichten freistellen dürfen. Das Einbeziehen von ein oder zwei Helfern, sobald kleinste Anzeichen von suizidalen Kommunikationsmustern auftreten, führt meist dazu, dass das Kind solche Äußerungen unterlässt, und verringert die Anziehungskraft der Suizidgedanken.

Die Prinzipien und Schritte, die wir benannt haben, um Eltern den Umgang mit der Drohung, wegzulaufen, oder mit Suiziddrohungen zu ermöglichen und zu erleichtern, gelten natürlich auch für andere Ängste und Befürchtungen. Zum Beispiel glauben manche Eltern, dass sie von jeder Forderung ablassen müssten, damit das Kind keinem übermäßigen psychischen Stress ausgesetzt würde oder weil es sie sonst für immer verachten oder hassen würde. Auch in diesen Fällen sollte die angespannte Kommunikation zwischen Eltern und Kind nicht auf den engsten Familienkreis beschränkt werden. Kommunikationsmuster, in denen Anschuldigungen und Drohungen die elterlichen Sorgen steigern, werden grundsätzlich auch die negative Gefühlslage des Kindes nähren und verstärken. In diesen Fällen sollten immer ein oder zwei Helfer hinzugezogen werden, da in ihrer Gegenwart der Sog negativer Kommunikationsmuster an Kraft verliert.

Wir empfehlen, sich gar nicht erst auf Gespräche einzulassen, in denen das Kind die Eltern beschuldigt. Dies sollte dem Kind ausdrücklich mitgeteilt werden, zum Beispiel mit folgenden Worten: »Ich bin nicht mehr dazu bereit, das Ziel deiner Beschuldigungen zu sein! Ich werde dir nicht antworten und das Gespräch beenden, sobald du anfängst, mich anzugreifen.« Es sollte auch nicht versucht werden, das Kind davon zu überzeugen, dass es im Unrecht ist. Solange die Eltern sich in Abwehrstellung befinden und das Kind von ihrer Meinung zu überzeugen versuchen, wird das Kind sie weiter anschuldigen. Auch dies sollte auf ruhige und entschlossene Weise dem Kind mitgeteilt werden: »Ich werde nicht mehr versuchen, dich davon zu überzeugen, dass deine Anschuldigungen falsch sind. Mir ist klar, dass du dich davon nicht überzeugen lassen kannst.«

Eltern befürchten meist, dass das Kind in seinem Glauben bestärkt wird, dass es Recht hat und die Eltern tatsächlich die Schuldigen sind, wenn sie dem Kind keine andere Meinung entgegenhalten. Es gilt jedoch das Gegenteil, denn die Überzeugungsversuche der Eltern bewirken, dass das Kind sich in seiner beschuldigenden

Haltung verschanzt. Das Durchbrechen des Teufelskreises durch die Initiative der Eltern, nicht weiter mit dieser Art Kommunikation zu kooperieren, wird die Überzeugungen des Kindes nicht sofort verändern. Es werden jedoch die Voraussetzungen hierfür geschaffen, indem die negativen Gefühle des Kindes gegen die Eltern nicht weiter genährt werden.

Die Angst, das Kind könnte die Eltern hassen

Die zuvor behandelten Bedrohungen, das Kind könnte weglaufen oder Suizid begehen, sind nur zwei der vielen Ängste, die auf den Eltern lasten und ihre wachsame Sorge erschweren. Es sind jedoch diejenigen Bedrohungen, die Eltern am stärksten paralysieren. Daher müssen sorgfältige Vorbereitungen getroffen werden, um sich einer Auseinandersetzung mit diesen bedrohlichen Situationen stellen zu können.

Eine weitere Bedrohung beeinträchtigt nach unserer Erfahrung viele Eltern stark in ihrer wachsamen Sorge: Wir werden in den Elterngesprächen immer wieder Zeugen von Aussagen wie: »Er wird mich hassen!« oder »Das wird er mir niemals vergeben!«. Diese Ängste der Eltern tragen wesentlich dazu bei, dass sie auf ihre elterliche Präsenz im Leben des Kindes verzichten. Die Angst vor der Wut des Kindes und das Gefühl, das Kind um jeden Preis beschwichtigen zu müssen, lähmen die Eltern und nehmen ihnen ihr Vermögen, das Kind zu beschützen und ein Anker in seinem Leben zu sein. Die bittere Ironie ist, dass gerade Eltern, deren Liebe zum Kind und deren Bedürfnis nach seiner Liebe den Umgang mit ihrem Kind bestimmen, ungewollt dazu beitragen, dass das Kind sie verachtet.

Zwei wichtige Befunde aus der Fachliteratur zur Elternschaft können Eltern dabei helfen, sich gegen den schädlichen Einfluss ihrer Ängste vor der Wut des Kindes zu immunisieren. Die erste Einsicht verdankt sich dem Ideal des demokratischen und freien Erziehungsstils, genannt »Unschooling«. Dieser Theorie nach benötigt ein Kind, das mit Liebe, Verständnis und allgemeiner Ermutigung erzogen wird, keine Grenzsetzung, ganz zu schweigen von Disziplin. Forderungen und Verbote werden sogar als hemmender oder schädigender Einfluss auf den natürlichen Werdegang des Kindes verstanden. Dieser idealistische Traum war vielleicht der größte und anmaßendste in der Geschichte der Erziehungstheorie. Während seiner Blütezeit, in den 1960er und den 1970er Jahren, wurde alle Hoffnung auf den offenen und freien Erziehungsstil gesetzt und geglaubt, dass dieser gesunde, neugierige, spontane und sozial kompetente Kinder hervorbringen würde. Wenn diese Kinder als Erwachsene das gesellschaftliche Gefüge ausmachen würden, hätten wir eine friedliche und harmonische Gesellschaft geschaffen wie noch keine zuvor, da ihre Mitglieder in ihrem Leben keine Unterdrückung oder Gewalt erfahren hätten und daher auch anderen Menschen kein solches Leid zufügen würden. Nicht ohne Grund konnten so viele Menschen für diese Idee begeistert werden. Die Vision, dass Kinder, die mit nichts als Liebe und Freiraum für die persönliche Entwicklung erzogen werden, sich zu liebenden und kreativen Menschen entwickeln, ist eine Vision des Paradieses auf Erden.

Leider wurde schnell deutlich, dass diese Vision zudem eine Utopie bleiben musste. Viele Hunderte von Forschungen, beginnend mit den Entdeckungen der Entwicklungspsychologin Diana Baumrind (1971), haben seither bewiesen, dass Kinder, die in einem Umfeld ohne Forderungen und Grenzsetzungen aufwachsen, stärker zu Frustration, Gewaltanwendung und Schulabbruch neigen und im Jugendalter verstärkt verschiedenen Risikofaktoren ausgesetzt sind. Kinder, die ohne Autorität und Grenzen erzogen werden, haben auch ein schwächer ausgeprägtes Selbstwertgefühl. Der Grund hierfür liegt auf der Hand: Diese Kinder haben keine Erfahrungen sammeln können, die ihnen beweisen, dass sie Schwierigkeiten bewältigen können. Das Gefühl, Herausforderungen meistern zu können und Problemen gewachsen zu sein, ist eine wichtige Komponente des Selbstwertgefühls. Das heißt: Wenn das Umfeld keine Forderungen an die Kinder stellt und sie keine Schwierigkeiten überwinden müssen, können sie auch kein Gefühl der inneren Stärke entwickeln.

Die zweite Einsicht entstammt den Forschungsarbeiten zu Konfliktmustern und Eskalationsprozessen zwischen Eltern und Kind (vgl. Lavi-Levavi, Shachar u. Omer, 2013; Weinblatt u. Omer, 2008). In unserer Forschungsreihe, die sich mit der Rehabilitation der elterlichen Autorität und der elterlichen Verankerung in Familien mit verhaltensauffälligen Kindern beschäftigt, konnten wir zeigen, dass die Konflikte, Eskalationen und gegenseitigen negativen Gefühle im Verlauf eines gut durchdachten und geplanten Therapieprozesses deutlich abnehmen. Im Buch »Stärke statt Macht« (Omer u. Schlippe, 2010) haben wir aufgezeigt, wie eine effektive elterliche Autorität gestaltet werden kann. Hierbei haben die Autoren die von ihnen angestrebte positive und konstruktive Autorität der machtorientierten und Gehorsam verlangenden traditionellen Autorität gegenübergestellt. Die ausführlichen Schilderungen der Wege und Werkzeuge für die Ausübung der wachsamen Sorge bilden eine Ausweitung und Vertiefung der Prinzipien der »Autorität ohne Gewalt« (Omer u. Schlippe, 2002), wie sie in einem vorangegangenen Buch der Autoren beschrieben wurden. In den beiden Büchern wurde dargelegt, und die Forschungsergebnisse bestätigen dies, dass Eltern, die entschlossen ihre elterliche Fürsorge verfolgen, ohne hierbei an Flexibilität einzubüßen, nicht befürchten müssen, ihr Kind zu verlieren. Ganz im Gegenteil: Wir konnten verdeutlichen, dass Eltern auf dem Weg der Fürsorge ihre Präsenz im Leben des Kindes wiedererlangen. Dies gilt für Kinder mit leichten Verhaltensauffälligkeiten wie auch für Jugendliche, die bereits tief in entwicklungsgefährdende Ereignisse verwickelt sind. In den besonders schwerwiegenden Fällen hat sich das Kind meist schon daran gewöhnt, dass die Eltern ihm nachgeben und nicht auf ihrer elterlichen Beziehung zu ihm beharren. Durch die *Rückkehr der Eltern in sein Leben* kann es nun eine Art Wiedergutmachung oder Reparation in der Beziehung zu seinen Eltern erleben. Dieses Erlebnis vermittelt dem Kind, dass es nicht allein ist, sondern dass es jemanden gibt, der es vor dem Sog der Versuchungen und Bedrohungen zu schützen versucht.

Lügen

Lügen sind einer der am weitesten verbreiteten Gründe für Auseinandersetzungen zwischen Eltern und Kindern. Die Konfrontation mit Lügen verwickelt Eltern in Unstimmigkeiten, lässt sie inkonsequent reagieren und stellt sie vor scheinbar unlösbare Dilemmata wie kaum ein anderer Bereich in der Erziehung. Der elterlichen Haltung »Lügen ist verboten!« wird durch das wiederholte Lügen des Kindes enorm zugesetzt. Angesichts der Lügen schwanken Eltern zwischen dem erneuten Versuch, ihre Regel durchzusetzen, und dem Gefühl, mit ihrem moralischen Grundsatz gescheitert zu sein und als Eltern versagt zu haben.

In diesem Kapitel beleuchten wir die Gründe für das Gefühl der Auswegslosigkeit vieler Eltern angesichts der Lügen ihrer Kinder und versuchen zu verstehen, warum Eltern meist in einer Weise reagieren, die den Teufelskreis von Lügen verhärtet und die Kluft zwischen Eltern und Kind vergrößert. Aufgrund unserer Einsichten möchten wir dann einen alternativen Umgang mit den Lügen des Kindes vorschlagen, der zur Folge hat, dass das Kind immer seltener zu Lügen greift, und gleichzeitig mögliche Schäden und Auswirkungen seiner Lügen einzugrenzen versucht. Auf diesem Weg kann auch die elterliche Präsenz im Leben des Kindes wiederhergestellt und die Eltern-Kind-Beziehung verbessert werden.

Die Entdeckung, dass man lügen kann, ist inhärenter Teil der Entwicklung eines jeden Kindes. Schon in den frühen Kindheitsjahren begreifen Kinder, dass ihre Gedanken nicht einfach anderen zugänglich sind. Allmählich lernt das Kind, dass auch bei anderen Menschen das Innenleben nicht unbedingt im Einklang mit den zum Ausdruck gebrachten Gedanken und Gefühlen steht. Das Vermögen, die Gedanken und Gefühle anderer Menschen zu erfassen oder zu überlegen, was sie wohl mit einer Verhaltensweise ausdrücken wollen, nennt sich in der Entwicklungspsychologie »Mentalisierung«. Es bezieht sich darauf, dass dem menschlichen Handeln und Verhalten gewisse mentale, das heißt psychische Zustände oder Entwicklungen zugrunde liegen. Diese Fähigkeit ist für eine normative Entwicklung unentbehrlich. Im Laufe der Zeit lernen Kinder außerdem, dass sie anderen Menschen nicht jede Information preisgeben müssen, dass es sogar Dinge gibt, die man besser für sich behalten sollte. Jedes Kind muss sich diese Fertigkeiten aneignen, um sich in die Gesellschaft integrieren zu können. Die Möglichkeit, zu lügen, ist ebenfalls Teil dieser Fertigkeiten.

Viele Eltern wundern sich, wenn sie ihr Kind bei einer Lüge erwischen: »Wo hat es das gelernt? Bei uns zu Hause lügen wir doch nicht!« Die Antwort hierauf ist einfach: Das Kind hat das Lügen allein entdeckt. Tatsächlich stellt diese Entdeckung einen wichtigen Schritt in der Entwicklung des Kindes dar. Wird es sich nun an das Lügen gewöhnen, um seine Wünsche und Ziele zu verfolgen? Das hängt von den Reaktionen der Umwelt auf die Lügen des Kindes ab. Die meisten Kinder werden sich im Lügen versuchen, wenn sie die Möglichkeit dazu entdecken. Manche Kinder werden nur zum Spaß lügen, sozusagen als Übung für ihre neu erworbenen mentalen Leistungen, das heißt, sie spielen gewissermaßen Verstecken. Diese Kinder können mit den Chinesen verglichen werden, die zwar das Schießpulver noch vor den Europäern entdeckt, es jedoch nicht als Kriegswaffe eingesetzt haben. Einige wenige Kinder versuchen jedoch schon im frühen Alter, ihre neue Fähigkeit des Lügens zu Gunsten ihrer Ziele und Wünsche einzusetzen. Es ist die Aufgabe der Eltern, dies zu unterbinden, da es die soziale und moralische Entwicklung des Kindes gefährden könnte. Sie müssen sich jedoch bewusst sein, dass sie dem Kind die Fähigkeit zum Lügen nicht nehmen können.

Kinder sind schon im Grundschulalter dazu fähig, verschiedene Lügen entsprechend ihrem Schweregrad zu kategorisieren. Sie stufen zum Beispiel eine Lüge, deren Ziel es ist, sich einer Strafe zu entziehen, als schwerer ein als eine Lüge, die einen Freund vor einer Strafe schützen soll. Lügen, die dem Eigennutz dienen, ganz besonders, wenn dies auf Kosten anderer geschieht, werden noch schwerwiegender bewertet. Die schwerwiegendste Kategorie bilden in den Augen der Kinder Lügen, die absichtlich andere verletzen. Die Kategorisierung der Kinder ist sehr systematisch. Sie zeigt, dass nicht allein die Abweichung von der Wahrheit dem kindlichen Verständnis nach als problematisch bewertet wird. Vielmehr haben die Kinder bereits gelernt, die Schwere der Lüge entsprechend einem komplexeren moralischen Wertesystem einzustufen.

Wir meinen, dass die von den Kindern vorgenommenen Berücksichtigungen in Bezug auf die Schwere der Lüge auch für Eltern relevant sind: Die Bezugnahme auf die Ziele und Folgen einer Lüge kann den Eltern eine klare konstruktive Haltung ermöglichen. Solch eine Bewertung der Lügen im Kontext der Motivation des Kindes ist wichtiger als der Versuch, jede Lüge zu unterbinden, egal zu welchem Zweck diese hervorgebracht wurde. Nach unserem Modell der wachsamen Sorge muss die Reaktion der Eltern auf die Lügen des Kindes entsprechend der Gefahr erfolgen, die diese Lügen für seine Entwicklung und die Beziehungen mit seiner Umwelt darstellen. Lügen sollten auf keinen Fall ignoriert werden. Dem Kind sollte vermittelt werden, dass die Eltern sich seiner Lügen durchaus bewusst sind. Die verschiedenen Arten von Lügen verdienen jedoch unterschiedliche Reaktionen: Spielerisch hervorgebrachte Lügen verdienen eine spielerische Reaktion, wie zum Beispiel ein Augenzwinkern oder einen Scherz. Schwerwiegendere Lügen benötigen eine andere Art der Reaktion von Seiten der Eltern.

Auswirkungen von Lügen auf die Entwicklung des Kindes

Lügen können die normative Entwicklung eines Kindes auf verschiedene Weise beeinträchtigen: Das Vertrauen innerhalb der zwischenmenschlichen Beziehungen des Kindes wird erschüttert, das Kind entzieht sich mit Hilfe der Lügen seinen Aufgaben oder die Lügen setzen das Kind größeren Versuchungen und gefährlichen Einflüssen aus.

Ein weit verbreitetes Beispiel für eine zunehmend schädliche Auswirkung von Lügen ist der Versuch von Kindern, ihren Hausaufgaben zu entgehen. Wenn das Kind wiederholt keine Hausaufgaben macht, verliert es den Anschluss an das Lernmaterial der Klasse, was wiederum seine Motivation stärkt, sich aus den Hausaufgaben herauszulügen, wobei immer kompliziertere Lügen und Verheimlichungsstrategien angewandt werden müssen, je weiter die Kluft zwischen dem Kind und seiner Klasse im Hinblick auf den gelernten Stoff auseinanderklafft.

Mai war neun Jahre alt. Im Laufe des Schuljahres hörte sie auf, Hausaufgaben zu machen, die sie eigentlich mit Leichtigkeit hätte bewältigen können. Anfangs waren es nur einige wenige Übungen, die sie beiseiteließ, dann wurden es ganze Seiten und schließlich war sie Monate im Lernstoff hinterher. Je größer die Menge an Lernstoff war, den sie versäumt hatte, desto stärker wurden ihre Befürchtungen, dass dieses Geheimnis gelüftet würde.

Jedes Mal, wenn ihre Mutter sie fragte, ob sie Schulaufgaben auf habe, verneinte sie dies mit Bestimmtheit. Ihr Verhalten erregte das Misstrauen der Mutter, die darum bat, die Schulhefte zu inspizieren. Einige Nachforschungen und ein Telefonat mit der Lehrerin reichten, um die Mutter das Ausmaß an versäumtem Lernstoff begreifen zu lassen. Diese Entdeckung führte zu einer erhöhten Beteiligung der Mutter an den schulischen Verpflichtungen und zu wiederholten Überprüfungen der Hausaufgaben. Sie verlangte von ihrer Tochter, alle versäumten Hausaufgaben nachzuholen. Mai erreichte dieses Ziel nach einem langen Monat, während dem sie jeden Tag unter der Aufsicht ihrer Mutter eine Stunde den Hausaufgaben nachkommen musste. Zwei Jahre später erzählte Mai ihrer Mutter, dass das Lüften des Geheimnisses um die Schulaufgaben und das Aufholen der versäumten Hausaufgaben eine große Erleichterung für sie gewesen seien.

Bei manchen Kindern weiten sich die Lügen besorgniserregend über die schulischen Belange hinaus auf andere Lebensbereiche aus. Die Gefahr ist besonders dann für die Entwicklung des Kindes groß, wenn sich ein Schulabbruch anbahnt. Der Schulabbruch gilt als eine der Variablen, die den Abrutsch in eine kriminelle Karriere und viele anderen problematische Entwicklungsbahnen nach sich ziehen.

Die Gewohnheit, zu lügen, kommt nie allein daher: Lügen werden meist von anderen Verhaltensweisen begleitet, die nicht mit den elterlichen Forderungen und den gesellschaftlichen Normen in Einklang stehen. Ein großer Teil des Lebens des lügenden Kindes wird deswegen von ihm als Geheimnis gehütet. Diese Neigung wird durch die Kritik und das Misstrauen der Umwelt zunehmend verstärkt. Das Geheimhalten von Ereignissen oder der Versuch, sich der Verantwortung für vorgefallene Ereignisse zu entziehen, entwickeln sich in einigen Fällen geradezu zu einer Lebensweise.

Die 14-jährige Klara begann die Schule zu schwänzen, indem sie sich in der Nähe der Wohnung versteckte und wartete, bis ihre Mutter, Sylvia, eine alleinerziehende Mutter, die beruflich eine Karriere gemacht hatte, zur Arbeit ging. Dann kehrte sie wieder nach Hause zurück und verbrachte den Morgen vor dem Fernseher oder am Computer. Anfangs war sie vorsichtig und schwänzte die Schule nur selten, doch allmählich wurde dies zur Gewohnheit und sie begann ganze Tage hintereinander zu Hause zu verbringen.

Wie konnte es so weit kommen? Die Tatsache, dass Sylvia zu Anfang des Jahres aufgrund einer Auseinandersetzung mit der Klassenlehrerin ihrer Tochter den Kontakt zur Schule beinahe gänzlich abgebrochen hatte, hatte diese Entwicklung ganz gewiss begünstigt. Es vergingen Monate, bevor die Mutter sich des Ausmaßes des Problems bewusst wurde. Zusätzlich entdeckte sie mit Entsetzen, dass Klara sich mit Hilfe ihrer Visa-Karte über das Internet alle möglichen Dinge bestellt hatte. Zuerst waren es Pizzen, dann Computerspiele oder Markenkleider. Sylvia war vollkommen ratlos. Sie meldete Klara zu einer Psychotherapie an. Doch diese redete nur abwertend mit der Psychologin und sagte ihr, dass die Mutter diejenige sei, die eine Therapie benötige. Nach zwei Sitzungen weigerte Klara sich, weiter in Therapie zu gehen.

Im Fallbeispiel oben werden wir Zeugen einer allmählichen Verschlechterung der Mutter-Kind-Beziehung. Den Berichten der Mutter zufolge war die Beziehung zu ihrer Tochter in der Vergangenheit besser, verschlechterte sich aber stark mit dem Einstieg in die Mittelstufe. Selbst wenn die Lügen bereits von einem angespannten Mutter-Kind-Verhältnis herrühren, erschüttern sie zusätzlich das gegenseitige Vertrauen. In jeder Beziehung lassen Lügen eine gefährliche Kluft zwischen den Beteiligten entstehen. Eltern von Kindern, bei denen das Lügen zur Gewohnheit geworden ist, erleben immer wieder Gefühle von Distanz, Befremdung und Wut ihrem Kind gegenüber. Meist versuchen sie, das Kind davon zu überzeugen, das Lügen sein zu lassen. Diese Überzeugungsversuche verwandeln sich schrittweise in automatisch ablaufende Predigten, die oft auch von Drohungen begleitet werden. Das Kind fühlt sich seinerseits immer stärker angegriffen. Es empfindet oftmals, dass es keine andere Wahl hat, als seinen Schutzmantel durch Lügen zu verstärken, um sich vor dem Eingriff seiner Eltern in seine Angelegenheiten zu schützen. Auch aufgrund dieser Abwehrhaltung verringern sich die Chancen, die Gefühle des Kindes auf positive Weise anzusprechen.

Das Labyrinth der Lügen führt nicht selten zu dem Aufbau einer ganzen Untergrundwelt, in der das Kind nicht mehr für die Einflüsse seiner Eltern oder anderer verantwortlicher Erwachsener in seinem Leben empfänglich ist. Stattdessen freundet es sich mit Jugendlichen an, die von den Eltern nicht selten als problematische Gesellschaft wahrgenommen werden, und entwickelt diesen gegenüber ein Gefühl des Vertrauens und der Zugehörigkeit. Manchmal wird das Lügen den Eltern gegenüber sogar als Grundbedingung für die Gruppenzugehörigkeit verstanden. Verheimlichungen, Lügen und Diebstahl können in gewissen Kreisen auch Teil der Einweihungszeremonie sein, die dem Kind die Aufnahme in eine solche Jugendgruppe ermöglicht.

Der erfolglose Versuch, Lügen gänzlich zu unterbinden

Teil der elterlichen Pflicht ist es, das Lügen als eine inakzeptable Verhaltensweise kenntlich zu machen. Jüngeren Kindern, die dabei erwischt werden, dass sie lügen, muss gesagt werden: »Das ist eine Lüge!«, »Lügen ist nicht angebracht!«, »Ich ärgere mich über dich, weil du mich angelogen hast!« Eltern, die Lügen nicht als negatives Verhalten definieren, schaden ihrem Kind. Sie lassen es im Unklaren und verwirren es in Bezug auf die moralischen Werte, die für unsere Gesellschaft gelten. Auf keinen Fall sollten Eltern die Lösungsmöglichkeiten in der Auseinandersetzung mit den Lügen des Kindes, wie wir sie in diesem Kapitel beschreiben werden, als Widerspruch zu dieser Haltung interpretieren. Grundsätzlich sollte dem Kind auf einfache Weise erklärt werden, was eine Lüge ist und dass es nicht akzeptiert werden kann, wenn jemand lügt. Nach und nach wird das Kind begreifen, dass es Lügen verschiedener Art gibt und eine scherzhafte Lüge etwas ganz anderes ist als eine Lüge, von der das Kind profitiert oder sich Vorteile verschafft. Die Möglichkeit zur Ausdifferenzierung entwickelt sich beim Kind jedoch erst später. Zuerst muss es die einfache Botschaft »Das ist eine Lüge!« vermittelt bekommen.

Einige Eltern müssen feststellen, dass ihr Kind wiederholt lügt, obwohl sie ihm klar und deutlich vermittelt haben, dass das Lügen etwas Negatives ist. Das Lügen kann als Neigung oder als eine Gewohnheit bezeichnet werden, sobald das Kind Lügen systematisch anwendet, um sich von Verpflichtungen zu befreien, verbotene Handlungsweisen zu leugnen oder seinen Eigennutz zu verfolgen. Eltern meinen dann, dass das Lügen sich in der Persönlichkeit des Kindes festgesetzt habe, und sehen es als ihre Pflicht an, gegen diese Gewohnheit anzugehen. Sie ermüden das Kind mit langen Erklärungen und halten jeden Tag erneut Standpauken, greifen meist auch zu Drohungen und Strafen. Manchmal sind Eltern davon überzeugt, dass sie dem Kind einfach nachweisen müssten, dass es lügt. Das Kind würde dann seine Lügen zugeben müssen und zukünftig vom Lügen absehen. Zu ihrem Erstaunen passiert dies jedoch nicht. Ihre Verlegenheit wird zusehends stärker, wenn sie erleben, wie ihre Zurechtweisungen, ihre Strafen und Beweise den Hexentanz um die Lügen in der Beziehung zu ihrem Kind immer wilder werden lassen. Die Konfrontationen werden zu einem bedrückenden Schauspiel, dessen Ausgang vorhersehbar ist: Die Eltern sind wütend und frustriert, das Kind verschanzt sich hinter den Lügen und bleibt in seinem Inneren allein. Warum ist das so?

Kinder, die sich das Lügen zur Gewohnheit machen, fühlen sich meist durch die Masse an Forderungen und Anschuldigungen, mit denen ihre Umwelt sie konfrontiert, überfordert. Für sie wird das Lügen zu einer Art Abschirmung, um sich auf problematische Weise zumindest teilweise gegen den Ansturm an Erwartungen und die wiederholt ausgesprochenen Enttäuschungen der Umwelt zu schützen. Die typischen Reaktionen der Eltern – seien es entschlossene Erklärungen, eindringliche Standpauken, Beschuldigungen, Drohungen oder Beweisführungen – werden vom Kind in diesem Zusammenhang sozusagen nur als eine Verstärkung des auf sie einstürmenden Regens, gegen den sie sich abschirmen, empfunden – eine Verstärkung, die diesen Regen zu einem Orkan anschwellen lässt. Es ist nicht verwunderlich, dass das Kind sich nichts sehnlicher wünscht, als trocken und abgeschirmt zu bleiben.

In dieser Situation wird das Kind zu einem Meister der Abschirmung. Es erkennt frühzeitig die Art des zu erwartenden Angriffs der Eltern und entwickelt immer neue Handlungen und Lügen, um die Attacke abzuwehren. Um sich vor den endlosen Erklärungen und Schimpftiraden zu schützen, gewöhnt es sich an, diese als Hintergrundgeräusche wahrzunehmen: Es lernt, die Tonlage der Eltern zu erkennen, die bedeutet, dass sie sich nun gleich in Überzeugungsversuchen und Standpauken ergehen, und entwickelt eine Art Resistenz, die das endlose Reden der Eltern als ein entferntes Summen erscheinen lässt. Solange die Eltern reden und reden, weiß das Kind, dass es sich um das übliche Schauspiel handelt. Wenn Drohungen an seine Ohren dringen, weiß es, dass dies der Donner ist, der den Sturm begleitet. Auch daran gewöhnt sich das Kind allmählich.

Die ungünstigste Familiendynamik entsteht, wenn Eltern ihrem Kind wiederholt zu beweisen versuchen, dass es lügt. Selbstverständlich müssen Eltern ihr Kind ab und an auch einmal überprüfen, dies ist Teil ihrer Aufgaben als Eltern. Es besteht jedoch ein wichtiger Unterschied zwischen Aufsichtsmaßnahmen und dem Sammeln von Beweismaterialien, um dem Kind vor Augen zu führen, dass es gelogen hat. Sobald Eltern Beweismaterialien beisammen haben, blicken sie ungeduldig dem Moment entgegen, in dem sie die Lügengeschichten des Kindes ein für alle Mal entlarven. Dem Kind werde nichts anderes übrig bleiben, als seinen Kopf demütig vor ihnen zu senken. Dies sind jedoch ganz falsche Hoffnungen. Das Zusammenstellen von Beweismaterialien und vor allem der Augenblick der Beweisführung haben ganz andere, und zwar schwerwiegende Folgen. Der Schaden lässt sich bereits in den endlosen Auseinandersetzungen zwischen Eltern und Kind erahnen, in denen die Eltern das Kind beschuldigen, das Kind alle Schuld von sich weist und seinerseits den Eltern vorwirft, dass sie ihm keinen Glauben schenken. Angesichts der Verleumdungen des Kindes nehmen die Anstrengungen der Eltern, dem Kind seine Lügen zu nachzuweisen, weiter zu. Die Kommunikation zwischen Eltern und Kind wird zu einer Art

Gerichtsverhandlung, in der sich die Erwartung der Eltern mehr und mehr darauf konzentriert, belastende Beweismaterialien zu erhalten, während das Kind lernt, Verzögerungsmanöver anzuwenden und die elterlichen Ermittlungen als unrechtmäßig abzuweisen. Die Eltern-Kind-Beziehung wird immer feindseliger: Eltern und Kind befinden sich als Kontrahenten in feindseligen Lagern mit entgegengesetzten Überzeugungen und Interessen.

Die Konfrontation erreicht also gerade dadurch ihren Höhepunkt, dass die Eltern meinen, sie könnten dem Kind unschlagbares Beweismaterial vorführen. Denn das Vortragen von Beweisen, die das Kind überführen, zerstört jede Basis für eine Zusammenarbeit. Die Beweise zu den Anschuldigungen gegen das Kind werden von den Eltern meist übertrieben zur Schau gestellt, da sie erwarten, dass es als verurteilter Schwerverbrecher nun endlich seine Lügen und gegen sie gerichteten Handlungen bereuen werde. Die ganze angesammelte Frustration der Eltern angesichts all der Versuche des Kindes, sich herauszureden, kommt zum Ausdruck.

In den Augen des Kindes versuchen die Eltern, seine Wünsche und seine Identität auszulöschen. Es wird sich daher darauf konzentrieren, die Erniedrigung und Verneinung ihrer Persönlichkeit durch die Eltern zu verhindern. Dies ist der Grund für die Bestimmtheit und die Härte des Widerspruchs, mit dem ein Teil der Kinder auf den Versuch ihrer Eltern reagieren, die Lügen unter Beweis zu stellen. Andere der Kinder bevorzugen es, den Eltern nicht laut zu widersprechen, sondern sich in ein undurchdringliches Schweigen zu hüllen. Hinter diesem Schweigen versteckt sich jedoch der innere Entschluss, dieses Mal seine Lügen und Geheimnisse noch besser zu bewahren. Kinder, die sich von den Eltern verurteilt fühlen, verspüren oft auch das Bedürfnis, sich für das ihnen von den Eltern zugefügte Unrecht zu rächen und sie für ihre Beweisführung und Verurteilung zur Rechenschaft zu ziehen. Racheakte können verschiedene Formen annehmen: Kinder können versuchen, die Eltern mit Worten oder gar durch Handlungen zu verletzen, sie ebenfalls herabzusetzen, die Werte der Eltern ausdrücklich verachten oder einen tiefen Groll gegen die Eltern in Worte fassen. Der Schaden, den die Eltern-Kind-Beziehung dadurch erleidet, ist so enorm, dass es vielleicht besser wäre, die Eltern könnten die Lügen des Kindes nicht beweisen.

Die Verstärkung der wachsamen Sorge – Präsenz und Begleitung

Eine konstruktive elterliche Haltung im Hinblick auf die Beaufsichtigung des Kindes basiert auf der Annahme, dass Aufsicht niemals Kontrolle bedeuten darf. Eltern müssen die Tatsache akzeptieren, dass sie die Lügen nicht ein für allemal beseitigen können, sei es durch einen einschneidenden Eingriff oder durch geheime Untersuchungen. Diese Einsicht und der Aufbau einer elterlichen Präsenz und Begleitung werden andere entgegengesetzte Prozesse einleiten als die, die bisher beschrieben wurden. Ein Kind, das Dinge verheimlicht und lügt, benötigt Eltern, die stärker beteiligt sind an seinem Leben, die ihm nahestehen, nicht aber Eltern, die es zurechtweisen und seine Schuld zu beweisen versuchen. Wir möchten uns im Folgenden auf drei zentrale Mitteilungen konzentrieren, die eine konstruktive elterliche Haltung der wachsamen Sorge unterstützen.

»Wenn du mir auszuweichen versuchst, überprüfe ich die Dinge. Wenn du mir glaubhaft Auskunft gibst, kann ich dir verstärkt Vertrauen schenken.«

Die Aussage, dass das Verhalten der Eltern davon abhänge, ob das Kind ihnen ausweiche oder glaubhaft Auskunft gebe, verdeutlicht, dass Vertrauen keine Entweder-oder-Angelegenheit ist. Man schenkt einer anderen Person keineswegs entweder vollkommenes Vertrauen oder bringt ihr gar keines entgegen. Vertrauen ist ein Gefühl, das unterschiedliche Grade haben kann. Die Aufteilung in »Ich schenke Vertrauen« oder »Ich schenke kein Vertrauen« erschwert Eltern den Umgang mit ihrem Kind. Wenn sie und das Kind ein derartiges Schwarz-Weiß-Denken in Bezug auf ihr gegenseitiges Vertrauen haben, reicht bereits eine kleine erforderliche Aufsichtsmaßnahme der Eltern aus, um das Kind behaupten zu lassen: »Du vertraust mir gar nicht!« Diese Aussage verunsichert die Eltern und hinterlässt den Eindruck, dass sie dem Kind Unrecht antun und einen wichtigen Grundsatz ihres Verhältnisses verletzen, nämlich den des gegenseitigen Vertrauens.

Alle Eltern wissen im Grunde jedoch, dass das Vertrauen in das Kind zunehmen oder abnehmen kann, entsprechend den Ereignissen und dem Verhalten des Kindes. Dieses Wissen nimmt der Anschuldigung: »Du vertraust mir nicht!« ihre Schärfe. Eine ehrliche Antwort auf diese Worte könnte sein: »Ich schenke dir so viel Vertrauen, wie es in dieser Situation gerade möglich ist.« Es kann allerdings hinzugefügt werden: »Ich möchte dir gern wieder mehr Vertrauen schenken, und werde dies auch tun, sobald du etwas tust, das mir dies ermöglichen wird.« Diese Aussage vermittelt, dass das Ausmaß an Vertrauen von dem Verhalten des Kindes abhängig ist. Unseres Erachtens ist die Wiederherstellung des sogenannten vollkommenen Vertrauens nach entdeckten Lügengeschichten für die Entwicklung des Kindes nicht wünschenswert, da eine solche bedeuten würde, dass der Grad der elterlichen wachsamen Sorge schwächer ist, als er von dem Kind gerade zu diesem Zeitpunkt benötigt wird. Befindet sich das Kind nämlich im Besitz des vollkommenen Vertrauens der Eltern, steht es den Versuchungen allein gegenüber, die es zum Lügen verführen. Das vollkommene Vertrauen wiederherzustellen, würde also in diesem Zusammenhang bedeuten, das Kind den Gefahren ausgesetzt zu lassen. Hingegen ermöglicht ein eingeschränktes Vertrauen den Eltern den notwendigen Freiraum, um ihre wachsame Sorge auszuüben, wann immer das Kind ihnen auszuweichen versucht. So verstärken sich die elterliche Präsenz und ihre Ankerfunktion in einer Situation, in der das Kind Probleme mit den Anforderungen des Umfeldes hat, und das Vertrauen der Eltern kann mit zunehmender Zusammenarbeit des Kindes wieder zunehmen.

»Ich bin mir nicht sicher, dass du mir die ganze Wahrheit sagst. Ich werde daher wachsam bleiben.«

Die Aussage der Eltern, aufgrund des Verhaltens des Kindes wachsam bleiben zu müssen, vermittelt dem Kind, dass sein Verhalten Zweifel an seiner Glaubwürdigkeit aufkommen lässt. Es besteht gar keine Notwendigkeit, dem Kind zu sagen: »Du lügst!« Solch eine Behauptung wird zu einer Debatte führen, die nur mit der eindeutigen Feststellung beendet werden kann, ob diese Behauptung der Eltern wahr oder falsch ist. Eine weniger anschuldigende, aber ihre

Zweifel und Wachsamkeit ausdrückende Mitteilung der Eltern wie die, mit der dieser Abschnitt überschrieben ist, erfüllt hingegen fünf wichtige Funktionen:
1. Sie signalisiert, dass die Eltern die vom Kind gelieferte Information als problematisch einstufen.
2. Sie ermöglicht es den Eltern, ihr Vertrauen in das Kind entweder stärker einzuschränken oder zu vergrößern, ganz entsprechend den bestehenden Umständen.
3. Sie beugt einer Eskalation vor.
4. Sie erklärt Vertrauen zu einer Angelegenheit, die nicht punktuell entschieden werden kann, sondern sich entwickelt.
5. Sie wirkt der Atmosphäre und Dynamik einer Strafverhandlung entgegen und schützt in gewissem Maß die Würde des Kindes.

Das Äußern von Zweifeln ist also, wie die fünf Funktionen verdeutlichen, effektiver, als Anschuldigungen oder Vorwürfe es sein könnten. Eine zweifelnde Haltung hält Eltern zudem davon ab, in die Rolle des Richters gedrängt zu werden, wenn es zum Beispiel zu wiederholten Auseinandersetzungen zwischen Geschwisterkindern kommt. Die meisten Eltern glauben bei Streitgesprächen zwischen Geschwisterkindern, dass eine klare Entscheidung gefällt werden muss, zum Beispiel zu der Frage, wer angefangen habe. Stattdessen können Eltern die entgegengesetzten Behauptungen der Geschwister auf andere Weise beantworten: »Momentan bin ich mir über gar nichts im Klaren. Aber ich werde euch weiter beaufsichtigen und aufpassen, dass niemand verletzt wird.« Natürlich müssen Eltern darauf achten, dass keine Gewalt angewendet wird. Außerdem muss ein Alltagsrhythmus beibehalten werden. Nichtsdestotrotz befreit solch eine Mitteilung die Eltern von der Notwendigkeit, eine unmittelbare Entscheidung zu einer Situation zu fällen, in der eigentlich nichts augenblicklich, wenn überhaupt entschieden werden kann.

Der neunjährige Martin kam weinend zu seiner Mutter gerannt und behauptete, sein Zwillingsbruder Dennis habe ihn geschlagen. Dennis war stärker als Martin und hatte seinen Bruder in der Vergangenheit mehrere Male gehauen. Martin war jedoch gerissen und die Eltern verdächtigten ihn, dass er Dennis häufig provoziere. Die Eltern beriefen am selben Abend ein Gespräch mit ihren Söhnen ein und teilten ihnen in diesem mit, dass sie sie von nun an aus nächster Nähe beaufsichtigen würden. Sie erklärten, dass sie sie zukünftig für die Anwendung von Gewalt bestrafen würden, dass sie sich dabei aber nicht weiter auf Martins Berichterstattung stützen, sondern die Angelegenheit eigens überprüfen würden. Diese Mitteilung wurde von den Großeltern bestärkt: Sie teilten ihren Enkeln mit, dass die Eltern diese Entscheidung mit ihrem vollkommenen Einverständnis gefällt hätten. Als Dennis zu behaupten versuchte, dass es nicht gerecht sei, weil Martin lüge, antwortete der Großvater: »Es ist nur gut, dass wir und eure Eltern euer Beisammensein nun aus nächster Nähe beaufsichtigen werden, weil wir so eindeutig sehen werden, ob du dich unter Kontrolle hast und nicht zuschlägst, und selbst feststellen und somit beweisen können, dass du dich richtig verhältst.« Gleichzeitig sagte er Martin: »Wir werden dich besser schützen können, weil wir immer in Reichweite sein und überprüfen werden, was passiert.«

Die Gewaltvorfälle unter den Geschwistern und die Beschwerden von Martin nahmen deutlich ab, besonders nachdem die Eltern auf einen Vorfall mit Hilfe der Großeltern und eines Familienfreundes reagiert hatten.

»Ich fordere nicht viel von dir. Je besser deine Mitarbeit, desto weniger werde ich mich einmischen.«

Die Aussage, dass die Einmischung der Eltern von der Mitarbeit des Kindes abhänge, ähnelt der bereits besprochenen Aussage, dass das Vertrauen der Eltern abhängig von der jeweiligen Situation geschenkt werde. Die Betonung liegt dieses Mal jedoch auf einem anderen Aspekt: Es wird dem Kind vorhergesagt, dass die Beteiligung der Eltern an seinem Leben abnehmen und sein Wirkungsfeld ausgedehnt wird, wenn es mit den Eltern besser zusammenarbeitet. Diese Nachricht eröffnet nicht nur dem Kind neue Möglichkeiten des Handelns. Sie leitet auch eine allmähliche Veränderung der elterlichen Haltung ein.

Eltern müssen begreifen, dass ihre wachsame Sorge nur dann ihr Ziel erreichen kann, wenn sie das Vermögen des Kindes zur Selbstbeaufsichtigung fördert und verstärkt. Es ist deswegen wichtig, dass

Eltern ihr Kind Erfahrungen sammeln lassen, durch die es etwas lernen kann. Eltern wissen nur zu gut, dass sie das Kind nicht immer aus nächster Nähe werden begleiten können.

Die Grenzen, die Eltern in ihrer Elternrolle gesetzt werden, sind tatsächlich für die Entwicklung des Kindes notwendig. Donald Winnicott, einer der großen psychoanalytischen Denker des 20. Jahrhunderts, erstellte ein Konzept, gemäß dem das Kind eine »ausreichend gute Mutter« (»good enough mother«, Winnicott, 1964) benötigt. Was Winnicott hiermit meinte, war, dass die Mutter zwar den Bedürfnissen ihres Kindes gerecht werden muss, nicht aber auf vollkommene Weise. Wenn sie immer und beständig für ihr Kind da ist, kann das Kind sich nicht als selbstständiger und von ihr getrennter Mensch entwickeln. Somit ist es wichtig, dass die Mutter mitunter auch müde ist, unter Kopfschmerzen leidet, eine Erkältung hat und anderen Verpflichtungen und Aufgaben nachkommen muss. Ohne diese Einschränkungen der Mutter wird das Kind nicht den notwendigen Freiraum erhalten, um einen eigenständigen Erfahrungsschatz sammeln zu können. Dieses Konzept gilt auch für den Bereich der elterlichen wachsamen Sorge. Kinder benötigen Eltern, die dazu fähig sind, eine »ausreichend gute Elternrolle« zu erfüllen. Gerade die Einschränkungen des elterlichen Aufsichtsvermögens garantieren, dass das Kind lernen wird, auf sich selbst zu achten und aufzupassen. Wenn Eltern ihrem Kind mitteilen: »Ich fordere nicht viel von dir!«, und hinzufügen: »Je besser deine Mitarbeit, je weniger werde ich mich einmischen«, dann schwingt in diesen Sätzen auch eine wichtige Botschaft für die Eltern mit. Sie drücken das Verständnis der Eltern dafür aus, dass ihre Aufgabe begrenzt ist. Auf den Punkt gebracht könnte man sagen: Die Eltern bleiben wachsam, während sie gleichzeitig dem Kind seinen Freiraum gewähren und es seinen Weg gehen lassen möchten.

Lügen und ihre Folgen – im Allgemeinen und in zwischenmenschlichen Beziehungen

Der hier aufgeführte Ansatz im Umgang mit Lügen lässt bei Eltern viele Fragen entstehen. Es enttäuscht sie vielleicht, dass ihr Wunsch, die Lügen samt ihren Wurzeln auszurotten, nicht realisierbar ist, da

Lügen viele und tiefe Wurzeln schlagen. Eine dieser Wurzeln ist eng mit der kognitiven Entwicklung des Kindes und seinem wachsenden Verständnis dafür verbunden, dass das, was es denkt, nicht von allen eingesehen werden kann. Im Laufe des Heranwachsens lernen Kinder, dass die meisten zwischenmenschlichen Beziehungen nicht ausschließlich von Offenheit und Transparenz geprägt sind. Menschen behalten wesentliche Teile ihrer Gedanken und Wünsche für sich.

Der elterliche Wunsch, die Lügen oder Verheimlichungen vollkommen zu beseitigen, muss natürlicherweise auf Widerstand stoßen. Dies muss Eltern dennoch nicht hilflos reagieren lassen. Ganz im Gegenteil: Durch diese Einsicht wird ein neuer Weg zu einer effizienten wachsamen Sorge frei, deren Einfluss auf die Entwicklung des Kindes günstiger ist als jeder Versuch der Kontrollausübung oder des Ausmerzens der Lügen. Gleichzeitig müssen wir in Erinnerung behalten, dass Lügen Auswirkungen auf zwischenmenschliche Beziehungen haben, die sich nicht so einfach wieder rückgängig machen lassen.

Folgen eines Vertrauensbruchs

Immer wieder reagieren Eltern verwundert, wenn wir sie dazu anleiten, ihrem Kind zu sagen: »Mein Vertrauen in dich ist erschüttert. Von nun an werde ich das, was du tust, aus nächster Nähe überprüfen!« Daher möchten wir an dieser Stelle betonen, dass dies unserer Meinung nach die wichtigste Botschaft ist, die Eltern Kindern in Fällen von aufgedeckten Lügen oder Verheimlichungen vermitteln sollten. Denn die Einsicht, dass Vertrauen eine komplizierte und empfindliche Angelegenheit innerhalb jeder Beziehung ist und nicht vollkommen wiederhergestellt werden kann, nachdem es verletzt wurde, ist von zentraler Bedeutung für die moralische Entwicklung des Kindes. Es ist schmerzvoll, das Paradies des vollkommenen Vertrauens zu verlassen. Das Rad der Zeit lässt sich jedoch nicht zurückdrehen, die Lüge sich nicht wieder aufheben. Ein Kind, dass durch seine Lügen die Glaubwürdigkeit seiner Worte in Frage gestellt hat, verabschiedet sich von der Schuldlosigkeit und beginnt seine Wanderung durch die Komplexität menschlicher Beziehungen. Tatsächlich ist eine Beziehung, die auf vollkommenem Vertrauen beruht, etwas Exklusives, das die meisten Menschen sich im mannigfaltigen Alltag gar nicht leisten können. In unserer Gesellschaft kann gerade das Bewusstsein um die Fragwürdigkeit des vollkommenen Vertrauens eine wichtige Basis für den Erhalt einer gesunden Beziehung sein.

Das Einschränken des Vertrauens und die Verstärkung der wachsamen Sorge dürfen nicht als »Strafe« verstanden werden, sondern als notwendige Konsequenz der Lügen. Eltern, die ihrem Kind diese Konsequenz vorenthalten, schaden ihm und setzen es weiteren negativen Entwicklungen aus. Die Versuchung, ein »neues Kapitel zu beginnen« und das Vertrauen wieder vollkommen herzustellen, bringt potenziell Schaden mit sich. Die liebenden Eltern werden natürlich ihrem Kind wieder und wieder aufs Neue eine Gelegenheit bieten, sein gutes Verhalten und seine Glaubwürdigkeit zu beweisen. Mit all ihrer Liebe und ihrem Mitgefühl sollten die Eltern jedoch keinesfalls die Vergangenheit auslöschen. Wenn sie das Vorgefallene zunichtemachen, gefährden sie die Zukunft des Kindes. Kinder müssen die Erfahrung machen, dass das einmal angegriffene Vertrauen nur allmählich und schrittweise wiederhergestellt werden kann. Jegliche Bemühungen des Kindes werden jedoch anerkannt und gewürdigt, jeder Beweis für seine wachsende Glaubwürdigkeit wird mit Freude entgegengenommen. So können sich beide Seiten im Laufe der Zeit wieder mehr Vertrauen entgegenbringen.

Der Vertrauensbruch wird sich nicht nur in dem Gefühlszustand der Familie und der erhöhten elterlichen Aufmerksamkeit ausdrücken. Er muss zudem Auswirkungen auf die Bewegungsfreiheit des Kindes haben. Eltern sollten das Kind stärker als in der Vergangenheit dazu verpflichten, über sein Tun und Handeln Bericht zu erstatten, die Bereiche der Selbstständigkeit einschränken und die Geschehnisse aus nächster Nähe überprüfen. Es ist unumgänglich, dass der Vertrauensbruch den Bewegungsraum des Kindes einschränkt. Diese Folgen sind eine besondere Art der Strafe, da sie ein natürliches Resultat des Vertrauensbruches darstellen. Solch eine Art Resultat oder Konsequenz ist besser und effektiver als klar definierte und greifbare Strafen, da sie einen innerlichen Lernprozess von größerer Bedeutung einleitet als die gängigen Bestrafungen wie zum Beispiel das Fernsehverbot. Gleichzeitig ist es wichtig, im Gedächtnis zu behalten, dass die Maßnahmen der verstärkten wachsamen Sorge der Eltern durchaus schrittweise ihr Vertrauen in das

Kind wiederherstellen können und infolgedessen auch die Freiheiten des Kindes wieder wachsen werden. Dies sollte dem Kind klar und deutlich mitgeteilt werden, damit die Beteiligten von vornherein wissen, dass die Einschränkungen hinsichtlich Bewegungsraum und Selbstständigkeit des Kindes entsprechend der Zusammenarbeit des Kindes schrittweise wieder aufgehoben werden.

Die 16-jährige Tamara beschwerte sich lautstark darüber, dass es sich nicht lohne, sich anzustrengen, da ihre Eltern ihr sowieso kein Vertrauen entgegenbringen würden. Die Eltern hatten sich entschlossen, ihre wachsame Sorge zu verstärken, nachdem Tamara sich im Verlauf eines Jahres immer wieder der Forderung ihrer Eltern entzogen hatte, ihnen mitzuteilen, wo sie sich mit wem aufhalte, und vor den Eltern ihre Schulversäumnisse und schlechten Noten verheimlicht hatte. Die Eltern hatten regelmäßig Kontakt mit der Klassenlehrerin und mit zwei weiteren Lehrern, die Tamara unterrichteten. Sie führten eine Regel ein: Tamara durfte an denjenigen Tagen, an denen sie den Unterricht in der Schule oder ihre Nachhilfestunden in Englisch und in Mathematik versäumte, nicht den Computer benutzen. Diese Maßnahme führte zur allmählichen Verbesserung ihrer schulischen Leistungen und die Glaubwürdigkeit ihrer Berichterstattung wuchs.

Nach einem Jahr kam es jedoch plötzlich zu einer erneuten Verschlechterung ihrer Noten, Tamara fing wieder an, ihren Eltern auszuweichen, und verweigerte jede Zusammenarbeit mit ihnen. Das Verhältnis zwischen Tamara und ihren Eltern litt darunter und eskalierte. Sie beschuldigte ihre Eltern, dass sie ihr sowieso kein Vertrauen entgegenbringen würden, deswegen würde sie sich nicht mehr bemühen, ihren Erwartungen gerecht zu werden. Sie wirkte verbittert und niedergedrückt und verbrachte viele Stunden in ihrem Bett.

Die Eltern befürchteten, dass Tamara eine Depression entwickeln könnte, und überlegten, ob sie vielleicht von ihren elterlichen Forderungen ablassen sollten, um dadurch Tamara ihren guten Willen zu beweisen. Vor diesem Schritt suchten sie sich jedoch erneut Beratung. Der Elternberater wies sie darauf hin, dass es eher schädlich als hilfreich sein würde, wenn sie ihre wachsame Sorge und die bisherigen Einschränkungen gänzlich aufgeben würden. Er empfahl den Eltern einen anderen Weg und schlug vor, Tamara Folgendes mitzuteilen: »Wir wissen, dass du eine schwere Zeit durchmachst, und würden dich gern auf eine Weise unterstützen, die dich nicht gefährdet. Du hast Recht in Bezug auf unser Vertrauen zu dir. Unser Vertrauen in dich wurde wirklich stark beschädigt. Aber wir möchten dieses Vertrauen mit dir wieder aufbauen! Wir würden uns freuen, dir wieder mehr Vertrauen zu schenken, aber wir brauchen deine Hilfe. Jede Bemühung deinerseits wird auf unseren guten Willen stoßen. Im vergangenen Jahr hast du dir wirklich viel Mühe gegeben, und langsam konnten wir dir wieder mehr vertrauen. Wir sind uns sicher, dass das auch jetzt wieder möglich ist!«

Gleichzeitig nahm eine Tante Tamaras mit ihr Kontakt auf. Diese Tante stand Tamara besonders nahe. Sie teilte Tamara mit: »Ich weiß, dass deine Eltern dir wieder mehr vertrauen möchten. Wenn du mithilfst, kann auch ich versuchen zu helfen. Aber das Vertrauen wird sich nur schrittweise wieder aufbauen. Ich verspreche dir, dass deine Bemühungen sich auszahlen werden.« Auch die Klassenlehrerin war an diesen Gesprächen beteiligt. Sie sagte Tamara: »In letzter Zeit scheinst du mir hoffnungslos und bedrückt. Vielleicht empfindest du, dass zu viel von dir erwartet wird und du dem nicht gerecht werden kannst? Ich würde mich gern mit dir hinsetzen und gemeinsam mit dir einen Arbeitsplan für dich erstellen, der auch dir angebracht und zu bewältigen erscheint. Ich werde davon deinen Eltern berichten und bin mir sicher, dass sie jede Abmachung zwischen uns respektieren und annehmen werden. Gemeinsam werden wir deine schulischen Leistungen wieder auf Vordermann bringen!«

Innerhalb von zwei Wochen machten sich die ersten Anzeichen bemerkbar, dass Tamara wieder mit ihren Eltern und der Schule zusammenarbeitete. Ihre Tante rief sie an und sagte ihr: »Deine Eltern haben mir erzählt, dass sich die Lage ihrem Gefühl nach verbessert. Auch wenn sie dich weiterhin überprüfen, weiß ich genau, dass sie dir schon ein wenig mehr Vertrauen entgegenbringen.« Ihre Mutter teilte ihr mit: »Die Fortschritte, die du diese Woche gemacht hast, haben eine große Bedeutung für mich. Sie beweisen, dass du dich wirklich bemühst.« Ihr Vater sagte ihr: »Selbst wenn es sicherlich weitere schwierige Momente geben wird, wir werden die Leistungen und deine Tatkraft diese Woche nicht vergessen.« Nach einem Monat schien Tamaras Lage sich weiter zu verbessern und sie und die Eltern schienen auf dem richtigen Weg zu sein, um die Krise zu überwinden.

Die Auswirkungen des Vertrauensbruchs auf das Verhältnis mit der Umwelt

Eltern sollten infolge von Lügengeschichten nicht nur Maßnahmen ergreifen, die sich auf die Beziehung zwischen ihnen und das Kind beziehen. Auch das Verhältnis zwischen der Kernfamilie und der Außenwelt muss bedacht werden. Viele Kinder verlangen von ihren Eltern, dass die Lügen und die verstärkte wachsame Sorge der Eltern vor der Umwelt geheim gehalten werden sollen. Manchmal fordert ein Kind sogar, dass ein Elternteil die aufgedeckten Lügen nicht dem anderen Elternteil mitteilen soll. Eltern dürfen solchen Forderungen des Kindes nicht nachgeben. Die Verheimlichung der Angelegenheiten vor dem unmittelbaren Umfeld des Kindes kommt dem Gutheißen der Lügen gleich. Eltern, die sich auf dieses Eingeständnis einlassen, bejahen das Anwenden von Lügengeschichten als Möglichkeit im Umgang miteinander und vergrößern den daraus folgenden Schaden.

Die Maßnahmen und Handlungsweisen der wachsamen Sorge müssen in aller Öffentlichkeit ausgeführt werden. Eltern, die ihr Kind dabei erwischt haben, wie es die Eltern in Bezug auf Schulangelegenheiten belogen hat, müssen offen mit dem Lehrer sprechen. Eltern, die ihr Kind verdächtigen, dass es hinsichtlich seines Aufenthaltsortes lügt, muss mit den Personen Kontakt aufnehmen, bei denen das Kind vorgibt, zu Besuch zu sein, und so weiter. Dies ist ein ganz wichtiger Grundsatz im Umgang mit Lügen: Transparenz und Informationsaustausch mit dem Umfeld sind unverzichtbare Mittel für die Auseinandersetzung mit diesem Problem.

Transparenz und der Austausch mit anderen sollten aktiv initiiert werden und sind effektive Mittel, mit denen Eltern auch dann eingreifen können, wenn es sich um ein ausgedehntes Netz an Lügen handelt, in die das Kind verstrickt ist, oder in Fällen, in denen das Kind eine Neigung zur Mythomanie hat, das heißt, ein krankhaftes Verlangen verspürt zu lügen, um auf diese Weise besondere Aufmerksamkeit auf sich zu ziehen.

Simon war neun Jahre alt und reagierte auf jedes unangenehme Vorkommnis mit übertriebener Heftigkeit. Alex, sein Vater, war Schulleiter, ein stämmiger und warmherziger Mann, der seiner Liebe und Nähe zu seinen drei Söhnen auch körperlich Ausdruck gab. Seine Söhne mochten den physischen Umgang mit ihrem Vater, wenn auch Simon oftmals die Balgereien mit seinen Brüdern oder seinem Vater unterbrach und sie beschuldigte, ihn verletzt zu haben. Er lief dann eine Weile mit verdrehtem Arm herum, um seine Verletzung zur Schau zu stellen. Allmählich fing Simon an, immer stärker in seinen Beschreibungen von alltäglichen Vorkommnissen zu übertreiben. Er begann zu erzählen, dass seine Eltern ihn des Nachts allein zu Hause ließen, um ihn einer Mutprobe auszusetzen. Ein Mal erzählte er, sein Vater habe ihn in einen Schrank eingesperrt.

Eines Tages erschien er in der Schule sehr niedergeschlagen und die Vertrauenslehrerin nahm ihn zu einem Gespräch zu sich. Da erzählte Simon, dass sein Vater ihm den Arm verdrehe, ihn im Schrank einsperre und ihm kein Abendessen gebe, wenn er nicht die Erwartungen seiner Eltern erfülle. Die Vertrauenslehrerin sah sich gezwungen, diese Vorkommnisse dem Kinderschutzbeauftragten des Sozialamtes zu melden. Der Vater wurde noch am selben Tag festgenommen und ein Gerichtsverfahren gegen ihn eröffnet. Er musste sich wegen dieser Vorkommnisse als Schulleiter beurlauben lassen.

Die Eltern suchten sich sofort einen Rechtsanwalt wie auch psychologische Beratung. Ausführliche Untersuchungen ergaben, dass Simon gern Geschichten erfand. Er erzählte dem Psychologen, dass sein Vater mit ihm in der Wüste Überlebenstraining praktiziere, ihn schwere Lasten tragen lasse und ihn alle paar Stunden immer nur einige Tropfen Wasser trinken lasse. Er erzählte auch, dass sein Vater ihn verschiedenen Foltermethoden aussetze, um ihn gegen diese immun zu machen, sollte er in die Gefangenschaft von Feinden geraten. Der Psychologe bezweifelte, dass diese Beschreibungen der Wahrheit entsprachen. Er fragte Simon, ob sein Vater auch eine bekannte Folter angewendet habe, in der dem Opfer während langer Stunden Wasser auf den Kopf getropft werde, bis dieser glaube, verrückt zu werden. Simon bejahte dies, sein Vater habe diese Art Folter schon einige Male angewendet und er sei dagegen schon immun.

Im Verlauf der psychologischen Untersuchung wurde außerdem deutlich, dass Simon in Anwesenheit seines Vaters keine Zeichen der Angst oder Unruhe erkennen ließ. Dies schien im Widerspruch zu den schwerwiegenden Beschreibungen über Schläge und Foltern zu stehen.

Es gab auch Differenzen in den Schilderungen Simons: Während er der Vertrauenslehrerin erzählt hatte, dass sein Vater ihn bestrafe, erklärte er dem Psychologen, dass sein Vater ihn nicht bestrafe, sondern ihm Mutproben auferlege. Der Psychologe war der Überzeugung, dass die elterliche Rolle als Aufsichtsträger wiederhergestellt werden müsse. Dies war in seinen Augen besonders dringend angesichts der rechtlichen Angelegenheiten, in die sich die Familie verwickelt sah, und des anstehenden Gerichtsverfahrens.

Mit diesem Ziel im Auge wurden die Eltern vorerst angeleitet, ein Unterstützungsnetz aufzubauen. Während eines Treffens mit der Gruppe von potenziellen Helfern wurde die Sachlage der Familie im Hinblick auf das anstehende Gerichtsverfahren erklärt. Alle Beteiligten wussten um die übertriebenen Beschreibungen Simons und waren in der Vergangenheit Zeugen seiner erfundenen Geschichten gewesen. Während der Zusammenkunft der Helfer wurde nun beschlossen, dass Simon jedes Mal, wenn er zu einem Vorkommnis übertrieb oder mit Hilfe seiner Phantasie irgendwelche Geschichten zu nicht stattgefundenen Geschehnissen erfand, von jeweils zwei Helfern angerufen werden sollte. Sie würden ihm folgende Mitteilung machen: »Wir haben gehört, dass du Folgendes erzählt hast: ›…!‹ Du weißt, Simon, dass ich dich sehr schätze und dass du ein wunderbarer und kluger Junge bist. Aber diese Geschichten, die du da erfindest, lassen dich in einem schlechten Licht erscheinen und machen dich unglaubwürdig. Ich kann dir immer weniger Glauben schenken, weil du dir so viele Dinge ausdenkst. Wir müssen einen Weg finden, um das Vertrauen zu dir wieder aufzubauen.«

Nach nur einer Woche machten sich klare Anzeichen bemerkbar, dass Simon sich besser im Griff hatte. Er fing zum Beispiel an etwas zu erzählen: »Weißt du, mein Vater hat …«, unterbrach sich dann plötzlich und sagte: »Nein, nein. Ich wollte gar nichts erzählen!« Der Psychologe besuchte außerdem die Schule, erzählte der Vertrauenslehrerin und der Klassenlehrerin von der Intervention mit der Familie, die die Eltern eingeleitet hatten. Er bat sie darum, ihn über jeden Vorfall zu informieren, der in ihren Augen eine besondere Reaktion benötige. Allmählich hörte man keine Übertreibungen mehr von Simon, weder in der Schule noch zu Hause. Angesichts des ausführlichen Berichts des Psychologen wurde die Anklage gegen den Vater aufgehoben. Trotzdem kehrte er nicht zu seiner vorherigen Position als Schuldirektor zurück, sondern entschied sich, im Familienunternehmen seiner Eltern mitzuwirken.

Erst am Ende dieses ganzen Prozesses erzählten die Eltern Simon von der Anklage, die gegen seinen Vater aufgrund von Simons Erzählungen erhoben, jedoch glücklicherweise aufgehoben worden war, da Simon aufgehört hatte, Lügengeschichten zu erzählen. Hierdurch konnte Simons Leistung, sich von seiner Neigung zum Lügen zu befreien, auch zu einem wichtigen Beitrag für das Wohlbefinden seines Vaters und der ganzen Familie erklärt werden.

Eine Wiedergutmachung des durch Lügen angerichteten Schadens

Die Intensivierung der wachsamen Sorge und die Bemühungen um Transparenz sind nicht die einzigen Möglichkeiten für Eltern, die sich mit den Lügen ihres Kindes konfrontiert sehen. Wenn die Lügen eine andere Person verletzen, sollte von dem Kind erwartet werden, dieses angerichtete Unrecht wieder gutzumachen. Um dies anzugehen, sollten Eltern ihrem Kind zunächst nur mitteilen, dass es eine Wiedergutmachung leisten müsse, während die Entscheidung, welcher Art diese Wiedergutmachung sein würde, auf einen späteren Zeitpunkt verschoben werden sollte. Solch eine Mitteilung ermöglicht es den Eltern, praktische Maßnahmen zu planen und Vorkehrungen zu treffen. Sie können dem Kind zum Beispiel sagen: »Du hast heute deinen Englisch-Privatunterricht versäumt. Wir werden uns überlegen, wie du uns für die Kosten entschädigen kannst.« Später können sie das Kind fragen, was für eine Entschädigung seiner Meinung nach angebracht sei. Sollte das Kind bei solch einem Gespräch nicht zusammenarbeiten, können sie ihm mitteilen: »Es wird eine Entschädigung geben müssen. Solltest du einen Vorschlag zu der Art der Entschädigung machen, werden wir diesen gern berücksichtigen. Lass uns das alles einige Tage bedenken.«

Solch ein Aufschub ermöglicht es auch den Helfern – Onkeln und Tanten, Großeltern oder anderen –, mit dem Kind zu sprechen, um ihm zu zeigen, dass auch sie informiert sind und gern dabei helfen wollen, mit den Eltern eine angemessene Übereinkunft zu erreichen. Die Helfer erfüllen hier zwei Rollen gleichzeitig: Sie vergrößern zum einen die Transparenz und das Wissen um die Handlungen des Kindes und verbessern zum anderen die Chancen, dass das Kind einen eigenen Vorschlag zu einer Entschädigung machen wird, da es diesbezüglich Unterstützung angeboten bekommt. Beide Komponenten sind wichtig für eine konstruktive Auseinandersetzung mit den Ausweichmanövern des Kindes.

Sollte das Kind weiterhin eine Zusammenarbeit ablehnen, können die Helfer ihm folgende Mitteilung machen: »Schade. Wenn deine Eltern die Art der Entschädigung allein bestimmen, wird diese sicherlich größere Ausmaße haben und weniger Rücksicht auf dich nehmen. Aber in diesem Fall bin auch ich der Meinung, dass sie keine andere Wahl haben.«

Viele Eltern fragen sich, wie sie eine Entschädigung von ihrem Kind einfordern können, das doch gar kein eigenes Geld hat. Der einfachste Weg ist, das Taschengeld des Kindes zu kürzen. Sollte das Kind kein festes Taschengeld erhalten, sondern immer dann Geld von seinen Eltern bekommen, wenn es ausgeht oder etwas unternimmt, können die Eltern das Geld für den nächsten Ausgang kürzen, indem sie zum Beispiel für die Kinokarte aufkommen, nicht aber für das Popcorn. Weitere Möglichkeiten, die durchaus gerechtfertigt sind, wenn der angerichtete Schaden besonders groß war, sind das Beschlagnahmen bestimmter Gegenstände des Kindes oder das Verweigern bestimmter Dienstleistungen, wie zum Beispiel der Bereitstellung des Zugangs zum Internet oder der Bezahlung der Telefonrechnung. Die Helfer können in diesem Fall die Eltern dabei unterstützen, die Beschwerden des Kindes über die entsprechenden Maßnahmen zu überwinden. Zum Beispiel können Helfer dem Kind anbieten, als Vermittler zu fungieren, um eine für das Kind akzeptablere Übereinkunft mit den Eltern zu erreichen. Sie können dem Kind auch vorschlagen, dass es gewisse Aufgaben übernimmt, zum Beispiel die Autowäsche, um so den angerichteten Schaden zu beheben und zumindest einen Teil der Schulden zu tilgen. Hierbei ist es wichtig, daran zu denken, dass die Bereitschaft des Kindes, aktiv an der Wiedergutmachung des von ihm angerichteten Schadens mitzuwirken, von größerer Bedeutung ist als die Feststellung, inwiefern es nun den Schaden bis zum letzten Groschen abbezahlt hat.

Abschließend fassen wir die Leitprinzipien für den Umgang mit Lügen, wie wir sie in diesem Kapitel vorgestellt haben, noch einmal zusammenfassen: Das Lügen muss als Teil das natürlichen Entwicklungsprozesses von Kindern verstanden werden, wobei es in manchen Fällen zur Gewohnheit wird, meist mit dem Ziel, alltäglichen Pflichten oder auferlegten Strafen auszuweichen oder dem Eigennutz zu dienen. Die beste Medizin gegen solche problematischen Neigungen besteht in der elterlichen wachsamen Sorge, mit der die Eltern das Kind überprüfen, aufmerksam bleiben, das Umfeld informieren und die Transparenz um die Geschehnisse verstärken. Dabei müssen sie die Angelegenheiten bei ihrem Namen benennen: Sie müssen die Lügen als solche bezeichnen, offen über das verletzte Vertrauen sprechen, damit aufhören, den Schaden und die Verletzungen hinzunehmen oder zu übersehen und die Notwendigkeit einer Wiedergutmachung betonen. Die Auswirkungen eines solchen Umgangs mit den Lügen auf die Entwicklung des Kindes sind weitreichend und tiefgreifend. Das Kind begreift, dass sein Versuch, Dinge zu verheimlichen, dazu führt, dass seine Eltern sich verstärkt an seinem Leben beteiligen, und dass seine Strategie, sich abzuschotten, die Eltern dazu bringt, die Umwelt stärker mit einzubeziehen. Dies können schmerzvolle Lektionen für das Kind sein, mit deren Hilfe es jedoch eine beständige und konsequente Begleitung der Eltern gewinnt. So wird die durch Verheimlichungen und Abschottung abgespaltene Welt wieder mit dem eigenen Leben vereint und dieses gefestigt. Meist macht sich bei Kindern, die allmählich von ihrem Lügennetz befreit werden, eine große Erleichterung bemerkbar. Dies ist der überzeugendste Beweis dafür, dass das Leben mit Lügen und Verheimlichungen eine schwere Bürde für sie gewesen sein muss.

Freunde

Die Art der Versuchungen, die jungen Menschen an jeder Ecke ihres Lebens auflauern, lassen sich grob in zwei Kategorien einteilen:
1. Die Kategorie der *außerhäusliche Versuchungen* umfasst zum Beispiel aufregende und meist gefährliche Spiele, Drogenkonsum, Alkohol, Glücksspiele, sexuelle Verführungen, kriminelle Aktivitäten oder das Übernachten auf Stränden, in Parks oder an anderen abgelegenen Orten.
2. Die Kategorie der *häuslichen Versuchungen* besteht aus der unbegrenzten virtuellen Welt des Computers. Der Rückzug in das eigene Zimmer mit Computer und Internetzugang könnte als die moderne Opiumhöhle bezeichnet werden, in der man in eine endlos scheinende, weltentfremdete Träumerei versinken kann.

Die Kinder, die von diesen zwei unterschiedlichen Kategorien von Versuchungen angezogen werden, weisen meist ein sehr unterschiedliches Persönlichkeitsprofil auf. Der wesentliche Unterschied besteht darin, ob das Kind eher zu Verhaltensauffälligkeiten neigt, sich mitziehen lässt und von Gefahren angezogen fühlt oder ob es eher zu Ängsten und Vermeidungsstrategien neigt. Kinder, die von außerhäuslichen Versuchungen angezogen werden, haben meist einen derartigen Hunger nach Stimulation und Aufregung, dass dieser jegliches Gefühl der Angst überwindet. Kinder, die sich von häuslichen Versuchungen angezogen fühlen, kennzeichnen demgegenüber meist schon im frühen Alter Ängstlichkeit und eine erhöhte Verwundbarkeit durch ihr soziales Umfeld.

Es lassen sich also zwei gegensätzliche Lebenslaufbahnen aufzeichnen: Die eine Laufbahn führt zu einer Entfremdung zwischen dem Kind und dem Elternhaus, während das Kind den Gefahren auf der Straße und in der Stadt immer stärker ausgesetzt ist. Die andere Laufbahn führt zur Gefahr eines Rückzugs des Kindes und einer totalen Abschottung von allem zu Hause. In beiden Fällen besteht die elterliche Aufgabe darin, die wachsame Fürsorge zu verstärken, um entweder dem Prozess der Entfremdung oder dem der Abschottung entgegenzuwirken und dadurch die Gefahren beider Laufbahnen wesentlich einzudämmen.

Eltern, deren Kinder in gefährliche Gewässer außerhalb des Hauses geraten, sehen sich mit einer schwierigen Aufgabe konfrontiert, da mit zunehmendem Alter das Kind seine Unabhängigkeit und seinen Freiraum berechtigterweise zu vergrößern sucht. Dies ist inhärenter Teil seiner natürlichen Entwicklung. Des Weiteren nimmt der Einfluss der Gleichaltrigen mit zunehmendem Alter des Kindes zu. Deren Einflussvermögen erreicht während eines normalen Entwicklungsverlaufes im Jugendalter seinen Höhepunkt.

Paradoxerweise wird es gerade denjenigen Eltern schwerfallen, ihre wachsame Sorge auf effektive Weise auszuüben, die sich mit dieser Einsicht schwertun. Die Kinder dieser Eltern werden nämlich das elterliche Verhalten als Einschränkung ihres Erwachsenwerdens empfinden und dementsprechend Widerstand leisten. Tatsächlich können Eltern, die zu einer ängstlichen Fürsorge neigen, den Freiraum des Kindes so stark eingrenzen, dass seine Entwicklung zu stark behindert wird. Solch ein Prozess wurde in dem jiddischen Lied »Oif'n veg shteyt a boym« (»An dem Weg steht ein Baum«) des Dichters Itzik Manger (2002) beschrieben. Dieses Lied erzählt von einem Jungen, der auf einen Baum fliegen und sich dort niederlassen möchte, da der Baum von allen Vögeln angesichts des kommenden Winters verlassen wurde. Die ängstliche Mutter bittet ihren Sohn, einen Pullover anzuziehen, dann eine Mütze, einen Schal, einen Mantel, Handschuhe und zuletzt auch Gummistiefel, um sich gegen die Kälte zu schützen. Der gehorsame Sohn folgt den Bitten seiner Mutter, kann jedoch zum Schluss wegen des ganzen Gewichtes der Kleidung nicht mehr fliegen.

Sven war ein übermäßig beschützender Vater. Diese Neigung wurde noch stärker, nachdem seine Frau gestorben war. Dem älteste Sohn Leander gelang es, diesen väterlichen, ihn belastenden Schutzschirm allmählich von sich abzuschütteln, ganz besonders während seiner Jugendjahre. Die zwölfjährige Ronja nahm die übermäßige Fürsorge ihres Vaters jedoch nicht nur hin, sondern engte selbst ihre Aktivitäten immer stärker ein, bis es schien, dass sie sich gänzlich abzuschotten drohte.

Ronja war schon immer sehr empfindlich in Bezug auf ihren Status unter Gleichaltrigen gewesen. Schon im Kindergartenalter hatte sie sehr heftig reagiert, wann immer sie das Gefühl gehabt hatte, abgelehnt zu werden. Ihre Reaktionen hatten die kleinsten Vorfälle betroffen und in keiner Proportion zu ihrem eigentlichen Status gestanden. Ronja war immer ein beliebtes Mädchen und bereits in der Kindergartengruppe eine Persönlichkeit gewesen, von der sich die anderen etwas sagen und anführen ließen. Während ihrer Grundschuljahre hatten ihre Aktivitäten und ihre Anerkennung weiter zugenommen. Sie hatte sich angenommen und in die Klassengemeinschaft eingebunden gefühlt. Nach dem Tod ihrer Mutter hatte sie sich jedoch zurückgezogen und ihr reges Interesse an den Aktivitäten mit ihren Gleichaltrigen verloren. Dieser Trauerprozess hatte das vierte Schuljahr betroffen und etwa ein Jahr gedauert.

Als sie sich nun von dem Verlust ein wenig erholt hatte und wieder Anschluss an ihre vorherigen Tätigkeiten suchte, musste sie feststellen, dass ihr Status innerhalb der Klassengemeinschaft nicht mehr so stark und sicher war wie zuvor. Andere Mädchen hatten ihren Platz eingenommen. Trotz zweier guter, treuer Freundinnen, die Ronja weiterhin beistanden, fühlte sie sich an den Rand der Klassengemeinschaft gedrängt. Ihr Vater Sven nahm aktiven Anteil an all diesen Geschehnissen und war sich des veränderten Status seiner Tochter schmerzlich bewusst. Jeden Tag, wenn Ronja aus der Schule nach Hause kam, führten sie lange Gespräche zu diesem Thema. Sven pflegte Ronja zu fragen, wie ihr Tag verlaufen war, und sie erzählte ihm gern über jede Unterrichtsstunde und darüber, was während der Pausen passiert war, wer mit wem gesprochen hatte, wie sie sich fühlte, wer sie herablassend behandelt oder sich einer ihrer Bitten entzogen hatte. Sven versuchte, mit der Klassenlehrerin zu sprechen, und bat sie darum, für Ronja einzustehen. Diese sah es jedoch nicht als Teil ihrer Aufgabe an, sich in die Freundschaften der Kinder einzumischen. Sven versuchte daher, die Angelegenheit selbst in die Hand zu nehmen, und gab sich große Mühe, nachmittags Kinder zu ihnen nach Hause einzuladen. Er versuchte diese Besuche zu einem besonderen Ereignis werden zu lassen und hoffte, dass Ronja auf diese Weise wieder mehr Freundschaften würde aufbauen können.

Der Freundschaftskreis weitete sich jedoch nicht aus und bald hatte Ronja das Gefühl, ihre zwei besten Freundinnen würden sie nur besuchen, um an den besonderen Aktivitäten ihres Vaters teilzunehmen, und nicht, weil sie sich mit ihr verbunden und zu ihr hingezogen fühlten. Je aktiver Sven Ronjas Angelegenheiten in seine Hand nahm, desto passiver und pessimistischer wurde sie. Sie war der Überzeugung, dass sie keine Chancen habe und dass ihr nur ein Wunder würde dazu verhelfen können, wieder so beliebt wie früher zu sein. Solange dieses Wunder sich nicht einstellte, bevorzugte sie es, sich zurückzuziehen. Sie fing an, sich auch in den Pausen im Klassenzimmer aufzuhalten, verbrachte immer mehr Zeit vor ihrem Computer und ersetzte ihr reges soziales Leben durch ein immer eifrigeres Facebook-Leben. Diese neue Lebensweise verfolgte sie bis in die späten Nachtstunden, so dass sie sich immer schwerer damit tat, morgens aufzustehen, und zunehmend die Schule versäumte.

Dies war der Zeitpunkt, zu dem Sven sich an die Beratung wendete, um seiner Tochter zu helfen, ihr geregeltes Schul- und Freundesleben wieder aufzunehmen und sich wieder beliebt zu fühlen. Sven erzählte der Beraterin, wie er seine Tochter nach jedem Treffen mit einer Freundin im Gespräch aufzumuntern versuchte und bemüht war, ihr zu zeigen, dass sie beliebt sei und gemocht würde. Im Verlauf seiner Beschreibungen wurde jedoch deutlich, dass er selber seinen Aufmunterungsversuchen keinen Glauben mehr schenkte. Auch Ronja schien ihm nicht mehr zu glauben, und ihre Unterhaltungen wurden inzwischen regelmäßig zu Streitgesprächen

Die Beraterin empfahl dem Vater, seine Aktivitäten im Bereich der sozialen Angelegenheiten Ronjas stark einzuschränken. Sie bezeichnete sein übermäßiges Engagement als »beschützende Fittiche«, die Ronja daran hinderten, sich selbstständig und verantwortungsvoll für ihre Freundschaften einzusetzen. Sven entschied daher, die täglichen Gespräche einzustellen, und machte Ronja hierzu eine klare Mitteilung: »Ich bin zu der Überzeugung gekommen, dass unsere Gespräche zu deinen Freundschaften für ein Mädchen am Anfang ihrer Pubertät unangebracht sind. Ich werde dich künftig nicht mehr zu diesem Thema befragen und erwarte von dir keine Berichterstattung mehr. Deine Freundschaften sind deine persönliche Angelegenheit. Meine Mitwirkung ist nicht notwendig, es sei denn, dass es Vorfälle geben sollte, die dich in irgendeiner Weise bedrohen oder auf schwere Weise verletzen.«

Zu Svens Überraschung gewöhnte Ronja sich schnell und ohne Schwierigkeiten an diese neue Regel. Zudem entschied Sven, die Computerstunden einzuschränken und ab 22 Uhr keinen Internetzugang mehr zu erlauben, damit die virtuelle Welt der Freundschaften nicht schließlich vollkommen die wirkliche Welt ersetzen würde. Außerdem teilte er Ronja mit, dass sie den Computer 24 Stunden lang nicht mehr benutzen dürfe, wenn sie einmal die Schule versäume. Im Laufe der Zeit führte Sven noch andere Änderungen ein. Auf diesem Weg konnte er schrittweise von seinem Engagement ablassen und seine Tochter von seinen »beschützenden Fittichen« befreien. Er hörte damit auf, nachmittägliche Treffen mit Freunden zu organisieren, und war überrascht davon, dass Ronja nach einer kurzen Zeit begann, sich eigenständig mit Freunden zu verabreden. Nach einigen Wochen fing sie außerdem damit an, ihre Freunde zu besuchen, anstatt sie nur zu sich nach Hause einzuladen.

Der Wunsch nach Zugehörigkeit zu einer Gruppe von Gleichaltrigen ist ein natürliches Bedürfnis jedes Kindes. Beim Erwachsenwerden wird die Neigung des Kindes, seine Eltern nachzuahmen und die Familie als wichtigste Zugehörigkeitsgruppe zu betrachten, von dem immer stärker werdenden Bedürfnis, andere Menschen, ganz besonders Gleichaltrige, nachzuahmen und sich ihnen zugehörig zu fühlen, abgelöst. Schon im frühen Kindesalter lassen sich Anzeichen dieses Entwicklungsprozesses wahrnehmen.

Michael besuchte mit seinem vierjährigen Sohn Gabi seine Familie in Prag. Dort gab es unter den Kindern Zwillinge im gleichen Alter wie Michael. Schnell entwickelte sich ein Bündnis zwischen den drei Kindern. Das Bedürfnis nach Zugehörigkeit zu der Gruppe der Gleichaltrigen wurde durch ihre wiederholten Bitten deutlich, etwas »so wie« ein anderes Kind zu machen: »Ich möchte das so wie Gabi machen!« oder »Ich möchte das so wie Daniel machen!« oder »Ich möchte das so wie Jerome machen!«.

Eines Tages jagten sie den Eltern einen ordentlichen Schrecken ein. Sie versteckten sich zu Hause, während die Eltern in der Nachbarschaft unterwegs waren. Als die Eltern nach Hause kamen, waren die drei Kinder verschwunden. Es begann eine intensive Suchaktion, anfangs außerhalb des Hauses und später auch im Haus. Die Kinder kamen schließlich mit Freudengeschrei aus ihrem Versteck hervor. Als die Eltern sie zurechtwiesen, mussten sie feststellen, dass die drei Kinder sich zu einer festen Koalition verbündet hatten und sich nichts von den Eltern vorschreiben lassen wollten.

Die natürliche Neigung, sich einer Gruppe von Gleichaltrigen anzuschließen, erreicht, wie schon erwähnt, im Jugendalter ihren Höhepunkt. Die Anziehungskraft anderer Zugehörigkeitsgruppen als der Familie kann eine Bedrohung für den Jugendlichen und die Wertvorstellungen des Elternhauses darstellen. Die Eltern sollten sich in dieser Situation daran erinnern, dass sie in den Augen ihres Kindes die Legitimation für ihr Handeln verlieren, sobald sie ihm den Umgang mit dieser Gruppe und das Nachahmen dieser anderen Vorbilder zu verbieten versuchen. Für die Jugendlichen sind grundsätzlich die Gleichaltrigen die Quelle ihrer Identifikationen und Werte. Sie richten sich in dem, was sie tun, nach anderen Jugendlichen und nicht nach ihren Eltern. In dem folgenden Fallbeispiel konnten Eltern erfolgreich ihre wachsame Sorge und ihre elterliche Begleitung verfolgen und gleichzeitig von einer verbietenden Haltung absehen, obwohl die Gesellschaft, in der sich ihr Sohn befand, in ihren Augen fragwürdig war.

Mit seinem Einstieg in die Oberstufe änderte David ganz plötzlich seinen Freundeskreis. Er hörte auf, seine Zeit mit den Gleichaltrigen der Jugendgruppe zu verbringen. Stattdessen suchte er nun den Kontakt zu Phillip, der vier Jahre älter war als David. Er änderte auch die Art seiner Ausgänge. Er fing an, spät nach Hause zu kommen, und wich den Fragen seiner Eltern zu seinem Verbleiben aus. Selbst wenn er weiterhin ein ausgezeichneter Schüler war und seinen alltäglichen Verpflichtungen nachkam, machten die Eltern sich Sorgen, dass diese neue Gesellschaft David negativ beeinflussen würde, insbesondere da Phillip in ihren Augen eine problematische Persönlichkeit war. Sie teilten David mit, dass sie die Freundschaft mit Phillip nicht gutheißen könnten, und verbaten ihm, weiter mit Phillip in Kontakt zu sein. Sie drohten, dass sie einen Detektiv beauftragen würden, der Phillip beschatten würde, sollte David ihr Verbot hintergehen.

David wollte Phillip nicht durch einen Detektiv in Gefahr bringenn, besonders da er wusste, dass Phillip Haschisch rauchte, auch wenn er dies nicht in Davids Anwesenheit getan hatte. Trotz des Schmerzes, sich von einem Freund zu trennen, der für ihn wichtig geworden war, fügte David sich daher der Forderung der Eltern. Seine Stimmung sank jedoch, er zog sich zurück, wurde gereizt und feindselig und vernachlässigte demonstrativ seine schulischen Pflichten. Die Sorgen der Eltern wurden größer. Sie erzählten einem alten Familienfreund von den Ereignissen. Dieser stand mit David in gutem Kontakt und suchte ein Gespräch mit ihm. David erklärte dem Familienfreund, dass Phillip ein Intellektueller sei, zwar anders, aber nur weil er eine besondere und kreative Person sei. Der Familienfreund fragte, ob David sich mit einem Treffen zwischen seinem Vater und Phillip einverstanden erklären würde. David willigte ein. Er sah einem solchen Treffen sogar voller Hoffnung entgegen, dass er auf diesem Weg vielleicht nicht nur wieder zu Phillip Kontakt haben würde, sondern dass er sich auf diese Weise auch seinem Vater wieder näher fühlen könnte.

Der Vater traf sich mit Phillip mit dem guten Willen, seinen ursprünglichen Eindruck zu ändern. Tatsächlich entdeckte er, dass Phillip eine unkonventionelle Persönlichkeit war und beeindruckende Fähigkeiten besaß. Er verdiente sich trotz seines jungen Alters sein Geld mit Übersetzungen in drei Sprachen. Der Vater erklärte seine Sorgen und fragte, ob Phillip bereit sei, von Zeit zu Zeit mit ihm zu sprechen. Er betonte, dass diese Gespräche in vollem Wissen und Einverständnis von David stattfinden würden. Außerdem teilte er Phillip die Regeln ihres Hauses mit, zum Beispiel in Bezug auf die abendlichen Ausgänge, wegen denen die Eltern sehr besorgt gewesen waren. Nach diesem Gespräch nahm David seine Freundschaft zu Phillip wieder auf und achtete darauf, seine Eltern von seinen Vorhaben wissen zu lassen. Der eigene Kontakt zu Phillip stärkte das Vermögen des Vaters, seinen Sohn zu begleiten. David empfand, dass sein Vater ihm Verständnis entgegenbrachte. Diese Tatsache brachte Vater und Sohn einander näher.

Eltern, die ihre wachsame Sorge verbessern wollen, müssen grundsätzlich die Bedürfnisse des Kindes mitberücksichtigen. Die persönlichen Wünsche des Kindes sind von großer Bedeutung. Je eindeutiger Eltern die Gefühle und gesellschaftlichen Bedürfnisse des Kindes anerkennen können, desto besser werden sie das Kind begleiten können.

Die wachsame Sorge im sozialen Umfeld des Kindes lässt sich in die drei verschiedenen Grade einstufen, die wir im ersten Kapitel »Was ist wachsame Sorge?« benannt haben:
1. *Der Grad der offenen Aufmerksamkeit* hat das Ziel, dem Kind offenes Interesse entgegenzubringen und Toleranz gegenüber seinen sozialen Aktivitäten zu üben. Bei diesem Grad der Aufmerksamkeit sollten Eltern ihr Kind nicht befragen, sondern sich selbst fragen: »Weiß ich, wer die Freunde meines Kindes sind?«, »Weiß ich, was mein Kind mit seinen Freunden in seiner Freizeit unternimmt?«, »Bin ich über die gemeinsamen Interessen meines Kindes und seiner Freunde informiert?«, »Werde ich im Notfall die Freunde meines Kindes oder deren Eltern anrufen können?«
2. *Der Grad der fokussierten Aufmerksamkeit* konzentriert sich darauf, dass die Eltern dem Kind die Regeln und Grenzen verdeutlichen, die bei ihnen gelten, und klarstellen, welche Informationen sie von ihm zu erhalten wünschen. Bei diesem Grad der Aufmerksamkeit werden Botschaften vermittelt wie: »Ich möchte sichergehen, dass deine Freundschaften sich nicht in unerwünschte Richtungen entwickeln. Ich werde dich künftig fragen, mit wem du dich triffst, welche Pläne ihr für den Abend habt und wann du wieder zu Hause sein wirst. Je glaubhafter deine Angaben, desto weniger werde ich dich bei deinen Unternehmungen stören.«
3. Mit dem *Grad der einseitigen Schutzmaßnahmen* ergreifen Eltern praktische Maßnahmen, um sich der Sicherheit des Kindes zu vergewissern. So werden sie zum Beispiel bei Freunden anrufen oder vorbeigehen, um das Kind zu suchen. In manchen Fällen leisten Eltern auch entschieden Widerstand gegen Freundschaften, die das Kind zu gefährden drohen.

Wer sind die Freunde meines Kindes?

Viele Eltern empfinden, dass die Frage, wer die Freunde ihres Kindes sind, nicht legitim ist. Sie glauben, dass bereits die Tatsache, dass sie wissen wollen, wer die Freunde ihres Kindes sind, einen Eingriff in dessen Privatsphäre darstellt. Dies ist ein deutliches Merkmal des »Privatsphärenreflexes«, den wir in den vorausgegangenen Kapiteln beschrieben haben. Wir sind jedoch anderer Meinung: Der Wille, die Freunde des Kindes kennenzulernen, ist unserem Verständnis nach ein unentbehrlicher Teil des elterlichen Aufgabenbereichs. Im Alltag bedeutet das, mit Offenheit und Interesse am Leben des Kindes teilzunehmen. Die Eltern sollten die Freunde *kennenlernen wollen*, nicht aber dem Kind Vorschriften machen oder es in seinen Freundschaften einzuschränken, es sei denn, sie haben eindeutige Alarmsignale wahrgenommen.

Wenn das Kind sich schon an die Situation gewöhnt hat, dass die Eltern keine Fragen stellen und sich nicht für es interessieren, kann der elterliche Versuch, sich den Freunden des Kindes zu nähern, auf Widerstand stoßen. Es ist dann wichtig, dem Kind eine allgemeine Mitteilung zum Thema zu machen: »Ich bin zu der Entscheidung gekommen, dass ich deine Freunde kennenlernen möchte. Ich werde dich nicht einschränken oder dir hereinreden, aber es ist meine elterliche Pflicht, zu wissen, wer deine Freunde sind.«

Was bedeutet es, die Freunde des Kindes kennenzulernen? Es ist wichtig, die Namen der Freunde zu kennen, zu wissen, wo das Kind die Bekanntschaft gemacht hat, zum Beispiel in der Schule oder der Nachbarschaft, und was beide gemeinsam unternehmen, zum Beispiel ob sie am Computer spielen, ins Kino gehen oder abends zusammen ausgehen. Die Bekanntschaft zwischen den Eltern und einem Freund des Kindes kann auch persönlicher sein. Zum Beispiel können die Eltern den Freund einladen, an einem Familienessen teilzunehmen. Ein gemeinsames Essen stellt eine gute Gelegenheit dar, sich gegenseitig anzunähern. Ein Jugendlicher, der zu Hause bei der Familie gegessen hat, wird zugänglicher sein als eine Person, die nie am Familientisch gesessen hat.

Wir nennen den Grundsatz »Wer immer in meinem Hause ist, ist auch mein Gast« das Prinzip der elterlichen Gastfreundschaft. Dieser Grundsatz liefert den Eltern die Legitimität, mit den Freunden des Kindes Kontakt aufzunehmen, wenn sie das Kind zu Hause besuchen. Sobald eine Person unser »Gast« ist, kann unsere Beziehung zu dieser Person nicht mehr anonym bleiben, sondern wird persönlicher. Entsprechend diesem Prinzip sollten Eltern sich jedem Freund, der ihr Kind besucht, vorstellen und seinen Namen erfragen. Sie können mit dem Besuch ein kleines Gespräch führen und Fragen stellen:

»Kennst du meinen Sohn von der Schule?« oder »Wohnst du hier in der Nachbarschaft?«. Fragen dieser Art holen meist nur geringe Informationen ein. Trotzdem sind sie ein klarer Ausdruck des elterlichen Rechts, sich für das Kind und seine Freunde zu interessieren. Dieses Recht ist wichtig, da es den Freunden des Kindes vermittelt, dass die Kontaktaufnahme mit ihnen durch die Eltern ein gerechtfertigter und machbarer Schritt ist. Dieses elterliche Recht zu etablieren ist von größerer Bedeutung, als irgendwelche spezifischen Informationen über die Freunde zu erhalten. Ähnlich wie beim offenen Dialog zwischen Eltern und Kind ist auch bei den Freunden des Kindes das Gespräch an für sich viel wichtiger als die eigentliche Information, die ihm entnommen werden kann. Die Tatsache, dass die Eltern mit den Freunden des Kindes ein unverbindliches Gespräch führen, gibt ihnen das Recht, in einem Notfall mit diesen Freunden in Verbindung zu treten.

Das Prinzip der Gastfreundschaft muss auch dem Kind deutlich sein. Sollte das Kind sich darüber beschweren, dass die Eltern ohne ihre Erlaubnis mit seinen Freunden sprechen, so sollte dem Kind klar und deutlich mitgeteilt werden: »Dein Freund ist zu Besuch in *meinem* Haus und ich möchte jede Person kennen, die bei *mir* zu Besuch ist.« Auch diesbezüglich könnte der Privatsphärenreflex ein Hindernis für die Eltern sein, so dass sie sich vielleicht sagen: »Aber dies ist der Besuch meines Kindes, nicht mein Besuch!« Diese Haltung nimmt den Eltern die Möglichkeit, die elterliche Fürsorge aktiv und effektiv zu verfolgen und ihrem Kind als Anker zu dienen. Wie jeder andere Anker, so braucht auch der elterliche Anker einen sicheren Boden, in dem er das Schiff verankern kann. Sonst wird der Anker haltlos und nutzlos hinter dem Schiff hergezogen. Das Zuhause ist das Zentrum, in dem die elterliche Rolle als Fürsorgender ihre stärkste Bedeutung hat. Hier haben die Eltern ihren eigenen Anker versenkt. Es ist also entscheidend, dass Eltern deutlich sagen können: »Dies ist *mein* Haus!« Weil es ihr Haus ist, dürfen sie darüber bestimmen, ob zum Beispiel gewisse Aktivitäten im Zimmer des Kindes stattfinden können oder nicht. Eltern, die diese Gewissheit im Hinblick auf ihr Eigentum verlieren, finden sich nicht selten in Situationen wieder, in denen sie nicht mehr verhindern können, dass das Kind in seinem Zimmer mit Freunden

Drogen zu sich nimmt oder hinter verschlossener Tür nächtliche Feiern veranstaltet.

Eltern, die von der Legitimität ihres Rechtes, innerhalb ihres Hauses bestimmen oder zumindest mitbestimmen zu dürfen, überzeugt sind und die Bedeutung des Prinzips der Gastfreundschaft kennen, werden auch mit den Versuchen des Kindes besser umgehen können, jeglichen Kontakt zwischen seinen Eltern und seinen Freunden zu vermeiden. Jugendliche können zum Beispiel versuchen, ihre Freunde schnell in ihr Zimmer zu schmuggeln, so dass eine Begegnung zwischen ihnen und den Eltern nicht möglich ist. Auch in dieser Situation verliert das Prinzip der Gastfreundschaft nicht an Gültigkeit. Eltern können an die Tür des Kinderzimmers klopfen und eine Art »Schutzschild« bei sich haben, zum Beispiel ein Tablett mit Getränken und Essen. Ein solcher Besuch im Zimmer des Kindes ist eine gute Gelegenheit für die Eltern, sich vorzustellen und sich mit jedem Anwesenden bekannt zu machen. Mit Getränken für die Gäste als Willkommensgeste, wie sie in der Gastfreundschaft allgemein üblich ist, ist es unwahrscheinlich, dass die Freunde das Kind bei seinen Versuchen unterstützen werden, die Eltern aus dem Zimmer zu vertreiben.

In besonders schweren Fällen, wenn das Kind schon tief in problematische Beziehungen verwickelt ist und seine Angelegenheiten vor den Eltern zu verheimlichen sucht, benötigt es mehr Überzeugungskraft und Bestimmtheit, um einen Einblick in die Beziehungen des Kindes zu bekommen. Wenn Jugendliche Kontakte pflegen, die sie in Drogenkonsum oder andere kriminelle Aktivitäten verwickeln, ist es unserer Meinung nach berechtigt, elterliche einseitige Maßnahmen zu ergreifen, die weit über die alltägliche wachsame Sorge hinausreichen. In diesen Fällen, und nur in diesen, ist es durchaus legitim und vielleicht sogar erforderlich, dass die Eltern versuchen werden, die Telefonnummern der Freunde auszukundschaften. Zum Beispiel können sie von dem Anbieter des Mobiltelefons einen Auszug der Telefonate des Kindes erbeten. In Fällen, in denen das Kind abends nicht nach Hause kommt oder unter Drogeneinfluss steht, sollten sie alle auf der Liste aufgeführten Telefonnummern anrufen. Dies gilt natürlich auch für Fälle, in denen Eltern Eigentum oder Geldsummen im Besitz des Kindes entdecken, deren Herkunft sie sich nicht erklären können und ihnen aus diesem und anderen Gründen fragwürdig erscheint. Während der Telefonaktion sollten Eltern sich freundlich vorstellen und klären, wer von den Personen auf der Telefonliste mit dem Kind in Kontakt steht. Die Eltern sollten offen ihre Befürchtungen erläutern, dass das Kind sich in Schwierigkeiten befinde und dass sie deswegen jede Person kontaktieren würden, die in irgendeiner Weise mit ihrem Kind in Kontakt stehe, um Hilfe zu erbitten. Angesichts der Offenheit der Eltern und der Tatsache, dass sie sich respektvoll und aufrichtig verhalten, werden einige der kontaktierten Personen sich sicherlich dazu bereit erklären zu helfen. Unsere Erfahrung hat uns gelehrt, dass solch eine Vorgehensweise der Eltern viele Informationen zu dem problematischen Umgang des Kindes erbringt. Selbst Kontaktpersonen, die während eines solchen Gesprächs nicht hilfsbereit sind und sich nicht einmal identifizieren möchten, bleiben angesichts der Kontaktaufnahme der Eltern nicht gleichgültig. Sie werden vielleicht sogar in Zukunft das Kind nicht mehr in ihre fragwürdigen Aktivitäten mit einbeziehen, da das, wie sie nun mitbekommen haben, zu einer von ihnen unerwünschten elterlichen Präsenz führt. In jedem Fall werden Eltern durch diese Handlungsweise nicht mehr im Dunkeln bleiben, was die Aktivitäten ihres Kindes betrifft. Durch ihre Maßnahmen haben sie nun Einblick in das Freundesnetz des Kindes.

Während unserer Arbeit mit vielen Hundert Familien hatten wir keinen einzigen Fall, bei dem die entschlossenen Maßnahmen der Eltern, herauszufinden, wer die Freunde des Kindes sind, nicht Früchte getragen hat. Innerhalb kürzester Zeitspannen, einigen wenigen Tagen oder Wochen, konnten Eltern, die bisher vollkommen aus dem Leben ihres Kindes ausgeschlossen worden waren, sich ein Bild von der Situation des Kindes und seinem Freundeskreis machen. So konnten sie ihr Gefühl stärken, dass es richtig war, im Hinblick auf das Kind aktiv zu werden. In einigen Fällen führte die Kontaktaufnahme der Eltern sogar zu potenziellen Helfern, die mit dem problematischen Freundeskreis des Kindes in Kontakt standen.

Elterliche Handlungsweisen im Fall von gefährlichen Aktivitäten

Sobald Eltern die Entdeckung machen, dass ihr Kind in gefährliche Aktivitäten verwickelt ist, würden sie spontan meist am liebsten den Kontakt des Kindes zu besagtem Freund oder zu der Freundesgruppe vollkommen abbrechen. Leider ist solch ein Ziel meist nicht erreichbar und Kinder halten an ihren sozialen Kontakte auch im Geheimen entgegen dem Verbot und Widerstand ihrer Eltern weiter fest. Eltern sind oft überrascht, dass weiterhin geheime Treffen stattfinden, obwohl sie dies ausdrücklich untersagt haben. Wenn nun die Eltern mit scharfen Mitteln eingreifen, um ihr Verbot doch noch durchzusetzen, wirkt sich dies zusätzlich negativ auf ihre Beziehung mit dem Kind aus. An diesem Punkt geben daher viele Eltern auf und fühlen sich besiegt. Die Kluft zwischen Eltern und Kind wird hierdurch nur weiter vertieft.

Die Enttäuschung der Eltern hängt eng mit ihrer Illusion zusammen, das Kind und seine Situation kontrollieren zu können. Eltern meinen, es sei ihre Pflicht, dem Kind Vorschriften zu machen und den schadenden Kontakten Einhalt zu gebieten. In Wahrheit steht es jedoch nicht in der Macht von Eltern, dem Kind vorzuschreiben, mit wem es befreundet ist. Ihr Versuch der Kontrolle – einer scheinbaren Kontrolle – ist zum Scheitern verurteilt und kann außerdem weiteren Schaden anrichten. Eltern, die das begreifen, können jedoch auf andere Weise das Ausmaß der Gefahr, in der sich das Kind befindet, verkleinern. Sie können nach und nach die positiven Stimmen im Kind verstärken und die Anziehungskraft, die die problematischen Freundschaften ausüben, schwächen. Sie sollten ihrem Kind in etwa Folgendes mitteilen: »Wir haben dich nicht unter unserer Kontrolle, aber es ist unsere Pflicht, dich zu beaufsichtigen und alles zu tun, was in unserer Macht steht, um gefährlichen Aktivitäten entgegenzuwirken.« Anstatt zu erwarten, dass ihr Kind ihnen gehorcht und ihm wichtige Kontakte vollkommen abbricht, sollte Eltern klar sein, dass sie nur über ihr eigenes Verhalten bestimmen können. Diese Haltung hat den entscheidenden Vorteil, dass ihr Handeln nun nicht mehr davon abhängt, dass ihr Kind es gutheißt. Sie müssen sich nicht mehr hilflos dem Kind gegenüber fühlen, selbst wenn es die problematischen Freundschaften weiterhin aufrechterhält.

Der Unterschied zwischen diesen zwei Haltungen ist nicht nur semantischer Art. Im ersten Fall – in dem die Eltern das Kind vollkommen zu kontrollieren versuchen und von ihm ein sofortiges Ende der unerwünschten Freundschaften einfordern – konzentrieren sich die Bemühungen der Eltern einzig und allein darauf, durch Predigten, Geschrei, Drohungen, Strafen oder Ähnliches Druck auf das Kind und dessen Handlungsspielraum auszuüben. Wenn der Druck nicht den erwünschten Erfolg erzielt, so meinen die Eltern, versagt zu haben. Mehr noch, die Eltern-Kind-Beziehung ist voraussichtlich an einem Tiefpunkt angelangt und die Gefahr, in der sich das Kind befindet, wird dadurch noch größer. Im zweiten Fall – in dem die wachsame Sorge verstärkt wird und Schritte unternommen werden, die den entschlossenen Widerstand der Eltern gegen die gefährdenden Aktivitäten des Kindes verdeutlichen – vergrößern die Eltern ihren eigenen Handlungsspielraum, indem sie Unterstützung einholen, ihre Präsenz verstärken und auf systematische Weise die Zusammenarbeit des Kindes und sogar seiner Freunde zu erreichen versuchen. Das heißt: Der Schwerpunkt der elterlichen Reaktionen ist in beiden Fällen ein anderer. Im ersten Fall liegt er vollkommen auf dem Kind und dessen Handeln, das gemäß den Anordnungen der Eltern verändert werden soll. Im zweiten Fall liegt er auf den Eltern und ihrem Handeln, mit dem ein beschützendes Netzwerk im Lebensraum des Kindes und ein stärkerer elterlicher Einfluss erreicht werden soll. In den folgenden Abschnitten werden wir einige Mittel und Prozesse beschreiben, mit deren Hilfe Eltern auch Lebensbereiche des Kindes beeinflussen können, die ihnen anfangs unerreichbar schienen.

Das Miteinbeziehen von Familie und Freunden

In den vorigen Kapiteln haben wir wiederholt betont, wie wichtig es ist, dass Eltern sich aus ihrer vom Leben des Kindes abgeschnittenen Lage befreien und Verbindung mit Helfern aufnehmen, zum Beispiel mit anderen Familienmitgliedern, Freunden der Eltern und auch Freunden des Kindes und deren Eltern. Wenn ein Kind sich in der Gesellschaft von einer Jugendgruppe befindet oder Freundschaften pflegt, die es gefährden, werden diese Schritte zum Aufbau eines Unterstützungsnetzes umso wichtiger. Für die Ausübung der niedrigeren Grade der wachsamen Sorge ist eine solche Art Unterstützungsnetz eine sehr nützliche Hilfestellung. Sobald es sich jedoch um den Umgang mit gefährdenden Freundschaftskreisen handelt, werden diese elterlichen Maßnahmen zu einer Grundvoraussetzung. Wenn diese nicht erfüllt ist, schwinden die Chancen der Eltern, ihr Kind aus der Gefahr befreien zu können.

Das Miteinbeziehen von Familie und Freunden dient einer Kompensierung der extremen Gefühle von Schwäche und Hilflosigkeit der Eltern. Eltern, die versuchen, auf eigene Faust zu handeln, fühlen sich schnell in eine Ecke getrieben, in der ihr Handlungsspielraum entscheidend eingeschränkt ist. Sobald das Kind die Forderungen der Eltern, Informationen zu seiner Bleibe zu liefern, nicht erfüllt, die Eltern anlügt oder die vereinbarten Ausgehstunden nicht respektiert, fühlen sich die Eltern dazu verpflichtet, mit schärferen Forderungen, Verboten und Bestrafungen einzugreifen. In diesen Fällen kennzeichnet die Konfrontation mit dem Kind gleichzeitig den Anfang wie auch das Ende des Prozesses, denn nachdem die Eltern ihre Wut am Kind ausgelassen, es angeschrien, bedroht oder bestraft haben, steht es nicht mehr in ihrer Macht, das Kind positiv zu beeinflussen. Auch in den Fällen, in denen die Eltern dem Kind bei einer solchen Konfrontation nachgaben, bleibt der erwünschte Erfolg aus oder ist nur von kurzer Dauer. Demgegenüber liefert die Kontaktaufnahme mit Familienmitgliedern und mit Freunden einen größeren Raum für Handlungsmöglichkeiten und unterstützt die Eltern darin, Ausdauer und einen langen Atem zu bewahren, um auf verschiedenen Wegen über eine lange Zeitspanne hin zu wirken. Somit breitet sich ihre intensive elterliche wachsame Sorge auf Dauer auf verschiedene Lebensbereiche des Kindes aus, oftmals sogar über Monate hin.

Tanja ist 16 Jahre alt. Sie widersetzte sich der Forderung ihrer Mutter Sarah, unter der Woche vor Mitternacht wieder nach Hause zu kommen. Sarah wusste, dass Tanja sich in fragwürdiger Gesellschaft aufhielt. Diese Gesellschaft wurde mit der Zeit zu einem immer stärkeren

Anziehungspunkt für Tanja und Sarah empfand, dass ihre Tochter sich in Gefahr befand. Zwei Mal konfrontierte Sarah ihre Tochter mit scharfen, sich über eine Stunde hinziehenden Auseinandersetzungen, als diese spät nachts nach Hause kam. Sarah hatte Sorge, dass die Nachbarn das Geschrei hören und die Polizei benachrichtigen würden. Als Tanja die Angst der Mutter bemerkte, wurde ihr Ton noch lauter und sie ging näher ans Fenster heran, um der Mutter zu zeigen, dass sie sich nicht vor den Nachbarn fürchtete.

Sarah erhielt daraufhin in der Beratung eine Unterweisung, wie sie ihre elterliche Fürsorge verbessern und die Eskalation von Auseinandersetzungen vermeiden könne. Sie wendete sich demzufolge an die zwei Großmütter und an zwei Freunde der Familie, die Tanja besonders gern mochte. Im Laufe der kommenden Wochen fanden einige Treffen zwischen den Helfern und Tanja statt. Alle Helfer sprachen ihr Verständnis für Tanjas Bedürfnisse nach Freunden und einer Zugehörigkeitsgruppe aus. Gleichzeitig betonten sie die Verpflichtung ihrer Mutter, darauf zu achten, dass ein geregelter Alltag mit gewissen Verhaltensregeln eingehalten werde, die Tanja vor Entwicklungen schützen würden, die sie gefährden könnten. In einem dieser Gespräche antwortete Tanja trotzig: »Soll das etwa heißen, dass ich nun auch während der Ferien bis um Mitternacht zu Hause sein muss?« Diese Frage kennzeichnete den Anfang eines Diskussionsprozesses, in deren Verlauf eine Übereinkunft erreicht werden konnte: Tanja durfte an den Wochenenden unbegrenzt ausgehen, unter der Bedingung, dass sie der Mutter berichtete, wo sie sich mit wem aufhielt. Im Gegenzug nahm sie die Begrenzung unter der Woche, spätestens um Mitternacht wieder zu Hause zu sein, in Kauf. Die Helfer blieben über einen langen Zeitraum in die Auseinandersetzungen zwischen Sarah und Tanja einbezogen und halfen Tanja, die neuen Regeln einzuhalten. Die Maßnahmen der wachsamen Sorge waren jedoch hiermit für Sarah nicht abgeschlossen. Nach einiger Zeit fühlte sie, dass weitere Maßnahmen nötig waren. Unter anderem nahm sie Kontakt mit Freunden aus dem problematischen Freundeskreis auf. Ohne ihr Unterstützungsnetz hätte Sarah niemals die Ausdauer und Kraft gehabt, dies zu tun.

Die Bedeutung der Freundschaften für das Kind anerkennen und gleichzeitig eine entschiedene Haltung zur Verringerung der Gefahren einnehmen

Forschungen zu der Meinung Jugendlicher in Bezug auf die elterliche Fürsorge zeigen, dass sie Handlungsweisen, die ihrem Schutz und ihrer Sicherheit gelten, als legitim betrachten. Demgegenüber erkennen sie elterliche Handlungen, die darauf abzielen, das Kind von seinen Freunden zu trennen, nicht als rechtens an. Wir sind der Meinung, dass Eltern sich standhaft gegen negative Handlungsweisen widersetzen müssen, gleichzeitig aber die Tatsache anerkennen müssen, dass die Freundschaften eine große emotionale Bedeutung für das Kind haben. Eine solche elterliche Haltung wird die Freundschaften, die von den Eltern als problematisch eingeschätzt werden, meist beeinflussen können. Es ist durchaus denkbar, dass Eltern ihrem Kind mitteilen, dass sie eine gewisse Freundschaft nicht gutheißen. Doch muss ihnen dabei bewusst sein, dass solch eine Aussage in den meisten Fällen nicht zu dem erwünschten Kontaktabbruch führen wird. Wenn die Eltern merken, dass das Kind weiterhin Kontakt zu den Freunden hält, die sie nicht gutgeheißen haben, können sie ihm mitteilen: »Ich weiß, dass du diese Freunde weiterhin triffst, obwohl ich dem nicht zustimme. Ich respektiere, dass du deinen Freunden treu sein möchtest. Trotzdem ist es meine Pflicht, mich Dingen zu widersetzen, die dich gefährden könnten. Ich werde deswegen die Dinge aus nächster Nähe verfolgen und andere zu Hilfe hinzuziehen, um sicher zu gehen, dass dein Leben nicht auf Abwege gerät. Ich sage dir dies offen, da ich weiß, dass dir deine Freundschaften wichtig sind und meine Handlungen deinen Freunde eventuell Unannehmlichkeiten bereiten könnten.« Es ist wichtig, diese Worte in einem leisen und unterstützenden Tonfall zu sagen und sie nicht als Drohung zu vermitteln. Ein drohender Unterton würde den Widerstand des Kindes verstärken.

Wenn die Eltern ihre Handlungen und Maßnahmen nach diesen Richtlinien gestalten, werden sie es dem Kind erschweren, seine sich gefährdenden Aktivitäten weiterzuverfolgen, auch wenn sie es nicht vollkommen davon abhalten können. Die Loyalität des Kindes gegenüber seinen Freunden offen zu benennen, unterstützt durchaus das elterliche Ziel, die positiven Stimmen im Kind entgegen der Anziehungskraft der negativen Einflüsse zu stärken. Auf diesem Weg zeigen die Eltern ihrem Kind zum einen, dass sie seine Loyalität gegenüber seinen Freunden anerkennen, signalisieren jedoch zum anderen, dass diese Loyalität das Kind eigentlich dazu verpflichtet, seinen Freunden die zu erwartenden Unannehmlichkeiten zu ersparen, die mit der intensiven wachsamen Sorge der Eltern verbunden sind. Nicht selten ärgern sich Freunde darüber, dass das Kind seine Eltern und weitere Erwachsene – wenn auch gegen seinen Willen – hinter sich herschleppt. Entsprechend entwickelt das Kind das Bedürfnis, sich von diesen Freunden zu distanzieren, sei es auch nur, um ein Zusammentreffen mit seinen Eltern oder anderen Helfern zu vermeiden. Auf diese Weise lockert sich die Verbindung zwischen den Freunden und dem Kind. Manchmal bricht der Kontakt auch vollkommen ab.

Schrittweise verstärken solche elterliche Maßnahmen die positiven Stimmen innerhalb des Bewusstseins des Kindes. Diese Stimmen können sich kein Verhör schaffen, solange die Eltern nur Moralpredigten, Drohungen oder Strafen anwenden. Lauthalse Auseinandersetzungen schwächen sogar die inneren positiven Stimmen im Kind, da das Schimpfen und Drohen der Eltern das Kind in seinem Wissen bestärken, dass seine Freunde sein einziger Rückzugsort sind und es ihnen Loyalität schuldig ist. Wenn nun aber die Eltern das Kind nicht mehr mit lauten Streitereien konfrontieren, sondern stattdessen ihre wachsame Sorge verstärken und die emotionale Loyalität des Kindes gegenüber seinen Freunden anerkennen, ändert sich die Atmosphäre gänzlich. Eltern sollten sich nicht davor scheuen, auf die Loyalität des Kindes gegenüber seinen Freunden hinzuweisen. Dies ist keineswegs eine Manipulation oder Unwahrheit. Wenn Eltern sich einer problematischen Verbindung zu Freunden widersetzen, sollten sie dies offen sagen. Gleichzeitig sollten sie es dem Kind ausdrücklich mitteilen, wenn sie gewillt sind, diesen Kontakt unter den von ihnen benannten Bedingungen zu dulden. In jedem Fall raten wir Eltern, die Loyalität des Kindes gegenüber seinen Freunden zu respektieren. Solch eine Mitteilung verändert das Gleichgewicht zwischen den verschiedenen inneren Stimmen, die auf das Kind einwirken. Allmählich nehmen die lautstarken Konfrontationen mit den Eltern ab und machen Platz für eine positive Stimme im Kind, die die Verbindung zu seinen Eltern stärkt. Anfangs ist diese Stimme meist schwach und dünn, doch sie wird mit der Zeit an Kraft gewinnen.

Nicht nur die Eltern sollten dem Kind diese Art Mitteilungen machen. Auch Helfer oder andere Kontaktpersonen innerhalb der problematischen Kreise sollten dem Kind derartige Botschaften vermitteln. Dies sind die optimalen Bedingungen, um die verborgenen positiven Neigungen im Kind zu stärken. Viele Kinder wünschen sich zu gewissen Zeitpunkten sogar im Geheimen, die Eltern mögen nicht von ihrer wachsamen Sorge ablassen.

Mayah, die Mutter der 15-jährigen Hannah, beobachtete mit viel Sorge, wie sich ihre Tochter einer Gruppe von Jugendlichen anschloss, von denen ihr einige sehr zweifelhafte Gestalten zu sein schienen. Anfangs versuchte sie ihrer Tochter den Umgang mit der Jugendgruppe zu verbieten. Als ihr jedoch klar wurde, dass ihr Verbot die Beziehung zwischen ihr und ihrer Tochter stark belastet und die Anziehungskraft der Gruppe nur verstärkt hatte, entschied sie sich für einen anderen Weg.

Sie schrieb ihrer Tochter einen Brief, betrat mit diesem in der Hand ihr Zimmer und machte ihr folgende Mitteilung: »Ich habe auf einmal begriffen, wie wichtig diese Freundschaften in deinem Leben sind, dass sie für dich wie deine zweite Familie sind. Ich habe dir das niemals vorher gesagt, weil ich erst jetzt zu dieser Einsicht gekommen bin. Ich möchte alles tun, damit du diese Freundschaften, die dir so wichtig sind, aufrechterhalten kannst. Gleichzeitig werde ich jedoch jede notwendige Maßnahme ergreifen, damit du nicht verletzt wirst. Ich werde keine Mittel scheuen, um zu verhindern, dass du in irgendwelche Straftaten verwickelt wirst oder Drogen nimmst, ungeplant schwanger werden solltest oder dir eine Geschlechtskrankheit zuziehst. Solange ich weiß, dass du vor diesen Gefahren geschützt bist, werde ich deine Freundschaften respektieren.« Hannah reagierte mit ihren üblichen lauten Vorwürfen. Daraufhin erwiderte Mayah: »Du hast mich keineswegs auf verächtliche Weise über deine Freundschaften sprechen hören. Ich bin nicht bereit, dass du meine Worte durch einen Streit nichtig machst!« Mayah stand daraufhin auf und verließ das Zimmer, hinterließ aber auf dem Bett den Brief, in dem die das, was sie Hannah gerade mündlich gesagt hatte, noch einmal schriftlich formuliert hatte.

Die Briefübergabe war der Anfang einer Veränderung. Mayah konnte ihre wachsame Sorge verstärken und durch entsprechende Maßnahmen unterstreichen. So erreichte sie, dass Hannah sich langsam, aber sicher von den negativen Einflüssen innerhalb der Freundesgruppe abgrenzte und verstärkt den Kontakt zu den weniger problematischen Jugendlichen suchte.

Telefonrunden und Treffen am Aufenthaltsort der Freunde des Kindes

Die Kontaktaufnahme mit Personen, die in Kontakt mit dem Kind stehen, wie zum Beispiel andere Jugendliche, deren Eltern, Gruppenleiter und so weiter, stellt eine sehr einflussreiche Maßnahme dar. Hierbei ist es wichtig, direkten Bezug auf die problematischen Aktivitäten des Kindes zu nehmen. Wenn Eltern den Mut haben, diesen Schritt zu wagen, brechen sie damit ein Tabu und ändern dadurch die herrschenden Spielregeln im Verhältnis zwischen Eltern und Kind. Es ist daher nicht verwunderlich, dass viele Kinder anfangs auf solch eine Aktion wütend reagieren. Leider schaffen es viele Kinder, die Eltern durch ihre heftigen Reaktionen davon abzuschrecken, andere um Hilfe zu bitten, was jedoch die für das Kind bestehende Gefahr verschärft.

Toni und Jenny hatten ein ungutes Gefühl in Bezug auf die neuen Freundschaften ihres einzigen Sohnes, des 14-jährigen Tim. Sie hatten den Eindruck, dass er mehr und mehr von einer Randgruppe von Jugendlichen angezogen wurde. Je mehr sie jedoch nachfragten und Interesse zeigten, desto stärker war Tim darauf bedacht, sein Tun zu verheimlichen. An einem Abend war Tim in den frühen Morgenstunden noch nicht wieder zu Hause, woraufhin der Vater die Mutter einer der Freunde von Tim anrief. Trotz des Anrufes mitten in der Nacht reagierte diese positiv und bot Toni ihre Hilfe an. Tim kam wenige Minuten nach diesem Telefongespräch nach Hause. Als er erfuhr, mit wem sein Vater gesprochen hatte, reagierte er mit einem Wutanfall, schrie seine Eltern an und warf Gegenstände um sich. Der Vater empfand, dass sich Tim existenziell bedroht fühlte, und fürchtete, sein Sohn könnte einen Nervenzusammenbruch erleiden. In Folge dieses einschneidenden

Erlebnisses kamen Toni und Jenny zu dem Schluss, dass die Kontaktaufnahme mit Freunden oder deren Eltern einen gefährlichen Schritt darstelle, der zu einem Bruch zwischen ihnen und Tim führen oder noch schlimmere Folgen mit sich bringen könnte.

Vorkommnisse, wie sie oben das Fallbeispiel von Tim beschreibt, sind keine Seltenheit. Jugendliche empfinden es als eine unerträgliche Verletzung ihrer Privatsphäre, wenn Eltern Kontakt mit ihren Freunden oder deren Eltern aufnehmen. Deswegen ist ein Wutanfall zu erwarten und auch verständlich. Ein Kontrollverlust des Kindes seinen Eltern gegenüber ist jedoch immer auch eine Entscheidung des Kindes. Er stellt eine beabsichtigte Eskalation dar, deren Ziel es ist, die Eltern unter Druck zu setzen, so dass sie sich vorsichtig verhalten und in Zukunft nicht noch einmal einen solchen Schritt wagen.

In Tims Fall hat sein Wutanfall die Eltern tatsächlich davon überzeugt, von weiteren Kontaktaufnahmen abzusehen. Die Situation verschlechterte sich jedoch weiter: Tim hörte beinahe gänzlich auf, die Schule zu besuchen, begann, sich auf der Straße herumzutreiben, und besaß auf einmal Geld, dessen Herkunft den Eltern unbekannt war. Zur großen Besorgnis der Eltern verbesserte sich auch das Verhältnis zwischen ihnen und ihrem Sohn nicht. Es steht außer Zweifel, dass eine Situation wie die von Tims Eltern eine gründliche Planung und Vorbereitung der Eltern erfordert und ein impulsiver Anruf bei einer Mutter mitten in der Nacht nicht genügen kann. Die Eltern müssen wissen, dass ihre Maßnahmen heftige Reaktionen des Kindes auslösen werden. Sie müssen sich darauf rechtzeitig einstellen können und sich dazu entschließen, nicht ebenfalls heftig zu reagieren. Wir nennen diese Haltung Stoßdämpferhaltung: Die Eltern ertragen die Wutausbrüche des Kindes, ohne zu versuchen, es zum Schweigen zu bringen oder zu überwältigen. Sie bewahren stattdessen aufgrund ihrer Überzeugung, dass sie zu ihren elterlichen Pflichten stehen, auch bei extremen Reaktionen des Kindes Ruhe und Gelassenheit.

Die Vorbereitungen der Eltern bestehen darin, systematisch eine Telefonliste der Personen anzulegen, die das Kind umgeben, Erwachsener wie auch Kinder, das heißt Eltern, Gruppenleiter und so weiter. Hierbei kann auch das Handy des Kindes eine Hilfe sein. In jedem

Fall sollten die Eltern eine Liste von Telefonnummern zur Hand haben, bevor sie beginnen, so viele Personen wie möglich, die mit dem Kind in Kontakt stehen, anzurufen.

Die Telefonate sollten natürlich nicht mitten in der Nacht stattfinden, sondern zu einer angemessenen Tageszeit. Sollte das Kind abends nicht nach Hause gekommen sein, so kann die Telefonaktion auf den nächsten Tag verschoben werden, vielleicht sogar auf den darauffolgenden Abend. Die Eltern sollten außerdem erklären, wer sie sind und warum sie anrufen. Zum Beispiel können sie sagen: »Unsere Tochter ist einige Male nachts verschwunden und wir haben uns entschlossen, stärker an ihrem Leben beteiligt zu sein, um mögliche Gefahren abzuwenden.« Daraufhin sollten sie die Person, mit der sie sprechen, darum bitten, dem Kind eine Nachricht zu übermitteln, dass sie angerufen haben.

Wenn Eltern von Freunden auf das Telefonat positiv reagieren, kann auch ein Treffen mit ihnen verabredet werden. Solche Art Kontakte verstärken wesentlich die elterliche wachsame Sorge. Wir möchten nochmals betonen, dass ein respektvoller Ton anderen Eltern gegenüber meistens einen positiven Kontakt zu diesen Eltern herstellen kann. Manchmal werden Eltern auch von den positiven Reaktionen der Freunde des Kindes überrascht. Auch mit diesen kann ein Treffen vereinbart werden. Nachdem Eltern nun alle Personen der Liste angerufen, Treffen mit einigen Eltern oder Freunden des Kindes vereinbart, sich auf einen Ansturm von wütenden Reaktionen des Kindes vorbereitet und sich vorgenommen haben, weder zu einer Eskalation der Situation beizutragen noch den Forderungen des Kindes nachzugeben, hat sich ihr Vermögen, ihr Kind mit wachsamer Sorger zu beaufsichtigen, erheblich vergrößert.

Toni und Jenny mussten feststellen, dass Tims Situation sich immer weiter verschlechterte. Als ihr Sohn im Besitz eines gestohlenen Motorrads gefasst wurde, wendeten sie sich an eine Beratungsstelle, die ihnen bei der Wiederherstellung des elterlichen Vermögens zur Fürsorge ihres Kindes helfen sollte. Mit Hilfe des Beraters bauten die Eltern ein breites Unterstützungsnetz auf. Dies enthielt nicht nur Familienmitglieder und Freunde, sondern auch Tims Fußballtrainer, der für Tim von zentraler Bedeutung war, zwei Lehrer, die in gutem Kontakt zu Tim standen, und einen bekannten Fußballspieler, den die Eltern kannten und der sich bereit erklärt hatte, zu helfen. Die Eltern führten einige Telefonaktionen aus. Zwei Mal suchten sie sogar den Aufenthaltsort der Jugendgruppe auf, mit der Tim sich herumtrieb. Während eines solchen Besuches konnten sie den Kontakt zu dem 16-jährigen Ilias herstellen, der sich bereit erklärte, ein Auge auf Tim zu haben und auf ihn aufzupassen. Er erzählte den Eltern, dass der negative Einfluss auf Tim und andere Jugendliche der Gruppe vor allem von einem 19-Jährigen herrührte, der Verbindung zu Straftätern hielt.

Nachdem die Eltern zu Ilias zwei Monate lang Kontakt gehalten hatten, konnten sie Namen und Adresse des 19-Jährigen herausfinden. In Begleitung zweier Helfer besuchte der Vater das Zuhause des Jugendlichen. Sie sprachen mit seinen Eltern, erklärten ihnen, dass sich ihr 14-jähriger Sohn unter ihrer Aufsicht befinde und dass sie im Fall einer Fortführung des Kontakts zwischen ihrem minderjährigen und ihrem volljährigem Sohn die Polizei einschalten und dieser alle ihnen zur Verfügung stehenden Informationen weiterleiten würden.

Einige Zeit später konnten die Eltern sich außerdem mit den Eltern von zwei weiteren Jugendlichen der Gruppe treffen. Ein Elternpaar nahm sogar an einer Beratungssitzung gemeinsam mit Toni und Jenny teil. Sie machten sich ähnliche Sorgen wie Tims Eltern in Bezug auf ihren eigenen Sohn und erklärten sich daher dazu bereit, zu helfen. Schrittweise konnte eine Vereinbarung zwischen den Eltern und den drei Jugendlichen erreicht werden. Die zwei jüngeren Jugendlichen willigten ein, den Eltern über ihre Ausgänge und Aktivitäten zu berichten. Nach vier intensiven Monaten verbrachte Tim immer noch viel Zeit mit der Jugendgruppe, hielt sich jedoch an die meisten Abmachungen mit seinen Eltern. Der Kontakt zwischen dem 19-Jährigen und dem Rest der Jugendgruppe brach ab. Toni und Jenny hatten endlich wieder das Gefühl, auf dem Laufenden und beteiligt zu sein.

Die Veränderung des Gleichgewichts und ihre Auswirkungen

Verändern Eltern ihre innerliche Haltung, kann das weitreichende Auswirkungen haben. Nehmen sie anstelle ihrer Kontrollversuche eine Haltung der wachsamen Sorge ein, in der sie sich ein Unterstützungsnetz zu Hilfe nehmen, führt dies zu einer Änderung im Gleichgewicht verschiedener innerlicher und zwischenmenschlicher Faktoren, die das Verhalten des Kindes beeinflussen. Faktoren, die das Kind bisher zu unerwünschten und selbstgefährdenden Verhaltensweisen verführt haben, verlieren an Einfluss, während Faktoren, die positive Wirkungen auf das Kind haben, an Einfluss gewinnen. Manchmal kann sich sogar ein Faktor, der bisher als negativer Einfluss angesehen wurde, als ein potenziell positiver Einfluss erweisen.

Den Unterschied zwischen den zwei unterschiedlichen Haltungen von Kontrolle und wachsamer Sorge zu verstehen, ist für die Eltern besonders wichtig, wenn ihr Kind ein Jugendlicher ist. Wir sind der Überzeugung, dass eine klare Differenzierung der elterlichen Haltungen und der daraus folgenden Schritte den wesentlichen Kern ausmachen, der es Eltern ermöglicht, aus ihrer Hilflosigkeit gegenüber der Verschlechterung der Situation des eigenen Kindes zu einer Wiederherstellung der elterlichen Kompetenz zu finden. Während dieses Prozesses stellen Eltern ihre Elternschaft wieder her, verbessern ihr Verhältnis zum Kind und können es schrittweise aus seiner misslichen Lage befreien. Wir möchten hier noch einmal die verschiedenen Prozesse beschreiben, die mit den unterschiedlichen elterlichen Standpunkten einhergehen, da wir diesen große Bedeutung beimessen. Wir nehmen hierbei in Kauf, dass dies in gewissem Sinne eine Wiederholung darstellt, da unserer Meinung nach die Zukunft des Kindes und das Eltern-Kind-Verhältnis entscheidend durch diese Prozesse mitbestimmt werden. Wir werden daher im Folgenden auf der einen Seite noch einmal herausarbeiten, wie sich der Versuch von Eltern, dem Kind ihre Überzeugungen aufzuzwingen, auswirkt und auf der anderen Seite die positiven Entwicklungen beschreiben, die sich abzeichnen, wenn Eltern von dem Versuch der Kontrolle ablassen können und stattdessen eine Haltung der wachsamen Sorge einnehmen.

Mitteilungen der Kontrolle, wie zum Beispiel die Aussage: »Wenn ich dich noch einmal mit diesen Typen erwische, kannst du was erleben!«, erzeugen eine immer stärkere Polarisierung zwischen Eltern und Kind. Sowohl das Kind als auch die Eltern empfinden, dass es sich hier um eine Kampfansage handelt, bei der einer von ihnen eine Niederlage erleben wird, entweder das Kind oder die Eltern.

Das Kind kann solch eine Niederlage ebenso wenig zulassen wie die Eltern. Sich den Forderungen der Eltern zu beugen, hieße für das Kind, seine Gefühle zu verleugnen, auf seine Wünsche zu verzichten und seine Freunde zu verraten. Für Jugendliche kommt solch ein Verzicht meist der Aufgabe ihres Selbstbildes und ihrer Selbstständigkeit gleich. Somit wird der Kampf mit den Eltern zu einem Überlebenskampf. Aufgrund der Bedrohung glaubt der Jugendliche, dass er keine andere Wahl hat, als seine Reaktionen zu verschärfen und bei seinen zweifelhaften Freunden Zuflucht zu suchen.

Darüber hinaus muss bedacht werden, dass die physiologischen Prozesse und das Fehlen von Angstreaktionen bei Jugendlichen meist dazu führen, dass sie im Vergleich zu Erwachsenen viel extremer und impulsiver reagieren. Ein aggressiver und unnachgiebiger Kampf um Kontrolle führt daher meist zu besonders scharfen Reaktionen bei Jugendlichen. In solch einer Situation ergreift die Eltern oftmals das Gefühl, dass sie keine andere Wahl haben, als von ihrer heftigen Konfrontation abzulassen und es nunmehr bei rhetorischen Predigten oder ineffektiven Überzeugungsversuchen zu belassen. Ein derartiges Verhalten verhärtet den Jugendlichen jedoch noch stärker in seiner den Eltern entgegengesetzten Haltung. In ihrer Verzweiflung greifen nun die Eltern erneut zu einer direkten Konfrontation, besonders dann, wenn sie neue Anzeichen der Gefahr wahrnehmen. Es kommt zu einem Teufelskreis. Die wiederholte Folge von Konfrontation, Nachgeben, Konfrontation, Nachgeben ... bestärkt das Kind darin, dass es, wenn es seine Reaktionen noch weiter verschärft, die Eltern in die Knie zwingen wird. Der daraus folgende Schaden nimmt kein Ende. Das Kind empfindet, dass die Eltern unmögliche Forderungen stellen, gleichzeitig jedoch keiner Konfrontation mit dem Kind standhalten können. Von hier ist der Weg zu einer verachtenden Haltung gegenüber den Eltern und der Welt, die sie verkörpern, nicht weit. Das Verhalten des Kindes wird immer ausfälliger und erniedrigender, so dass die Eltern langsam, aber sicher jeglichen Kontakt mit ihrem Kind zu vermeiden versuchen. Eine Kluft von Verachtung und Abneigung tut sich zwischen Eltern und Kind auf.

Der wesentliche Grund dafür, dass die elterlichen Handlungsmöglichkeiten immer weiter eingeschränkt und das Gefühl der Belastung immer stärker wird, liegt meist in der Vereinsamung der Eltern.

Solange Eltern versuchen, die Schwierigkeiten allein zu bewältigen – sei es wegen ihres Privatsphärenreflexes, sei es aus Angst vor den Reaktionen des Kindes oder wegen einer inneren Überzeugung, dass das Miteinbeziehen von Helfern ihre eigene Schwäche unter Beweis stellen würde –, werden sie immer weiter in eine Ecke gedrängt, fühlen sich allein und hoffnungslos. Der Jugendliche hingegen fühlt sich durch die Zugehörigkeit zu seinen Freunden und deren Unterstützung gestärkt. Die Welt der Eltern wird für den Jugendlichen bedeutungslos und uninteressant. In seiner Jugendgruppe fühlt er sich hingegen bedeutungsvoll und wertvoll.

Das Gleichgewicht an Kräften und Einflüssen kann sich verändern, sobald die Eltern sich aus ihrer selbst auferlegten Einsamkeit befreien und von ihren Versuchen ablassen, das Kind zu kontrollieren. Sie müssen tief Luft holen, Ausdauer beweisen und Schritte der wachsamen Sorge planen und ausführen. Wenn Eltern ihrem Kind mitteilen, dass sie es nicht kontrollieren können, sondern nur ihr eigenes Verhalten unter Kontrolle haben, verringern sie allmählich das Gefühl des Kindes, dass es sich in einem Überlebenskampf mit seinen Eltern befindet. Hierfür ist auch essenziell, dass Eltern keine Drohungen oder einschneidenden Forderungen aussprechen, die im Widerspruch zu solch einer Botschaft stehen. Schon allein diese Veränderung führt zu einer Entschärfung der Eskalationsprozesse und reduziert die Auseinandersetzungen zwischen Eltern und Kind. Das gleichzeitige Hinzuziehen von Helfern unterstützt die Eltern dabei, sich aus ihrer Zwickmühle zu befreien und Wege zu verfolgen, die vorher für sie versperrt waren. So kann sich zum Beispiel eine alleinerziehende Mutter, die sich vor den gewalttätigen Reaktionen ihres Sohnes fürchtet, aus ihrer Lähmung und Einsamkeit befreien, wenn es ihr gelingt, die Unterstützung von Helfern zu erbitten. Wir durften unzählige Male Zeugen von Fällen werden, in denen Jugendliche, ja sogar erwachsene Kinder, aufgehört haben, Gewalt anzuwenden, sobald ihre Eltern es fertiggebracht hatten, der Familie und Freunden von den Problemen zu erzählen.

Wie wir schon mehrmals betont haben, gewinnen manche Botschaften für das Kind an Effektivität und Überzeugungskraft, wenn nicht die Eltern, sondern andere Personen diese Botschaften überbringen. Alle Eltern wissen aus Erfahrung, dass manche Mitteilungen besser von Dritten gemacht werden sollten. Während eines andauernden Konflikts sind viele Kommunikationskanäle zwischen Eltern und Kind blockiert und das Kind verschließt die Ohren für jede elterliche Mitteilung, sei sie noch so sachlich oder positiv. In solch einer Situation ermöglicht es ein Helfer, der dem Kind anstelle der Eltern deren Botschaften vermittelt, diese Blockaden zu umgehen und neue Kommunikationskanäle aufzubauen.

Das Miteinbeziehen der Helfer stärkt den Status der Eltern auf verschiedenen Wegen: Sobald die elterliche Haltung von der Umwelt unterstützt wird, nimmt ihre Legitimität auch in den Augen des Jugendlichen zu. Jugendliche sind sehr empfänglich für die Meinung anderer Menschen. Die Tatsache, dass die Haltung der Eltern von anderen geteilt wird, lässt Jugendliche nicht unberührt, selbst wenn sie ihre Gleichgültigkeit zu beweisen versuchen. Zudem ist es schwerer, die Forderungen einer ganzen Gruppe abzuweisen als nur die der Eltern. Das Miteinbeziehen der Helfer weitet den Umfang der elterlichen Möglichkeiten, das Kind mit wachsamer Sorge zu begleiten, maßgeblich aus. Auf diese Weise verändert sich auch die Bewertung der Eltern durch das Kind. Das Gefühl der Niederlage nimmt ab, die Achtung und der Respekt den Eltern gegenüber nehmen zu. Es sieht, dass die Eltern eine eigene Zugehörigkeitsgruppe haben und nicht mehr allein dastehen. Unter besonders guten Voraussetzungen könnte das Kind sogar in Erwägung ziehen, selbst Kontakte mit dieser Gruppe zu knüpfen.

Eine weitere Veränderung im Gleichgewicht der verschiedenen Faktoren, die das Kind beeinflussen, ergibt sich ganz direkt aus den neu eingeführten Aufsichtsmaßnahmen der Eltern. Diese verstärken die Präsenz der Eltern im Bewusstsein des Kindes. Diese wachsende Präsenz der Eltern hält das Kind stärker davon ab, verbotenen Aktivitäten nachzugehen. Die Aufsichtsmaßnahmen wirken sich nicht nur auf das Kind aus, sondern auch auf die Beziehung zwischen dem Kind und seinen Freunden. Die neu errungene Nähe der Eltern zu ihrem Kind und seinen Freunden verändert den Status des Kindes in den Augen seiner Freunde. Das Kind wird nun zu einer Person, die sich nicht unbeschützt und ohne Wissen anderer mit der Gruppe trifft und auf ihre Aktivitäten einlässt – eine Erfahrung, die manchmal für die Freundesgruppe unangenehm oder sogar unerwünscht ist. Angesichts solch neuer Verhältnisse verändern sich die Überlegungen des Kindes in Bezug auf seine Loyalität gegenüber seinen Freunden. Die Präsenz seiner Eltern setzt seinen Freundeskreis dem Blick Außenstehender aus. Die Loyalitätsgefühle des Kindes gegenüber seinen Freunden werden es mit großer Wahrscheinlichkeit zur Einsicht führen, dass es seinen Freunden diese unerwünschten Folgen besser ersparen sollte. Wenn das Kind nicht zu solch einer Schlussfolgerung kommen sollte, werden vielleicht die Freunde dem Kind verdeutlichen, dass es innerhalb der Gemeinschaft nicht mehr erwünscht ist.

Das Gleichgewicht der verschiedenen Einflüsse wird noch weiter aufgerüttelt und verändert sich, sobald die Eltern mit den Eltern anderer Kinder der Freundesgruppe oder sogar mit den Freunden selbst Kontakt aufnehmen. Wie schon beschrieben, ist zu erwarten, dass die Eltern der Freunde auf eine Anfrage positiv reagieren werden, solange sie freundlich angesprochen werden und ihre Gefühle respektiert werden. Diese Eltern werden sich infolgedessen stärker mit den Sorgen der Hilfesuchenden identifizieren. Die vorherrschende gegenseitige Entfremdung zwischen den Kindern und ihren Eltern macht also nun den Weg für ein elterliches Bündnis frei. Die Bereitschaft zu einer Zusammenarbeit wird sicherlich noch größer, wenn die Eltern, die um Hilfe bitten, konkrete Vorschläge zu Maßnahmen machen, die auch den anderen Kindern helfen werden. Das gemeinsame Wirken von Eltern aus dem Freundeskreis verbessert die Effektivität und die Legitimation der elterlichen Maßnahmen. Eltern, die ihrem Kind sagen können: »Dies ist die gemeinsame Entscheidung von uns und anderen Eltern aus deinem Freundeskreis!«, gewinnen maßgeblich an Aussagekraft und Einflussvermögen. Das Wissen der Kinder um den Informationsaustausch zwischen den Eltern entschärft die Polarisierung zwischen den verschiedenen Welten. Wenn die Eltern der Freunde dem Kind eine Mitteilung machen wie zum Beispiel: »Ich habe mit deinen Eltern gesprochen und wir haben entschieden, dass …«, ist es von geringer Bedeutung, wie dieser Satz weitergeführt wird. Diese Aussage allein vermittelt dem Kind die Erfahrung einer konstanten Begleitung. Die Konsistenz und die Sicherheit im Leben des Kindes nehmen dadurch zu. Anstatt sich zwischen verschiedenen Welten zu bewegen, die nicht miteinander in Kontakt stehen, lebt das Kind nun in einer Welt, in der sich Freundeskreis und Familie miteinander vermischen.

Eine positive Aufnahme der elterlichen Botschaften wird noch wahrscheinlicher, wenn die Eltern innerhalb des Freundeskreises ein oder zwei Freunde ausfindig machen können, die bereit sind, dem Kind dabei zu helfen, sich nicht zu gefährden. Wir müssen uns bewusst machen, dass natürlich auch die anderen Kinder verschiedene Stimmen in sich tragen, die miteinander konkurrieren und sich manchmal widersprechen. Einige dieser Kinder werden sicherlich einen Weg suchen, wie sie sich vor einer Verschlechterung ihrer Situation schützen können. Wenn wir nun diese Kinder offen und respektvoll ansprechen, verbessern wir die Chancen, ihre innerlichen positiven Stimmen zu verstärken.

Die verschiedenen Einflüsse, die wir hier beschrieben haben, sind nicht nur äußerer Art. Sie haben einen großen Einfluss auf das Innenleben des Kindes. In vorhergegangenen Veröffentlichungen (zum Beispiel Omer, 2003) haben wir dieses innere Diskussions- und Entscheidungsforum der verschiedenen inneren Stimmen »Parlament der Seele« genannt. Es entscheidet, auf welchen Straßen und in welcher Richtung das Kind seinen Weg weitergehen wird. Wir meinen, dass die Stärkung der positiven inneren Stimmen eine Art neuer Partei schafft, die »Partei für verantwortungsvolles Handeln« oder für »Selbstfürsorge«.

In der folgenden Tabelle haben wir die Prozesse zusammengefasst, die zum einen mit einer kontrollierenden elterlichen Haltung und zum anderen mit einer elterlichen Begleitung der wachsamen Sorge verbunden sind. Die Tabelle zeigt deutlich, dass eine kontrollierende Haltung ineffektiv ist und eine elterlichen Haltung der wachsamen Sorge sowohl einen tiefgreifenden, nachhaltigen und positiven Einfluss auf das Gleichgewicht der im Kind wirkenden Stimmen und Kräfte hat wie auch auf die Eltern selbst und das soziale Umfeld des Kindes und der Familie.

Prozesse, die von einer verstärkten elterlichen wachsamen Sorge und dem Aufbau eines Unterstützungsnetzes eingeleitet werden	Prozesse, die durch Maßnahmen von Eltern, die allein handeln und versuchen, vollkommene Kontrolle zu erreichen, eingeleitet werden
Die Bedrohung für das Selbstbild des Kindes lässt nach.	Das Kind empfindet, dass es um sein Selbst kämpfen muss.
Die Vernetzung der Eltern führt zu neuen Handlungsmöglichkeiten, die einer Eskalation entgegenwirken.	Das auf sich allein gestellte Handeln der Eltern, dem jeglicher Beistand fehlt, verschärft ihre Reaktionen gegenüber dem Kind, führt abwechselnd zu immer heftigeren Reaktionen und Gefühlen der Niederlage.
Die Auseinandersetzungen nehmen ab und es eröffnet sich ein Weg für positive Prozesse innerhalb der Eltern-Kind-Beziehung.	Die immer heftigeren Auseinandersetzungen mit dem Kind setzen einen Eskalationsprozess in Gang, der die unerwünschten Verhaltensweisen und Handlungen des Kindes fördert und die Ängste der Eltern demgemäß vergrößert.
Die Unterstützung der Helfer stärkt die Legitimation der elterlichen Meinungen und Handlungen.	Die isolierte Position der Eltern stellt die Legitimität ihres Standpunktes und ihrer Handlungen in Frage.
Die Eltern lernen den Freundeskreis des Kindes kennen.	Die Eltern wissen nicht, was außerhalb des Hauses passiert und welchen Aktivitäten das Kind nachgeht.
Das Loyalitätsgefühl des Kindes lässt es von seinem Freundeskreis Abstand nehmen, um ihnen Unannehmlichkeiten zu ersparen.	Das wachsende Vertrauen des Kindes zu seinen Freunden verstärkt sein Zugehörigkeitsgefühl zu ihnen.
Die Jugendgruppe distanziert sich von dem Kind, um zu verhindern, dass sich die Eltern und ihre Helfer weiterhin für sie interessieren und einen Einblick in die Aktivitäten der Gruppe bekommen.	Die Jugendgruppe nutzt die Entfremdung zwischen Eltern und Kind, um das Kind stärker an sich zu binden.
Die gemäßigteren Auseinandersetzungen und die Unterstützung durch Helfer stärken die positiven Stimmen im Inneren des Kindes.	Die immer heftigeren Konfrontationen schwächen die positiven Stimmen im Kind und verstärken seinen Widerstand.

Prozesse, die von einer verstärkten elterlichen wachsamen Sorge und dem Aufbau eines Unterstützungsnetzes eingeleitet werden	Prozesse, die durch Maßnahmen von Eltern, die allein handeln und versuchen, vollkommene Kontrolle zu erreichen, eingeleitet werden
Der Kontakt zu anderen Eltern im Freundeskreis des Kindes stärkt das Aufsichtsvermögen der Eltern und verringert die Kluft zwischen der Welt der Erwachsenen und der der Kinder.	Der fehlende Kontakt zwischen den Eltern des Kindes und den Eltern seiner Freunde vertieft die Kluft zwischen der Welt der Erwachsenen und der der Kinder.
Die Kontaktaufnahme mit den Freunden des Kindes aus der Jugendgruppe verstärkt das Aufsichtsvermögen der Eltern und verringert die Kluft zwischen der Welt der Erwachsenen und der der Kinder.	Das Vermeiden der Kontaktaufnahme mit den problematischen Freunden des Kindes schottet die Eltern stärker ab und vertieft die Kluft zwischen der Welt der Erwachsenen und der der Kinder.

Geld

In Zusammenarbeit mit Yael Nevat

Vielen Eltern fällt es schwer, mit ihrem Kind über Geld zu sprechen. Dies hat gute Gründe, bleibt doch kaum ein Mensch von schwierigen und schmerzvollen Erfahrungen im Zusammenhang mit Geld verschont. Die meisten Familien belasten finanzielle Sorgen, sei es aufgrund früherer, sich auch finanziell auswirkender Verletzungen oder Frustrationen; sei es aufgrund von Neid; sei es, weil sie sich durch andere finanziell vernachlässigt fühlen; sei es, weil sie sich in Bezug auf die Zukunft ängstigen oder sei es aufgrund von unerfüllten, geheimen Wünschen. Finanzielle Angelegenheiten sind eng mit leidenschaftlichen Gefühlen verbunden. Wer die »Welt des Geldes« kennenlernt, macht sich zugleich mit der komplizierten und verwickelten Realität des Lebens bekannt. Es ist daher nicht verwunderlich, dass es viele Eltern bevorzugen, ihre Kinder nicht allzu frühzeitig mit dem Thema Geld zu belasten, um ihnen sozusagen noch einige Jahre der Unschuld zu ermöglichen, bevor sie sie all den Konflikten, die der Besitz oder Nichtbesitz von Geld mit sich bringt, aussetzen.

Natürlich sollten Kinder nicht unvorbereitet mit dem konfrontiert werden, was es bedeutet, Geld zu besitzen oder nicht. Sie müssen auf das Thema Geld schrittweise und altersentsprechend vorbereitet werden. Wer jedoch Kinder nicht darauf vorbereitet, welche Rolle das Geld in unser aller Leben, in unserem Alltag und unseren Beziehungen, spielt, wird die Verletzlichkeit dieser Kinder wesentlich vergrößern, anstatt die Kinder wie gedacht zu schützen. Über Geld zu sprechen ist von zentraler Bedeutung, um das Kind auf sein Leben vorzubereiten und ihm die Gelegenheit zu geben, den Umgang mit Geld und andere, damit zusammenhängende wichtige Bewältigungsstrategien zu erlernen. Geldangelegenheiten sind mit vielen Faktoren verbunden, die die Entwicklung des Kindes stören können, und gehören daher zu den Dingen, für die die Eltern in Bezug auf ihre Kinder Verantwortung tragen. Eltern haben also keine

Wahl. Sie müssen mit ihren Kinder über das Thema Geld sprechen und darüber, inwiefern es ihr gesamtes Leben begleiten wird. Die Frage ist nur, wann und wie.

Wann sollte man damit beginnen, Geldfragen mit dem Kind anzugehen? Wie können wir wissen, dass das Kind schon reif für ein derartiges Gespräch ist? Die Beantwortung dieser Fragen ist leicht: Sobald das Kind Bitten äußert wie: »Kaufe mir bitte …!«, oder: »Jona hat ein neues Spielzeug. Ich will auch eines!«, ist dies ein Zeichen dafür, dass es reif genug ist, um sich mit Geldfragen auseinanderzusetzen. Nicht nur Bitten und Forderungen des Kindes sind ein Anlass, um mit dem Kind über Geld zu sprechen. Auch ganz alltägliche Einkäufe im Supermarkt, der Kauf eines Geburtstagsgeschenks für einen Freund oder ein Geldgeschenk von den Großeltern zu den Feiertagen bieten sich an, um das Kind in den Umgang mit Geld und all die Fragen rund ums Thema Geld einzuführen.

Wie mit Kindern über Geld sprechen?

Eltern scheuen oftmals davor zurück, mit dem Kind ein Gespräch über Geld zu beginnen, weil ihnen das unnatürlich und zu sehr an Äußerlichkeiten orientiert erscheint. Sie sind froh, wenn das Thema von selbst aufkommt. Und tatsächlich können zu ihrer Erleichterung täglich viele Situationen dazu genutzt werden, über Geld zu sprechen. Wenn Eltern jedoch auf ein solches Gespräch nicht eingestellt sind und keine klare Haltung zum Thema vermitteln können, besteht die Gefahr, dass sie in den Situationen, in denen das Thema Geld von selbst auftaucht, passiv oder aber impulsiv reagieren. Ein Gespräch über Geld sollte rechtzeitig vorbereitet werden. Im nachfolgenden und letzten Kapitel dieses Buches werden wir die Notwendigkeit, frühzeitig mit den Kindern über heikle Themen zu sprechen, zu ähnlich schwierigen Themen behandeln, zum Beispiel in Bezug auf Rauchen, Alkohol, Computer und Autofahren. Am bekanntesten ist jedoch ein anderes Thema, über das Eltern mit Kindern sprechen müssen, aber nicht können – gemeint ist das Thema Sexualität. Auf all diese wesentlichen, aber heiklen Gesprächsthemen trifft dieselbe Grundannahme zu: Eltern, die ihren Standpunkt beizeiten festigen und sich im Voraus überlegen, wie es ihnen möglich ist, ein Gespräch zu dem jeweiligen Thema sinnvoll zu unterstützen, zu gestalten und zu führen, schränken mögliche Gefahren für das Kind ein und stärken die elterliche Präsenz im Bewusstsein des Kindes. Demgegenüber ist die Wahrscheinlichkeit groß, dass Eltern negativ reagieren und damit unerwünschte Folgen verursachen, wenn sie Gespräche in Bezug auf schwierige, aber wesentliche Lebensthemen ihrer spontanen Intuition überlassen wird.

Es ist notwendig, dass Eltern vor einem anstehenden Gespräch ihren eigenen Standpunkt klären, weil ihre spontanen Reaktionen sonst stärker ihren eigenen Schwierigkeiten und ihrer eigenen Verletzlichkeit entsprechen, als dass sie die elterlichen Ziele der wachsamen Sorge verfolgen. Das Thema Geld trifft bei vielen Menschen auf einen besonders wunden Punkt, so dass sie sogar ausfallend reagieren können, wenn dieser getroffen wird. Hier ein Beispiel aus meinem eigenen Leben:

Meine Eltern wanderten nach der Shoa nach Brasilien aus. Wie viele jüdische Flüchtlinge handelte auch mein Vater mit allem, was in seine Hände geriet. Vor ihrer Übersiedlung nach Brasilien, während der Jahre 1945 bis 1947, lebten meine Eltern in Italien und mein Vater verdiente sein Geld mit Transaktionen auf dem Schwarzmarkt, der damals einen großen Teil der Wirtschaft des Landes darstellte. Als er nun nach Brasilien kam, fand er dort ähnliche Verhältnisse vor: Der offizielle Handel machte nur einen kleinen Teil der Wirtschaft aus. Die Überlebenskünste, die sich meine Eltern während der Jahre im Konzentrationslager und später als Flüchtlinge angeeignet hatten, ermöglichten es ihnen auch an diesem Ort, an dem sie keine Person kannten, unsere Familie zu versorgen. Ähnlich wie viele Immigranten schaffte es auch mein Vater, auf allen möglichen Wegen für ein Einkommen zu sorgen.

Mein Bruder und ich wuchsen also in relativem Wohlstand auf. Gleichzeitig war jedoch die Angst, die Behörden könnten kommen und die Steuern einholen, die mein Vater nicht zahlte, ein täglicher Begleiter. In unserem Haus wurde nur im Flüsterton über Geld und Finanzen gesprochen und meine Eltern bemühten sich, uns explizite Informationen vorzuenthalten. Wann immer das Thema Geld und Finanzen trotzdem zur Sprache kam, versuchten meine Eltern, es wieder zum Schweigen zu bringen.

Einmal sah ich, wie mein Vater einen großen Bund Geldscheine aus einer Schublade nahm. Ich war beeindruckt: »Wie viel Geld du da hast!« Mein Vater, ein Mann der nicht leicht aus der Fassung geriet, reagierte auf eine für ihn ganz untypische Art: »Idiot! Das sind nur Schulden, die ich zu zahlen habe!« Ich war schockiert und gedemütigt. Mein Vater realisierte, dass er falsch reagiert hatte.

Am nächsten Tag, als ich ihn im Geschäft besuchte, sagte er zu mir: »Wisse, dass ich für deine Zukunft Geld spare, damit es dir an nichts fehlen wird.« Er holte ein Geldbündel hervor und zeigte es mir: »Das ist alles für dich! Jeden Tag, wenn das Geschäft gut läuft, lege ich noch ein paar Geldscheine zu diesem Bündel.« Auf diese Weise versuchte er, seine impulsive Reaktion des Vortages abzuschwächen und mir auf seinem Wege eine Idee von Ersparnissen zu geben. Ich freute mich darüber und fragte von nun an immer mal wieder, wie es mit meinen Ersparnissen stand. Er pflegte dann zu antworten: »Die wachsen prächtig!«

Eines Tages zerbrach ich jedoch absichtlich ein Fieberthermometer, um das Quecksilber, das die damaligen Thermometer enthielten, herauszuholen. Meine Mutter kam genau in dem Moment in das Zimmer, als ich das Quecksilber aus dem zerbrochenen Thermometer heraus und auf einen kleinen Teller schüttete. Sie ärgerte sich über mich und wandte sich mit der Bitte an meinen Vater, mich für das absichtliche Zerstören eines wichtigen Gebrauchsgegenstandes zu bestrafen. Mein Vater, der wohl einen schlechten Tag bei der Arbeit gehabt hatte, schrie mich an: »Das wirst du von deinen Ersparnissen bezahlen müssen!« Ich fragte daraufhin, ob solch ein Fieberthermometer viel koste. Dies wäre nun also eine wunderbare Gelegenheit gewesen, um mich in die Welt der Finanzen einzuführen, mir zu verstehen zu geben, was unterschiedliche Preise bedeuten, und mich dazu zu motivieren, die Eigentümer von Gegenständen und anderem Besitz wertzuschätzen. Stattdessen reagierte er erneut als Mensch, der an einem empfindlichen Nerv getroffen worden war. Er antwortete »Das kostet mehr als all deine Ersparnisse!« Somit löste sich das Geldbündel, das wie von einem Zauber heraufbeschworen worden war, wieder durch einen Zauber in nichts auf. So lernte ich nicht nur nichts über Finanzen und Themen wie Geld sparen, verschiedene Preise einzuschätzen und Eigentum, ich fühlte mich auch in meinem Glauben bestärkt, dass Geldangelegenheiten ein unergründliches Mysterium seien.

Eltern reagieren in Geldangelegenheiten oftmals auf unüberlegte Weise. Manche sagen:»»Meine eigenen Eltern waren schrecklich knauserig mit mir! Diese Erfahrung möchte ich meinem Kind ersparen.« Andere sagen wiederum: »Ich möchte meinem Kind alles ermöglichen, ohne Ausnahme!« Derartige Aussagen verdeutlichen die Wunschvorstellung der Eltern, dass es ihrem Kind ohne Einschränkung gut gehen soll. Eine solche Haltung schützt ein Kind jedoch nicht vor zukünftigen Versuchungen und ermöglicht zudem seinen Eltern keine Position, in der sie sich mit wachsamer Sorge um ihr Kind kümmern könnten.

Manche Eltern schwanken auch zwischen verschiedenen Polen – zwischen der Illusion, dass ihrem Kind keine Möglichkeiten verschlossen sein sollten, und einer Neigung, sich hart und unnachgiebig zu zeigen. Dies war die Art und Weise, in der mein Vater im obigen Beispiel reagiert hat: Er ließ mich an seinem Traum teilhaben, dass es Ersparnisse für mich gäbe, die auf wundersame Weise wachsen und wachsen würden. Als er jedoch meines unverantwortlichen Verhaltens gewahr wurde, ließ er diese Wunschvorstellung wieder fallen und nahm mir meine Phantasie der Ersparnisse. Glücklicherweise gab mir mein Vater andere Dinge mit auf den Weg, die mir halfen, die Herausforderungen meines Lebens zu meistern und die finanziellen Schwierigkeiten zu überwinden, in die ich geriet, weil mich niemand auf die Welt des Geldes vorbereitet hatte.

Es folgen zwei Fallbeispiele, die Gespräche zeigen, in denen Eltern mit Kindern verschiedenen Alters über Geld reden.

Erans Kinder sahen mit großer Erwartung einer Musical-Aufführung während der Hannukah-Feiertage entgegen. Er entschied sich, diese Gelegenheit zu nutzen, um mit ihnen über Preise und finanzielle Prioritätensetzung zu sprechen. Eran und seine Frau waren finanziell gut gestellt und konnten sich die Eintrittskarten zu diesem Musical ohne Probleme leisten. Trotzdem hielt der Vater den bevorstehenden Musical-Besuch für einen günstigen Zeitpunkt, um mit den Kindern über Geld zu sprechen:

OFER (ACHT JAHRE ALT): »Papa, hast du schon die Karten für das Musical gekauft?«

ERAN: »Tatsächlich wollte ich mich mit euch darüber unterhalten. Seid ihr sicher, dass ihr dort hingehen wollt?«

OFER: »Ja natürlich, Papa. Was für eine Frage ist das?! Außerdem hat Mama uns das schon versprochen!«

ELLA (FÜNF JAHRE ALT): »Ja. Ja Ja!«

ERAN: »Moment, ich habe nicht gesagt, dass wir nicht hingehen. Ich wollte euch aber fragen, wie wichtig das für euch wirklich ist.«

OFER: »Für mich ist das sehr wichtig. Alle Kinder gehen dorthin!«

ELLA: »Natürlich ist das wichtig! Wir haben doch auch die CD und ich kenne schon alle Lieder und kann mitsingen!«

ERAN: »Ich bin mir sicher, dass es euch wichtig ist, zu dem Musical zu gehen. Ich gehe daher davon aus, dass ihr auch bereit dazu seid, dafür diesen Monat auf andere Dinge zu verzichten. Auf einige der Süßigkeiten zum Beispiel.«

OFER: »Warum verzichten? Was haben die Süßigkeiten mit dem Musical zu tun?«

ERAN: »Die Eintrittskarten für das Musical, der Sprit, der Parkplatz, das Essen und das Trinken, das wir dort kaufen – all das kostet viel Geld. Wenn wir für etwas Bestimmtes Geld ausgeben, dann haben wir für andere Dinge weniger Geld. Stellt euch vor, dass unser Geld wie Perlen in einer Box ist. Diese Box füllt sich mit Perlen, die Mama und ich bei der Arbeit verdienen, und sie wird wieder leer, wenn wir all die verschiedenen Dinge im Alltag kaufen. Damit wir auch immer genügend Geld für wichtige Dinge wie Essen, Sprit für das Auto oder das, was ihr nachmittags vorhabt, haben, müssen wir uns überlegen, was uns am wichtigsten ist, wie wir unser Geld ausgeben wollen und worauf wir verzichten können.«

OFER: »Sind wir denn arm? Haben wir nicht genug Geld?«

ERAN: »Wir sind nicht arm und haben genug Geld. Trotzdem müssen wir unsere Ausgaben planen und Prioritäten setzen. Prioritäten, das bedeutet, dass wir Dinge nach ihrer Bedeutung und unseren Vorlieben bewerten: Was bevorzugen wir? Was ist uns wichtiger? Was ist uns weniger wichtig? Mir ist es zum Beispiel sehr wichtig, dass ihr nachmittags in den Englischunterricht geht, während Mama mehr Wert darauf legt, dass ihr ein Instrument lernt. Wir besprechen daher diese Dinge und kommen zu einer gemeinsamen Entscheidung, was wichtiger ist. In jeder Familie müssen die

Eltern entscheiden, was ihnen am wichtigsten ist. Wenn wir aber alle zusammen etwas unternehmen, wie das beim Musical der Fall ist, möchten wir, dass auch ihr euch an der Entscheidungsfindung beteiligt. Lasst uns überlegen, ob es sich wirklich für uns lohnt, zu dem Musical zu gehen. Und wenn wir uns dafür entscheiden, dann können wir gemeinsam überlegen, worauf wir dafür diesen Monat verzichten können.«

Jana erzählte ihren Eltern, Aron und Edna, von einer Unterrichtsstunde zur Sicherheit im Straßenverkehr. Sie berichtete voller Stolz, dass die Schüler nicht nur als Fußgänger oder Fahrradfahrer angesprochen worden waren, sondern auch als Autofahrer, da sie im kommenden Jahr anfangen könnten, ihren Führerschein zu machen. Janas Eltern nutzten die Gelegenheit, um mit ihr über die hohen Kosten eines Führerscheins zu reden und ihre Erwartung als Eltern auszusprechen, dass Jana für die Finanzierung der Fahrstunden Geld sparen würde.

ARON: »Wie aufregend, dass du nächstes Jahr schon anfangen kannst, für deinen Führerschein Fahrstunden zu nehmen. Das wird dir viel mehr Unabhängigkeit geben! Es ist aber wichtig, dass du dir bewusst machst, wie teuer es ist, einen Führerschein zu machen. Auch wenn man einen Führerschein hat, sind die Kosten für ein Auto enorm: die Versicherung, der Sprit, das Parken, Reparaturen.«
JANA: »Was? Werdet ihr mir nicht den Führerschein bezahlen? Alle Eltern bezahlen den Führerschein!«
EDNA: »Es ist uns wichtig, dass du deinen Führerschein machen kannst. Weil aber die Kosten dafür sehr hoch sind, denken wir, dass du einen Teil der Finanzierung übernehmen solltest. Du wirst erst in einem Jahr anfangen können, Fahrstunden zu nehmen. Bis dahin kannst du von dem Babysitten oder anderen Arbeiten Geld zur Seite legen.«
JANA: »Das ist nicht fair! Noch nie habt ihr mich gebeten, dass ich solche Sachen bezahle!«
ARON: »Ja, das stimmt. Aber du bist älter geworden. Und mit deiner wachsenden Unabhängigkeit kommt auch mehr Verantwortung auf dich zu. Sicherlich verstehst du, dass wir nicht immer alles finanzieren können. Auch deine Mama und ich leisten uns nicht alles, was wir wollen. Immer wieder verzichten wir auf etwas, das wir

gern möchten, da wir wissen, dass wir gewisse Prioritäten setzen müssen. Wir können nicht nur nach unseren Wünschen handeln.«

EDNA: »Du weißt, dass im kommenden Jahr noch einige andere große Ausgaben anstehen. Auch das sind wichtige Dinge: deine Klassenfahrt, das Bar Mizwah von Ron, die kieferorthopädische Behandlung für deine Schwester.«

JANA: »Was hat das damit zu tun? Sollen die doch sparen!«

ARON: »Es gibt einen Zusammenhang. All diese Ausgaben werden von unserem Geld bezahlt. Der Führerschein ist eine Angelegenheit für verantwortungsvolle Erwachsene. Wer sich verantwortungsvoll genug fühlt, einen Führerschein zu machen und ein Auto zu fahren, der muss auch andere Pflichten des Erwachsenenseins auf sich nehmen. Wir erwarten nicht, dass du den Führerschein allein finanzierst. Wir finden aber durchaus, dass du deinen Anteil beitragen musst. Lass uns am Wochenende noch einmal über die Angelegenheit sprechen und uns überlegen, was für eine Lösung für uns alle akzeptabel sein kann.«

Während solcher Gespräche über die Geldausgaben in der Familie, wie sie die beiden Fallbeispiele zeigen, können Eltern unterschiedliche Lösungswege mit ihren Kindern besprechen: Wenn eine gemeinsame Familienaktivität geplant wird, kann das Budget besprochen und mit den Kindern überlegt werden, welche Aktivität diesem entspricht. Es ist möglich, Essen und Trinken von zu Hause mitzunehmen, anstatt in ein Restaurant oder ein Café zu gehen. Wenn ein Geschenk für den Geburtstag eines Freundes gekauft werden muss, kann im Voraus eine Geldsumme festgelegt werden, die hierfür zur Verfügung steht. Sollte das Kind versuchen, mit den Eltern über das Budget zu verhandeln, können diese ihm mitteilen, dass sie die Verantwortung für finanzielle Entscheidungen tragen.

Es können in einem Gespräch viele verschiedene Aspekte, die im Zusammenhang mit dem Thema Geld ausgeben stehen, angesprochen werden, wie zum Beispiel das Priorisieren verschiedener Dinge, die Notwendigkeit von finanzieller Planung, das Sparen, familiäre Überlegungen und mehr. Derartige Gespräche fördern die Selbstfürsorge des Kindes, indem sie zu seiner Fähigkeit beitragen, seine Reaktionen besser zu kontrollieren und Versuchungen besser zu widerstehen. Solche Gespräche stärken auch die elterliche Haltung der wachsamen Sorge, da sie eine Grundlage für einen zukünftigen Dialog zum Thema Geld schaffen. Gespräche zu Finanzen, die in periodischen Abständen geführt werden, insbesondere wenn sie in einer ruhigen Atmosphäre stattfinden, tragen wesentlich zu der elterlichen Begleitung des Kindes in den unterschiedlichen Lebensbereichen bei, die vom Geld beeinflusst werden.

Tatsächlich können Gespräche über Geld als Maßnahme der elterlichen Sorge auch wesentlichen Einfluss auf die Art und Weise haben, in der die Eltern selber finanzielle Angelegenheiten handhaben. Ein erfolgreich geführtes Gespräch mit dem Kind setzt voraus, dass die Eltern ihre Abneigung überwinden, sich auf offene und ehrliche Weise ihrer eigenen finanziellen Situation und Haltung zu stellen. Meist ist es nämlich die weit verbreitete Abneigung, sich mit dem Thema Finanzen zu befassen, die viele Eltern davon abhält, mit ihren Kindern über Geld zu sprechen. Das liegt daran, dass auch die Eltern oftmals im Umgang mit Geld Schwächen aufweisen, dass sie zum Beispiel mehr einkaufen, als sie wollen, dass ihre Finanzen unübersichtlich sind oder dass sie Schwierigkeiten haben, Versuchungen zu widerstehen. Um mit dem Kind Gespräche über Geld führen zu können, müssen Eltern dazu fähig sein, dies auch untereinander zu tun. Ihre Werte in Bezug auf das Thema Finanzen sollten ihrem tatsächlichen Umgang mit Geld in unserer Konsumgesellschaft entsprechen, damit sie dem Kind ein Modell hinsichtlich ihrer Gewohnheiten im Kontakt mit Geld und hinsichtlich ihrer finanziellen Planung sein können. Wenn Eltern von ihrem Kind erwarten, Versuchungen besser zu widerstehen, müssen sie vorerst ihre eigene Standfestigkeit verstärken. Dies bedeutet keineswegs, dass Eltern ein makelloses Beispiel geben müssen, um ihr Kind bei finanziellen Angelegenheiten anleiten und beaufsichtigen zu können. Manchmal sind gerade diejenigen Eltern, die Probleme im Umgang mit ihren Finanzen haben und bemüht sind, sich in diesem Bereich zu verbessern, am besten in der Lage, ihre Kinder anzuleiten.

Es ist erstaunlich, wie die elterliche Fürsorge nicht nur das Vermögen des Kindes zur Selbstfürsorge stärkt, sondern auch das Vermögen der Eltern zu ihrer eigenen Selbstfürsorge verbessert. Die Fürsorge erweist sich gewissermaßen als ein ansteckendes Phänomen. Wenn wir unser Kind begleiten und beaufsichtigen, beginnen wir auch, für uns selber besser Sorge zu tragen. Auch das Gegenteil trifft zu: Wenn wir für uns selber Sorge tragen und verantwortungsvoll handeln, wachsen auch die Legitimität und das Vermögen, das Kind zu beaufsichtigen und zu begleiten.

Während der Gespräche über Finanzen können Eltern von ihren eigenen Erfahrungen erzählen. So ist das Kind nicht nur »Opfer« der elterlichen Fürsorge, sondern nimmt selbst Anteil an der Verbesserung des Familienlebens und der finanziellen Zusammenarbeit. Die Erfahrung der Elternschaft lässt oftmals Erwachsene in vielen Bereichen verantwortungsvoller werden. Viele leichtsinnige und verschwenderische junge Erwachsene entwickeln sich zu zuverlässigen und vertrauenswürdigen Eltern.

Niels und seine Frau Klara nahmen an einem Seminar zum Umgang mit Finanzen teil. Im Rahmen dieses Seminars lernten sie auch, wie wichtig es ist, Kinder an Diskussionen über Geld und an der Prioritätensetzung im Hinblick auf die Ausgaben zu einem gewissen Grad zu beteiligen. Denn so würden die Kinder lernen, selbstständige und verantwortungsvolle Erwachsene zu sein und dass Geld eine begrenzte Ressource ist.

Niels und Klara erzählten Ingo, Niels Bruder, und seiner Frau Natalie von dem Seminar und erklärten: »So werden die Kinder lernen, mit Geld umzugehen. Uns hat das niemand beigebracht. Und wir sind ständig in Sorge, unser Minus auf der Bank auszugleichen!« Ingo und Natalie fanden es auch wichtig, dass ihre Kinder den Umgang mit Geld erlernten. Die Erklärungen schienen ihnen einleuchtend. Aber sie scheuten sich, mit ihren Kindern über Geld zu sprechen. So würden schließlich auch eigene Schwächen bezüglich des Themas aufgedeckt werden. Die Kinder würden begreifen, dass die Eltern finanzielle Schwierigkeiten haben, und würden beginnen, sie herablassend zu behandeln. Es könnte auch sein, dass die Kinder Fragen stellen würden, auf die die Eltern keine Antworten wüssten. Das würde sie unter Druck setzen. Niels und Klara schlugen deswegen vor, die Familie, eingeschlossen die jugendlichen Kinder, zu dem Vortrag eines Experten zur finanziellen Erziehung einzuladen. Ingo und Natalie dachten, dies würde ein guter Weg sein, das Thema auf den Tisch zu bringen, wie Finanzen verantwortungsvoll gehandhabt werden sollten. Während des Vortrags berichtete der Experte seinen Zuhörern von den negativen Auswirkungen, die Spannungen und Meinungsverschiedenheiten in finanziellen Angelegenheiten auf die Familie haben. Als er beschrieb, wie diese sich negativ auf die Gesundheit auswirken, auf die Beziehung zwischen Paaren und zwischen Eltern und Kindern, und auf das Vermögen, wichtige Ziele zu verfolgen, tauschten Ingo und Natalie verlegene Blicke aus und ihre Kinder senkten die Köpfe. Einige Minuten später flüsterte Ingo Natalie etwas zu und wandte sich dann an den Finanzberater mit der Bitte, die Familie in Bezug auf ihre finanzielle Planung zu beraten.

Eltern sollten sich nicht sorgen, dass ihre Kinder sie in einem negativen Licht sehen werden, sollten sie sie von den Schwierigkeiten der Eltern erfahren. Die Kinder wissen meist von den Schwierigkeiten und Problemen der Eltern, auch wenn nicht direkt darüber gesprochen wird. Wenn nun Eltern über ihre eigenen Schwierigkeiten offen sprechen, zeigen sie ihren Kindern, dass auch sie nicht unfehlbar sind. Vielmehr bemühen sie sich, an sich zu arbeiten und Fehler auszumerzen. Dies sind wichtige Botschaften, die Eltern ihren Kindern zu vermitteln versuchen, und sie entfalten eine größere Wirkung, wenn die Eltern als Beispiel dienen können. Des Weiteren ist es manchmal einfacher, Eltern zuzuhören, wenn diese nicht vollkommen und unfehlbar sind. Dies gilt für fast alle Lebensbereiche, die eine elterliche Fürsorge und Begleitung erfordern.

Den Forderungen des Kindes widerstehen

Das erste Gespräch über Geld und die eigenen finanziellen Verhältnisse ist nichts anderes als die Eröffnung eines fortwährenden Dialoges, der das Kind viele Jahre lang begleiten wird. Die elterlichen Wertvorstellungen können sich außerdem in vielen Handlungen widerspiegeln, die der Überzeugung der Eltern stärker Ausdruck verleihen. Eine Grundbedingung dafür, dass die Eltern dem Kind im Hinblick auf ihre eigenen Prinzipien in Sachen Geld treu und beständig erscheinen, ist, dass Eltern mit den konsumorientierten Forderungen ihres Kindes, wie »Kauf mir!« oder »Ich will das hier haben!«, umzugehen wissen. Diesbezüglich ist es wesentlich, dass Eltern sich effektive Reaktionen aneignen, die ihnen dabei helfen, den Forderungen des Kindes Widerstand zu leisten. Ohne derartige Reaktionen wird es unmöglich für die Eltern sein, dem Kind die Werte eines verantwortungsvollen Umgangs mit Geld zu vermitteln, zu denen auch Verzicht gehört. Ein Kind, das weiß, dass es seine Eltern mit seinem Verhalten dazu bringen kann, dass sie ihm seine Wünsche erfüllen, sei es durch Flehen und Betteln, durch einen Wutanfall oder indem es sie immer weiter belästigt, wird nicht zuhören und sich die Werte der Eltern aneignen. All seine Anstrengungen werden sich darauf konzentrieren, den Widerstand der Eltern zu schwächen.

Wir sind der Überzeugung, dass Eltern – ohne Ausnahme – den konsumorientierten Forderungen ihres Kindes allein dadurch Grenzen setzen können, dass sie begreifen, wie wichtig es pädagogisch ist, den Forderungen des Kindes zu widerstehen. Eltern sollten kurze und bündige Reaktionen vorbereiten, die ihnen dabei helfen können, auf eine unangebrachte Forderung ihres Kindes sofort eine Antwort parat zu haben. Sie können zum Beispiel sagen: »Ich werde darüber nachdenken!«; »Zu Hause werde ich dir das beantworten!«; »Ich möchte mich erst einmal mit Papa besprechen!«; »Ich bin nicht willens, dir das jetzt zu kaufen. Aber wenn dir das so wichtig ist, kannst du es von deinem Geld kaufen!«; »Das ist jetzt nicht möglich!«; »Das übersteigt unser Budget!«

Wichtig ist natürlich auch, dass die Eltern ihre Worte in die Tat umsetzen. Viele Kinder haben gelernt, dass die Eltern ihren Forderungen am Ende doch noch nachgeben, sie müssen sie nur immer weiter vortragen. Die von den Eltern vorbereiteten kurzen Sätze richten sich daher auch an die Eltern selbst und verpflichten sie dazu, Wort zu halten. Wenn Eltern die Forderungen des Kindes verweigern möchten, müssen sie sich gleichzeitig vornehmen, die Diskussion abzubrechen und die Möglichkeit eines Kaufes sofort auszuschließen. Ihre Standfestigkeit gegenüber ihren Kindern stärken die Eltern auf effektive Weise, wenn sie auf die Unterstützung von Helfern zurückgreifen. Der andere Elternteil kann als Unterstützung dienen oder andere Familienmitglieder und Freunde. Selbst das dickköpfigste Kind wird aufhören, auf seine Eltern Druck auszuüben, wenn es wiederholt auf eine standfeste Verweigerung stößt, die von Helfern bestärkt wird.

Es ist zudem möglich, sich auf die Situation vorzubereiten, dass man den Forderungen und Belästigungen des Kindes eventuell wider seinen Willen nicht standhalten wird. Der beste Weg ist, dem Kind im Voraus folgende Mitteilung zu machen: »Ich bin nicht bereit, dass du mich weiterhin mit unaufhörlichen Forderungen von Dingen, die ich dir kaufen soll, belästigst. Ich werde mich jeder Art solcher Forderungen widersetzen. Solltest du einen Moment der Müdigkeit oder Schwäche von mir ausnutzen können, so werde ich nicht davor zurückscheuen, die gekaufte Ware wieder zurückzugeben!« Solch eine Mitteilung ist besonders für Kinder geeignet, die die systematische Belästigung der Eltern als Strategie anwenden, um ihre Wünsche doch noch erfüllt zu bekommen, und kann durch Helfer bestärkt werden, die dem Kind sagen, dass sie die elterliche Entscheidung unterstützen.

Wenn nun Eltern tatsächlich das erste Mal einen gekauften Gegenstand zum Geschäft zurückbringen, sei es am folgenden Tag oder erst nach einer Woche, wird dies zu einem prägenden Ereignis. Eltern müssen jedoch auf die Überraschung und die Wut des Kindes gefasst sein. Ihre Bereitschaft, den Wutanfall zu ertragen, ohne dem Kind den zurückgegebenen Gegenstand erneut zu kaufen, erweist sich als Wendepunkt in der Eltern-Kind-Beziehung, insbesondere in Bezug auf ihre Kommunikation bei Einkäufen. Die Veränderung, die Eltern in dieser Situation erleben, ist beinahe noch von größerer Bedeutung als die Veränderung, die dem Kind widerfährt. Die Maßnahme, einen Kauf rückgängig zu machen oder dem Kind einen Gegenstand abzunehmen, verdeutlicht die elterliche Haltung, in der sie standhaft als Anker für ihr Kind dienen können, um es bei dem notwendigen Lernprozess zu unterstützen, Versuchungen zu widerstehen.

Diskussionen zu Ausgaben

Diskussionen zu Ausgaben und zu den Budgets, die für die verschiedenen Zwecke zur Verfügung stehen, sind unumgängliche, sich wiederholende Ereignisse in einer Eltern-Kind-Beziehung. Das dem Kind zur Verfügung stehende Geld verändert sich entsprechend seinem Alter und seinen sich verändernden Bedürfnissen. Ähnlich wie Diskussionen innerhalb einer Regierung zwingend notwendig werden, sobald sich Bedürfnisse, Forderungen oder Ressourcen ändern, so auch innerhalb einer Familie: Die finanziellen Verhältnisse müssen gemeinsam neu eingeschätzt und Maßnahmen diskutiert werden, die der veränderten Situation entsprechen. Die Bereitschaft der Eltern, Zeit und Kraft in solche Diskussionen zu investieren, ermöglicht es ihnen, zu wissen, wie das Kind mit Geld umgeht und welchen neuen Versuchungen und Gefahren es ausgesetzt ist, so dass sie immer auf dem Laufenden sind und ihr Kind aktiv entsprechend seiner jeweils aktuellen Situation begleiten können.

Wie bereits erwähnt, können ganz unterschiedliche Gelegenheiten genutzt werden, um die notwendigen Gespräche zum Thema Geld zu führen: Eine gute Gelegenheit für ein Gespräch bietet sich zum Beispiel, wenn das Kind um Geld für einen Ausgang mit seinen Freunden bittet oder wenn es sein Taschengeld erhält.

Jonas bat seine Eltern, sein Taschengeld auf ein Online-Konto zu überweisen, um ihm den Kauf von Artikeln über das Internet zu ermöglichen. Seine Eltern entschlossen sich, die Gelegenheit zu nutzen und Jonas in Bezug auf seine Kontoführung und sein Geldmanagement zu beraten. Um ihm einen verantwortungsvollen Umgang mit seinen Finanzen zu erleichtern, suchten die Eltern gemeinsam mit Jonas ein für sein Alter passendes Online-Konto aus. Sie besprachen mit ihm, welche Artikel und Produkte er über das Internet mit ihrer Zustimmung kaufen dürfe und wie viel Geld ihm monatlich zur Verfügung stehe. Sie suchten auch gemeinsam bei Facebook nach einer Diskussionsgruppe, die sich mit Verbraucherschutz und -verhalten auseinandersetzt. Tatsächlich fanden sie ein Forum, das ihren Bedürfnissen als Familie genau entsprach. Im Laufe der Zeit, in der sie sich mit diesen neuen Themen vertraut machten, entdeckten sie, dass Jonas für die Familie Marktstudien und Preisvergleiche zusammenstellen und auf diesem Weg die finanzielle Situation der Familie unterstützen konnte. Auf diese Weise führte Jonas' Bitte zu einem produktiven Familiendiskurs zum Thema Geld, der der ganzen Familie half, bedachtere Verbraucher zu werden und ihre Finanzen gut zu durchdenken.

Auch Gespräche zu Geldgeschenken oder zu Verdiensten des Kindes liefern den Eltern eine gute Gelegenheit, um sich aktiv am Leben des Kindes zu beteiligen. Wenn das Kind beginnt, Geld anzusparen und selbstständig seinen Wünschen nachzukommen, ist es wichtig, das

Kind anzuleiten in Hinblick auf den Zweck, die Einschränkungen und die unterschiedlichen Wege, sein Geld auszugeben. Während solcher Gespräche sollten Eltern definieren, welche Geldausgaben in ihren Augen legitim sind, und betonen, dass die Ausgaben des Kindes weiterhin unter ihre elterliche Aufsichtspflicht fallen.

Die Ausgaben des Kindes sollten mit den Werten der Familie in Bezug auf Gesundheit, Freizeitgestaltung, Schlafstunden und Ähnlichem in Einklang stehen. Hierbei ist es nötig, verbotene Ausgaben klar und deutlich zu benennen, wie zum Beispiel Glücksspiele oder den Kauf von Dingen mit Schadstoffen. Eltern sollten ihr Kind darum bitten, sie zu informieren, wann immer es seinen Freunden Geld leiht oder von Freunden Geld geliehen bekommt.

Das Gespräch zum Thema Geld, das regelmäßig mit den Kindern geführt wird, ermöglicht es Eltern, gemeinsam mit dem Kind Prioritäten zu setzen und ihm die Notwendigkeit einer Planung zu verdeutlichen, die vom Kind verlangt, die Erfüllung einiger seiner Wünsche aufzuschieben oder gar ganz auf sie zu verzichten, um sich größere Anschaffungen zu ermöglichen. Die Eltern können das Kind zum Sparen ermutigen, indem sie anbieten, bei größeren Anschaffungen einen Beitrag zu leisten.

Solche, den finanziellen Umgang des Kindes mit seinem eigenen Geld betreffenden Gespräche sind aus zwei Gründen sehr wichtig: Erstens vermitteln sie dem Kind Grundsätze im verantwortlichen Umgang mit Geld und lehren es, sich vor möglichen Fallen in Acht zu nehmen. Zweitens stärken sie die elterliche Präsenz im Bewusstsein des Kindes. Die Verinnerlichung der elterlichen Stimme ist eine der wichtigsten Folgen der elterlichen wachsamen Sorge.

Je älter das Kind, desto größer sein Vermögen, einen Teil der Haushaltsführung zu übernehmen. Lebenssituationen, in denen die Familie mit besonderen finanziellen Herausforderungen konfrontiert wird, wie zum Beispiel bei Arbeitslosigkeit oder der Erkrankung eines Elternteils, großen Ausgaben für medizinische Eingriffe, der Kommunion eines Kindes, einem besonderen Urlaub, können maßgeblich zum Erwachsenwerden des Kindes beitragen. Wenn das Kind in Familiendiskussionen einbezogen werden kann, wenn es die verschiedenen Überlegungen und die Einschränkungen mitbekommt und vielleicht sogar darum gebeten wird, seine Meinung zu äußern oder seinen Beitrag zu den familiären Anstrengungen zu leisten, sind dies für seine Entwicklung ausschlaggebende und prägende Ereignisse. Manchmal sind auch die Lebenslagen anderer Familien Anlass für ein Gespräch zum Thema Finanzen. All diese Gesprächsanlässe können die Basis für einen kontinuierlichen Dialog werden, der die elterliche wachsame Sorge fördert.

ROLAND: »Ich habe gehört, dass Nele nicht mit den Pfadfindern auf Fahrt gehen kann, weil ihre Mutter seit der Geburt ihrer Zwillingsschwestern aufgehört hat, zu arbeiten, und sie nicht genügend Geld haben.«

ROLANDS MUTTER: »Wow. Ja. Wenn es viele Ausgaben gibt und die Einkünfte schrumpfen, gibt es manchmal nicht genug Geld für alles. Wie geht es denn Nele damit?«

ROLAND: »Sie hat davon erzählt, als würde ihr das ganz egal sein. Aber ich habe schon gemerkt, dass sie traurig ist. Ich verstehe nicht, wie sie das einfach so hinnimmt, dass ihre Eltern ihr so etwas antun! Es wird noch dazu kommen, dass sie keine Freunde mehr hat!«

MUTTER: »Wer nicht mit den Pfadfindern auf Fahrt geht, hat keine Freunde mehr? Übertreibst du nicht ein wenig?«

ROLAND: »Nein, ich übertreibe nicht. Auf der Fahrt werden wir gemeinsam Dinge erleben, die sie nicht mitbekommt. Wir werden dann über Dinge lachen und sie wird sich ausgeschlossen fühlen. Sicher hat sie auch kein Geld mehr, mit uns abends wegzugehen. Am Ende wird sie ganz allein dastehen.«

MUTTER: »Das ist wirklich ein Problem. Was würdest du denn tun, wenn uns das passieren würde? Würdest du es bevorzugen, dass wir das Geld für deine Fahrt ausgeben oder lieber Essen und Windeln kaufen? Weißt du, Neles Familie hat sich entschieden, die Einkünfte zu kürzen, damit Neles Mama auf die Zwillinge aufpassen kann. Nele ist schon ein großes Mädchen und versteht, dass es keine andere Möglichkeit gibt. Diese neue Lage der Familie wirkt sich auch auf sie aus. Jede Familie muss Schwierigkeiten überwinden. Ich glaube, Nele wird durch diese Erfahrung lernen, mit dem Geld zurechtzukommen, das ihr zur Verfügung steht. Ich bin mir sicher, ihr seid Neles Freunde, weil ihr sie als Person schätzt und nicht wegen des Geldes ihrer Eltern! Freundschaften müssen sich ganz besonders während schwieriger Lebensphasen beweisen. Vielleicht könnt ihr euch überlegen, wie ihr Nele helfen könnt, diese Durststrecke durchzustehen, ohne sich weniger wichtig oder unerwünscht zu fühlen.«

Vorfälle, wie sie im obigen Fallbeispiel Nele erlebt, liefern einen neuen Kontext. Es wird deutlich, dass das Geld, das dem Kind zur Verfügung steht, von der finanziellen Lage der Familie abhängig ist und den gleichen Einschränkungen und Regeln unterliegt wie das Geld, das den Eltern zur Verfügung steht. Entgegen der Neigung vieler Eltern, dem Kind die Auseinandersetzung mit solch schwierigen Themen ersparen zu wollen, zeigt die Erfahrung, dass selbst junge Kinder viele Erwägungen und Überlegungen der Familie im Hinblick auf ihre Finanzen verstehen und von diesem Verständnis profitieren können.

Georg und Melissa kämpften mit ihren immer größer werdenden Ausgaben angesichts der steigenden Preise. Sie entschlossen sich daher, ihre wöchentlichen Supermarkteinkäufe auf 100 Euro zu beschränken. Es war deutlich, dass diese Kürzung ihres Budgets ihnen den Kauf einiger Luxusgüter nicht ermöglichen würde, wie zum Beispiel Softdrinks, Snacks und Süßigkeiten, an die sich die achtjährige Milena jedoch gewöhnt hatte.

Georg, der oft Milena mit zum Einkaufen nahm, erklärte ihr die Entscheidung der Eltern zur Beschränkung des wöchentlichen Budgets für die Einkäufe. Er zeigte ihr, wie er die Produkte im Einkaufswagen nach ihrer Wichtigkeit sortierte. An der Kasse legte er dann zuerst die notwendigen Produkte, auf die die Familie nicht verzichten konnte, auf das Band und erst danach die weniger wichtigen Dinge, auf die sie im Notfall verzichten konnten. Wenn die Rechnung auf 100 Euro stand, nahm Georg die restlichen Produkte nicht mit, sondern legte sie an der Kasse beiseite. Um die Angelegenheit für Milena etwas interessanter zu gestalten, schlug Georg einen »Wettbewerb« vor, wer von ihnen erraten würde, mit welchem Produkt sie die 100-Euro-Grenze erreichen würden.

Nach einigen Einkäufen, bei denen Georg entschieden hatte, welche Produkte sie zurückgelassen hatten, ließ er Milena an dieser Entscheidung teilnehmen. Als an der Kasse die Rechnung dieses Mal die

100 Euro überstieg, fragte Georg Milena, ob sie entscheiden möchte, was sie zurücklassen werden. Milena zögerte nicht. Sie nahm eine Tüte Chips und schlug vor, diese im Supermarkt zu lassen. So überschritt die Geldsumme des Einkaufs nicht die vorgegebenen 100 Euro.

Das Denken in den Maßstäben der ganzen Familie, zu der das Kind gehört, vergrößert die Legitimität und die Akzeptanz der elterlichen Maßnahmen zur wachsamen Sorge. Ihre Aufsicht ist somit kein willkürlicher und bevormundender Akt, mit dem Eltern ihr Kind zu kontrollieren versuchen. Vielmehr drücken ihre Maßnahmen die Zugehörigkeit des Kindes zur Familie aus und dienen der gegenseitigen Sicherheit. Eltern reden als »Wir«. Die Maßnahmen ihrer wachsamen Sorge sind eine Folge der Zugehörigkeit des Kindes zu diesem »Wir«. Auch wenn das Kind natürlich mit wachsendem Alter immer mehr Unabhängigkeit in seinen persönlichen finanziellen Angelegenheiten erhält, bleibt es doch den Einschränkungen und den Bedürfnissen der Familie untergeordnet. Wir sind der Überzeugung, dass eine elterliche Haltung, die besagt: »Dies ist sein Geld und er darf damit tun, was er möchte!«, der Familie als Einheit schadet und dem Kind die für ihn notwendige Begleitung und Fürsorge vorenthält. Solange das Kind mit den Eltern zusammenwohnt oder finanziell von ihnen abhängig ist, sollten die Eltern keine solch freizügige Haltung in Bezug auf seine Finanzen einnehmen. Dies ist weder aus einer moralischen und erzieherischen Perspektive richtig noch finanziell gesehen sinnvoll. Das gilt auch dann noch, wenn das Kind beginnt, sich sein Geld selbstständig zu verdienen.

Nachdem Ran seinen Militärdienst absolviert hatte, entwickelte er ein Alltagsleben, das seine Eltern immer stärker besorgte. Er schlief bis spät in den Tag hinein, verbrachte viele Stunden am Computer und half fast gar nicht im Haushalt mit. Er verdiente sich eine bescheidene Summe mit Hilfe von Programmierarbeiten, die er von zu Hause aus ausführen konnte und nur wenige Stunden die Woche von ihm abverlangten. Dieses Geld reichte ihm für seine bescheidenen Ausgaben. Wann immer er Kunden traf oder für andere Zwecke aus dem Haus ging, benutzte er das Auto der Eltern. Als diese Situation sich immer weiter hinzog und keine Veränderung in Aussicht stand, baten die Eltern um ein Gespräch mit ihm, um seine Zukunftspläne zu besprechen. Ran sagte, diese Lebensweise sei zu diesem Zeitpunkt das, was er benötige, um sich von seinem aufreibenden Militärdienst zu erholen und sich auszuruhen. Er betonte, dass er sein eigenes Geld verdiene und keine Unterstützung von seinen Eltern erwarte.

Anfangs warteten die Eltern geduldig. Sie hofften, dass Ran zur Besinnung kommen würde. Als sich die Situation jedoch auch nach zwei Jahre noch nicht verändert hatte, entschieden sie sich zu handeln. Sie teilten Ran mit, dass sie mit ihm über seinen finanziellen Beitrag zum Familienhaushalt und über sein Mitwirken bei den alltäglichen Haushaltsverpflichtungen sprechen wollen. Ran war überrascht. Nie zuvor war dieses Thema angesprochen worden und er wusste, dass die finanziellen Verhältnisse der Eltern gut waren. Seine Eltern baten ihn, sich anzuziehen und in das Büro seines Vaters zu kommen. Dort teilten sie ihm mit, dass sie ihn während seines Militärdienstes und auch direkt danach verständlicherweise voll unterstützt und finanziert hätten. Jetzt sei jedoch die Zeit gekommen, das finanzielle Verhältnis und die Arbeitsaufteilung zu Hause neu zu regeln. Zu Rans Verwunderung führten seine Eltern ihm nun Tabellen vor, in denen die verschiedenen Ausgaben der Familie aufgeführt waren: die Ausgaben für das Auto, Zahlungen für die Sozialversicherung und Krankenversicherung, die Kosten für das Internet und das Telefon, die er zur Verfügung gestellt bekam, und mehr. Sie führten auch auf, welche Arbeiten sie für ihn im Haushalt auf sich nahmen, Einkäufe, das Kochen, der Hausputz, das Säubern seines Zimmers, das Wäschewaschen und die Pflege seines Hundes. Am Ende dieser langen Liste baten sie Ran, sich zu überlegen, wie er seinen Beitrag zu den Ausgaben und den Verpflichtungen im Haushalt leisten könne. Er fragte: »Wollt ihr etwa, dass ich euch Miete zahle?« Die Eltern antworteten darauf: »Sicherlich solltest du einen Teil der Kosten des Haushalts übernehmen. Du bist doch Teil der Familie!« Ran antwortete nicht.

Die auf dieses Gespräch folgenden Tage ging Ran seinen Eltern aus dem Weg. Bald darauf kaufte er sich von seinen Verdiensten ein Auto und teilte seinen Eltern provokativ mit, dass er das Familienauto nicht mehr benötige. Seine Eltern erwiderten, dass sie diesen Schritt gutheißen und als seine wachsende Unabhängigkeit interpretieren würden. Es gebe jedoch weitere Dinge, die die ganze Familie angingen und an denen er sich beteiligen müsse. Einige Wochen nach dem ersten Gespräch teilten die Eltern Ran Folgendes mit: »Du hast keinen Vorschlag gemacht in Bezug auf deinen Beitrag zum Familienleben, zu den Ausgaben und zu dem Haushalt. Deswegen haben wir uns überlegt, was wir von dir erwarten.« Sie führten ihm eine detaillierte Liste der Ausgaben auf, die sein Wohnen bei ihnen betrafen, und erklärten, dass sie von ihm erwarten würden, eine gewisse Summe auf monatlicher Basis beizutragen. Außerdem würden sie ab jetzt darauf zählen, dass er seine eigenen Einkäufe im Supermarkt erledige, nicht mehr in seinem Zimmer esse, da dies schrecklichen Schmutz hinterlasse und dem Familienleben nicht gerecht werde, dass er tagtäglich seinen Hund ausführe und das dreckige Geschirr vom Tisch wegräume.

Ran war deutlich gemacht worden, dass die Eltern es ernst meinten. Er begann, ihnen eine monatliche Summe zu zahlen, um sich an den Ausgaben zu beteiligen. Nach wenigen Monaten bat er seine Eltern um ein Gespräch, um mit ihnen sein Studium zu besprechen. Er erhielt einen Studienplatz an einer Hochschule und begann sein Studium. Seine Eltern finanzierten ihm die Studiengebühren, aber Ran zahlte weiterhin für sein Auto, leistete einen Beitrag zu den Familienausgaben und übernahm einen Teil der Einkäufe.

Über Geld zu reden, kann sehr überraschend sein. Viele Menschen sind es gewohnt, Geld als eine schmutzige, negative, geringwertige Angelegenheit anzusehen, also nicht als etwas, nach dem wir unser Leben und das Leben unserer Kinder richten möchten. In Folge solch einer Sichtweise widersprechen alle Geldangelegenheiten den Wertvorstellungen und der Moral, denen sich die Familie verpflichtet fühlt. Unser Diskurs zum Thema Geld hat jedoch das Gegenteil verdeutlicht: Das Gespräch über die Finanzen ist unserer Meinung nach ein wichtiger Bestandteil einer moralisch begründeten Erziehung. Es dient dem Zugehörigkeitsgefühl des Kindes zu dem Familienverbund, bestärkt das Gefühl der gegenseitigen Verpflichtung und fördert das Vermögen des Kindes, Verantwortung für sein Handeln zu übernehmen und möglichen Versuchungen besser zu widerstehen. Des Weiteren sehen wir, wie die elterliche wachsame Sorge in Geldangelegenheiten auch die Lebensführung der Eltern verbessert, so dass ihr Handeln stärker von ihren Werten geleitet wird. Diese Einsicht wird noch deutlicher, sobald wir verstehen, wie die elterliche Aufsicht über die Finanzen des Kindes auf effiziente und gute Weise viele der Gefahren und der möglichen negativen Einflüsse abwenden kann.

Das Überwinden schädlicher Verhaltensweisen des Kindes im Umgang mit Geld

Die wachsame Sorge der Eltern nimmt den höchsten Grad an, nämlich den Grad der einseitigen Maßnahmen, sobald sich besorgniserregende Anzeichen bemerkbar machen, die darauf hinweisen, dass das Kind sich in Gefahr begibt. Dies gilt auch für den Bereich der Finanzen. Solche Anzeichen können unterschiedlicher Art sein: Das Kind erhöht seine finanziellen Forderungen an die Eltern, es klaut, besitzt Geld oder Gegenstände, deren Herkunft unbekannt sind, und anderes. Solche Anzeichen weisen meist nicht nur auf Probleme im Umgang mit Geld hin, sondern sollten die Eltern dazu veranlassen, die Lebensweise des Kindes zu überprüfen. Sobald die Eltern die Finanzen des Kindes aus nächster Nähe verfolgen, dehnt sich ihr allgemeines Sichtfeld im Leben des Kindes aus. Oftmals nehmen sie nun weitere Probleme in anderen Lebensbereichen des Kindes wahr, die ein sofortiges Einschreiten zum Schutz ihres Kindes erfordern.

Die wachsame Sorge in Bezug auf den Umgang des Kindes mit Geld hat ihre eigene Dynamik, da die Eltern in diesem Bereich viel spezifischer und gezielter Fragen stellen und Informationen einfordern können. Im Umgang mit Geld können mathematische Fähigkeiten hinzugezogen werden. Sobald es Differenzen gibt zwischen den Erläuterungen des Kindes und der finanziellen Realität seines Verhaltens, wissen die Eltern, dass seine Berichterstattung unvollständig oder falsch ist. Somit ist der Umgang mit Geld ein Bereich, in dem auf relativ einfachem Weg Transparenz im Eltern-Kind-Verhältnis geschaffen werden kann. Leider vermeiden viele Eltern meist unangenehme Klärungsgespräche mit ihrem Kind und ignorieren lieber besorgniserregende Anzeichen, als ihr Kind mit ihrem Verdacht zu konfrontieren. Vermeidungsstrategien dieser Art lassen das Problem jedoch nur größer werden. An dieser Stelle möchte ich noch einmal meine Kindheitserinnerungen zu Hilfe nehmen:

Mit 15 Jahren fing ich an, im Tabakladen meiner Eltern in Sao Paolo zu arbeiten. Der Laden wurde von Abraham, dem Cousin meiner Mutter, geführt. Ich löste ihn jeden Tag mittags für zwei Stunden ab (ich lernte in einer Abendschule) und half auch an Wochenenden während der Morgenstunden, da zu diesen Stunden besonders viele Kunden kamen. Das Abkommen war, dass ich für jeden Arbeitstag 50 Cruzeiro erhalten sollte. Ich pflegte dieses Geld direkt aus der Kasse zu nehmen. Abraham mochte mich sehr und trotz des Altersunterschieds hatten wir ein sehr freundschaftliches und gleichberechtigtes Verhältnis. Vielleicht ließ dies ihn ein Auge zudrücken, denn er ignorierte über Jahre hinweg die Tatsache, dass ich mich nicht mit den 50 Cruzeiros abfand, sondern mir auch noch Zigaretten nahm (ich rauchte damals eine Packung Zigaretten am Tag) und mir »Aufschläge« gönnte, ohne ihn um Erlaubnis zu bitten. Glücklicherweise benutzte ich das Geld nicht für problematische Zwecke (die Zigaretten ausgenommen), sondern kaufte mir davon vor allem Bücher und Schallplatten. Es schien mir lange, dass niemand diese Diebstähle bemerke, da Abraham mich niemals mit ihnen konfrontierte. Erst als ich bereits drei Jahre im Tabakladen gearbeitet hatte, ließ er mich verstehen, dass er genau wisse, wie viel Geld in der Kasse fehle. Ich schämte mich und hörte auf, Geld zu stehlen, auch wenn ich mir weiterhin Zigaretten nahm.

Im Verlauf vieler Jahre habe ich mich gefragt, wie dieses Ignorieren meines Diebstahls sich auf mein Leben ausgewirkt habe. Ich meine noch heute, dass so mein unkontrollierter Umgang mit Geld geprägt wurde, der viele Jahre lang, in denen ich längst erwachsen und schließlich auch Familienvater war, mein Verhalten in Sachen Finanzen bestimmte. Wenn ich daran denke, welchen Gefahren ich in diesem Bereich ausgesetzt gewesen bin, merke ich, wie ich anfange zu zittern. Ich hatte einen älteren Freund, der Schulden gemacht und die Gelder des Reisebüros, in dem er arbeitete, veruntreut hatte. Er schlug mir vor, bei einer gesetzeswidrigen Handlung mitzumachen, mit der er erhoffte, seine Schulden zu tilgen. Er bat mich, ihm mit einer Geldsumme auszuhelfen, die er für diese Aktion benötige. Glücklicherweise geschah dies, kurz nachdem Abraham mir gesagt hatte, dass er wisse, wie viel Geld in der Kasse fehle. Ich wagte also nicht, mir Geld zu leihen. Wenn ich nun meinem Freund doch ausgeholfen hätte, nur um ihm zu helfen, sich aus seiner bedrohlichen Situation der Veruntreuung zu befreien, hätte ich mich selber in große Schwierigkeiten bringen können.

Sollten Eltern merken, dass der Umgang ihres Kindes mit Geld beängstigende Merkmale aufweist, sind sie dazu verpflichtet, ein unmissverständliches Gespräch mit ihrem Kind zu führen. Ein guter Weg, solch ein Gespräch zu eröffnen, ist eine klare Mitteilung: »Wir sehen, dass du dich in finanzielle Schwierigkeiten bringst, und wollen mit dir klären, was genau vor sich geht, und gemeinsam mit dir überlegen, wie mit der momentanen Situation umzugehen ist.« Solch eine Mitteilung wird meist auch Kinder zu einer Zusammenarbeit bewegen, die Angst vor der Reaktion ihrer Eltern haben. Auch wenn das Kind von den Eltern Geld gestohlen hat, ist eine derartige Formulierung angebracht. Wichtig ist, dem Kind zu vermitteln, dass die Eltern sich um es sorgen und eine Lösung suchen.

Höchstes Ziel der Gesprächsführung ist, Transparenz zu schaffen. Auf diesem Weg verstärken die Eltern automatisch ihre wachsame Sorge. So wachsen die Chancen, dass das Kind einen verantwortlichen Umgang mit Geld erlernt. Transparenz zu schaffen, fördert gleichzeitig auch das Verantwortungsgefühl des Kindes. Dies gilt für kleine Kinder, Jugendliche wie auch für erwachsene Kinder, die Schulden gemacht haben und ihre Eltern um Hilfe bitten.

Riccardo war 27 Jahre alt und finanziell vollkommen von seinen Eltern abhängig. Er wohnte in einer Wohnung, die seine Eltern ihm gekauft hatten. Diese übernahmen nicht nur die Kosten der Wohnung, sondern auch den größten Teil der Lebenshaltungskosten ihres Sohnes. In der Vergangenheit hatte er gearbeitet und seinen Job sogar über ein Jahr gehalten. Er war im Umgang mit Menschen sicher und bewältigte Aufgaben ausgezeichnet, die einen täglichen Kontakt mit Klienten verlangten. Er wollte jedoch Schauspieler werden und seine Eltern entschieden sich, ihn dabei zu unterstützen, sich seinen Wunsch zu erfüllen. Er wurde an einer Schauspielschule angenommen, schied jedoch vor Ende des ersten Studienjahres aus. Er versuchte, bei einer anderen Schauspielschule einen Studienplatz zu erhalten, schaffte jedoch die Aufnahmeprüfung nicht. In dieser Zeit vernachlässigte er seine Arbeit – tatsächlich arbeitete er meist gar nicht.

Seine Eltern überwiesen ihm weiterhin eine monatliche Geldsumme, genau wie zu der Zeit, als er noch an der Schauspielschule studiert hatte. Nach zwei Jahren wurde den Eltern jedoch klar, dass Riccardo die ihm von ihnen zur Verfügung gestellte Geldsumme nicht mehr genügte. Eines Tages wandte er sich mit der Bitte um dringende Hilfe an sie, nachdem er einen Anruf von der Bank erhalten hatte, dass sie seine Geldkarte sperren würden. Die Eltern suchten sich Beratung und wurden davon überzeugt, dass sie sich einen Einblick in Riccardos finanzielle Situation verschaffen müssten. Riccardo wehrte sich dagegen, seinen Eltern seine Ausgaben vorzulegen. Er behauptete, dass seine Eltern nicht das Recht dazu hätten, seine privaten Angelegenheiten zu überprüfen. Seine Eltern erwiderten daraufhin, dass sie bereit seien, einen Finanzberater hinzuzuziehen, der gemeinsam mit Riccardo seine Kontoauszüge durchgehen würde und ihm bei der Planung seiner Einnahmen und Ausgaben helfen könne. Sie betonten, dass sie ihm gern helfen würden, jedoch nur unter der Bedingung, dass er dieser Inspektion und einer Finanzplanung zustimme, so dass ein Überblick und mehr Transparenz geschaffen würden. Sie hoben außerdem hervor, dass sie nicht selbst seine Finanzen überprüfen würden. Ein Finanzberater könne diese Aufgabe übernehmen und würde ihnen dann einen Kurzbericht erstatten, ohne die genauen Details aufzuführen.

Riccardo hatte keine Wahl und willigte ein. Er arbeitete mit dem Finanzberater zusammen und Schritt für Schritt zahlten seine Eltern die angesammelten Schulden zurück. Dann fingen sie an, die monatliche Summe, die sie Riccardo zukommen ließen, zu reduzieren. Riccardo fing wieder an zu arbeiten. Selbst wenn er einige Male den Arbeitsplatz wechselte, blieb er doch nie für längere Zeit ohne Einkommen. Nach einem Jahr hatte Riccardo seinen Eltern die meisten Schulden zurückgezahlt. Mit Hilfe des Finanzberaters lernte er, seine Ausgaben zu regulieren und innerhalb seiner finanziellen Grenzen zu leben.

Zu Riccardos dreißigstem Geburtstag schenkten die Eltern ihm, da er inzwischen längere Zeit keine Schulden mehr gemacht hatte, eine größere Geldsumme. Sie wollten ihm dabei helfen, sich einen Kindheitstraum zu erfüllen und nach London zu fahren, um dort einige Theatervorführungen zu besuchen. Zu ihrem Erstaunen führte die Reise nach London zu erneuten Schulden. Sein finanzielles Verantwortungsgefühl, das er sich so hart erarbeitet hatte, wurde durch das großzügige Geschenk beeinträchtigt. Sie baten daher erneut um die Hilfe des Finanzberaters, mit dessen Hilfe Riccardo zu seinem neuen Umgang mit den eigenen Finanzen zurückkehren konnte. Dieses Ereignis verdeutlichte den Eltern, dass eine finanzielle Unterstützung, bei der Riccardo sich gleichzeitig von allen Verpflichtungen befreit fühlte, keine Hilfe für ihn sein konnte und sie eine solche Unterstützung daher in Zukunft besser sein lassen sollten.

Das nachfolgende Fallbeispiel beschreibt die elterlichen Maßnahmen eines Ehepaares, das ihrem jugendlichen Sohn zu helfen versuchte, der Glücksspielen verfallen war.

Der 15-jährige Daniel hatte teure Hobbys. Er hatte das Geld, das er zu seinem Bar Mizwah geschenkt bekommen hatte, eingefordert und mehrere tausend Euros für den Kauf von besonderen Briefmarken ausgegeben. Danach verliebte er sich in Taschen-PCs. Er verkaufte daher seine Briefmarkensammlung und schaffte sich fünf verschiedene Taschencomputer an. Als er auch dieser überdrüssig wurde, versuchte er sie zu verkaufen und vollzog einige Transaktionen über das Internet. Eines Tages entdeckten die Eltern, dass er sich auf Glücksspiele eingelassen hatte. Er hatte alle Computer bis auf einen verkauft und investierte das Geld sowie sein Taschengeld in Lottoscheine. Er begann seine schulischen Verpflichtungen zu vernachlässigen und verfolgte obsessiv die Spielergebnisse. Zudem verschuldete er sich bei Freunden, als seine Eltern aufhörten, ihm Geld zu geben.

Seine Großmutter erzählte den Eltern eines Tages, dass er weinend zu ihr gekommen sei und sie um Geld gebeten habe, um seine Schulden bei Freunden zurückzuzahlen. Er habe versprochen, dass sich solch ein Vorfall nicht wiederholen würde, und sie schwören lassen, dass sie seinen Eltern nichts davon erzählen würde. Sie habe Mitleid mit ihm bekommen, ihm das Geld gegeben und geschwiegen. Als jedoch seine Eltern ihr nun einige Monate später von einem weiteren Vorfall erzählt hatten, hatte sie sich entschieden, das Schweigen zu brechen und sie wissen zu lassen, was vorgefallen war.

Die Eltern führten ein eindringliches Gespräch mit Daniel. Sie sagten ihm, dass sie über seine Glücksspiele Bescheid wüssten und auch darüber informiert seien, dass er sich bei seinen Freunden verschuldet habe und seine Großmutter ihm deswegen ausgeholfen habe. Sie teilten ihm mit, dass sie fortan über seine Ausgaben informiert werden wollten. Sie sagten, dass sie ihn nun aus nächster Nähe beaufsichtigen und mit jedem Menschen in Kontakt treten würden, der ihnen dabei helfen könne, Daniel von seiner Sucht nach Glücksspielen zu befreien.

Daniels Vater ging mit ihm in Begleitung eines Onkels zu zwei verschiedenen Geschäften, bei denen Daniel seine Lottoscheine zu kaufen pflegte, und die Ladenbesitzer versprachen, keine Scheine mehr an Daniel zu verkaufen. Daniels Vater sprach außerdem mit einigen der Freunde und erklärte ihnen, dass Daniel, vielleicht anders als sie selber, sich in Bezug auf Glücksspiele nicht unter Kontrolle habe und in Gefahr sei, eine regelrechte Sucht zu entwickeln. Die Freunde zeigten sich verständnisvoll und gaben dem Vater allen Grund, zu glauben, dass sie in Bezug auf Glücksspiele nicht mehr mit Daniel zusammenarbeiten würden. Des Weiteren beriefen die Eltern eine größere Familienversammlung ein, erklärten das Problem und baten alle, Daniel kein Geld zu leihen, sollte er darum bitten. Während dieses Treffens stellte sich heraus, dass Daniel auch von der zweiten Großmutter bereits Geld erhalten und von zwei Cousins zusätzlich welches geliehen hatte. Die Eltern begannen, das Geld in seinem Portemonnaie zu überprüfen. Sie teilten ihm mit, dass sie auch sein Zimmer regelmäßig durchsuchen würden.

Die Situation beruhigte sich, zumindest schien es so. Zwei Jahre später fanden die Eltern jedoch einen Lottoschein im Mülleimer von Daniels Zimmers. Sie begriffen, dass er immer noch spielte, befragten diesbezüglich seine Freunde und überzeugten sich davon, dass er nur selten spielte, ganz gewiss nicht in dem Umfang seiner ersten Suchtphase. Die Eltern reagierten unverzüglich. Daniel wusste nun, dass sie im Bilde waren und nicht davor zurückschreckten, seine Freunde und Spielpartner zu kontaktieren. Das Wissen um die wachsame Sorge seiner Eltern trug wesentlich zur Eindämmung der Glücksspiele bei und schützte Daniel gewiss vor größeren Schulden oder Straftaten.

Eine Welt der Versuchungen

In Zusammenarbeit mit Yaara Geyra, Or Nethaneli, Casriel Juravel, Avigail Assa, Yaara Shimshoni und Ayala Alexandron

In den voherigen Kapiteln haben wir in unterschiedlichen Kontexten drei verschiedene Grade der wachsamen Sorge behandelt – den Grad der offenen Aufmerksamkeit, der vor allem durch Interesse und Anteilnahme am Leben des Kindes und durch einen offenen Dialog mit ihm gekennzeichnet ist, den Grad der fokussierten Aufmerksamkeit, den die Eltern erreichen, wenn sie zu einer gezielten Befragung übergehen und Informationen einfordern sollten, und den Grad der einseitigen Schutzmaßnahmen, der ein entschlossenes Einschreiten der Eltern erfordert. Alle drei Grade der wachsamen Sorge zielen darauf ab, die Gefahren angesichts der vielen Versuchungen in unserer modernen Gesellschaft in den verschiedenen Lebensbereichen des Kindes einzudämmen. In diesem letzten Kapitel werden wir einige der weit verbreiteten Versuchungen behandeln: Zigaretten, Alkohol- und Drogenkonsum, den Computer und das Autofahren.

Grundsätzlich gilt für alle Arten der Gefahren, denen Kinder im Laufe ihrer Entwicklung begegnen, dass durch ein vorbereitendes Gespräch, das den Charakter eines formellen, sich einprägenden Ereignisses hat, die besten Voraussetzungen geschaffen werden, um den Eltern eine effiziente wachsame Sorgen zu ermöglichen. Ein derartiges Gespräch kann als Wendepunkt verstanden werden, der das Vergangene vom Zukünftigen trennt. Es ist eine Art Ritual, mit dem die Eltern die Botschaft vermitteln: »Nun hast du das Alter erreicht, in dem wir über dieses Thema sprechen müssen. Es ist uns wichtig, dass du weißt, was wir dazu denken. Außerdem möchten wir gemeinsam mit dir überlegen, wie du dich vor Problemen schützen kannst.«

In allen Kulturen gibt es Riten, die oft als feierliche und festliche Zeremonien gestaltet werden und dafür bestimmt sind, den Anfang eines neuen Lebensabschnitts zu kennzeichnen. Diese Riten prägen sich in das Gedächtnis ein und unterbrechen den Alltag. So wird der Übergang zwischen zwei Lebensphasen oder eine Statusveränderung deutlich hervorgehoben. Riten existieren in verschiedenen Lebensbereichen: Es gibt Rituale, die Lebensabschnitte verdeutlichen, wie die Kommunion, eine Zeugnisübergabe oder die Hochzeit; andere Rituale rücken bestimmte Tage im Jahr in den Vordergrund, wie zum Beispiel Feiertage oder Geburtstage; weitere Rituale bezeichnen eine neu definierte Beziehung innerhalb des gesellschaftlichen Gefüges, wie das Unterschreiben eines Vertrages, das abschließende Händeschütteln, um ein Geschäft zu bestätigen, oder die Schlüsselübergabe zu einem neuen Haus oder Auto. Oft dienen Rituale auch dazu, einer negativen Entwicklung im Leben entgegenzuwirken. Zum Beispiel kann eine öffentliche Bekanntmachung der Absicht mehr Gewicht geben, das Rauchen aufzugeben, oder man schließt sich einer Gruppe Anonymer Alkoholiker an, um mit dem Trinken aufzuhören. Forschungen haben erwiesen, dass diese offiziellen Ereignisse die Chancen erhöhen, dass wir tatsächlich tun, was wir beschlossen haben. Natürlich kann durch diese Art Ritus oder eine formell festgelegte Handlung nicht sichergestellt werden, dass tatsächlich eine Wende eintreten wird. Der Ritus soll den Moment, in dem ein neuer Lebensabschnitt einsetzt oder eine Veränderung ansteht, kennzeichnen, kann aber nicht dafür sorgen, dass sich wirklich etwas verändern wird. Ohne eine klare Kennzeichnung des Wendepunktes ist es jedoch noch schwieriger, eine grundlegende Veränderung einzuführen.

In diesem Kapitel werden wir verschiedene Situationen vorstellen, für die ein offizielles vorbereitendes Gespräch als eine Art Ritus dienen und bezeichnet werden kann, der eine grundlegende Änderung in einem bestimmten Lebensbereich ankündigt. Wenn zum Beispiel ein junger Fahrer den Autoschlüssel für seine erste Fahrt ohne Begleitung überreicht bekommt, nachdem er einige Zeit in Begleitung seiner Eltern gefahren ist, so sollte dieser Übergang vom begleiteten zum selbstständigen Fahren auf eine Weise gekennzeichnet werden, die einen sicheren Fahrstil fördert. Wir haben in Israel eine Untersuchung in Zusammenarbeit mit einer gemeinnützigen Organisation mit dem Namen »Grünes Licht«[2] durchgeführt (Shim-

---

2 Diese Organisation setzt sich in Israel für eine Aufklärung hinsichtlich der Gefahren im Straßenverkehr und für die Förderung sicheren Fahrens ein.

shoni et al., im Druck) und konnten feststellen, dass tatsächlich ein formelles Gespräch der Eltern mit ihrem Kind, wie wir es in diesem Kapitel beschreiben werden, bevor dieses Kind allein ein Auto fuhr, zu einer erhöhten Sicherheit in Bezug auf seinen Fahrstil führte im Vergleich zu anderen jungen Fahrern, die kein derartiges Ritual erlebt hatten. Das Gleiche gilt auch für andere Gefahrenbereiche. Das Benennen und Kennzeichnen von Gefahren durch ein einführendes Gespräch verbessert die Voraussetzungen für eine optimale elterliche Begleitung des Kindes und verstärkt die elterliche Präsenz in seinem Bewusstsein.

Zigaretten, Alkohol und Drogen

Alle Eltern möchten, dass ihre Kinder vor drei Suchtmitteln – Zigaretten, Alkohol und Drogen – sicher seien. Die meisten Eltern würden sich freuen, gäbe es einen Weg, ihren Kindern den Konsum aller drei gänzlich zu verbieten. Leider ist das nicht möglich. Immer wieder werden wir von Eltern gefragt: »Was können wir tun, damit unser Kind nicht dazu verführt wird, Drogen zu konsumieren?« Leider müssen wir jedes Mal zugeben, dass wir keine Antwort auf diese Frage haben. Viele Kinder werden voraussichtlich der Versuchung nicht widerstehen können, Drogen auszuprobieren oder sich einen Rausch anzutrinken. Einige von ihnen werden immer wieder von Drogen angezogen werden. Das Einzige, was wir mit Gewissheit sagen können, ist, dass die Gefahr geringer wird, wenn das Kind seine Eltern in seinem Leben als deutlich präsent erlebt und sich ihrer Begleitung gewiss ist. Dies ist das von uns angestrebte Ziel.

Eltern reagieren oftmals überrascht, dass wir von Aussagen: »Du darfst keine Zigaretten rauchen!«, oder: »Du wirst unter keinen Umständen irgendwelche Drogen ausprobieren!«, absehen, da diese unserem Verständnis nach die elterliche wachsame Sorge nicht fördern. Wenn das Kind in der Vergangenheit schon einmal eine Droge ausprobiert hat, wird es nach solch einer Äußerung der Eltern einem Gespräch mit ihnen zum Thema auszuweichen versuchen, hat es doch das Verbot der Eltern schon übertreten. Eltern sollten ihre Haltung zu Suchtmitteln klar und deutlich vermitteln und das Kind darum bitten, sich vor aller Art gefährlicher Rauschmittel zu schützen. Dies sollte jedoch auf eine Weise geschehen, die den Kommunikationskanal zwischen Eltern und Kind auch in Bezug auf dieses Thema weiterhin offen hält. Zur Verdeutlichung noch einmal ein Beispiel aus meinem eigenen Leben:

Schon während meiner Grundschuljahre hatte sich mein Vater bei mehreren Gelegenheiten mit aller Vehemenz gegen die Möglichkeit ausgesprochen, dass ich jemals auch nur eine einzige Zigarette rauchen würde. Er hatte mir die schweren Schäden erläutert, die das Rauchen von Zigaretten verursache, und betont, dass Rauchen süchtig mache und ungesund sei. Mein Vater hatte ein besonderes Recht, ein solches Verbot auszusprechen, da er selbst unter den gesundheitlichen Folgen seines schweren Rauchens gelitten hatte und sich nur mit großen Anstrengungen von der Gewohnheit, zu rauchen, hatte befreien können. Sein kompromissloses Verbot war jedoch nicht stark genug, um mich gegen den Gruppenzwang meiner Freunde zu schützen, mit denen ich mir Fußballspiele ansah. Als ich den legendären Pelé sah, wie er unsere Mannschaft im Stadion von San Paolo zunichtemachte, und meine Freunde mir zum Trost eine Zigarette anboten, sozusagen als Zeichen unseres Bündnisses gegen die Überlegenheit der gegnerischen Mannschaft, konnte ich nicht ablehnen. Mit 14 Jahren rauchte ich bereits eine Schachtel am Tag und arbeitete, um diese schlechte Angewohnheit finanzieren zu können. Meine Eltern entdeckten mein Rauchen erst, als ich 19 Jahre alt war. Das strikte Verbot war also nur der Anlass dafür gewesen, mich hinsichtlich meiner Verheimlichungsmanöver zu vervollkommnen.

Dass ich die Gegebenheiten, die mich selbst zum ersten Mal zum Rauchen verführt haben, im obigen Fallbeispiel geschildert habe, hat noch einen besonderen Grund. Ein Fußballspiel muss als ein gesellschaftliches Ereignis verstanden werden, das andere Verhaltensregeln als die gewöhnlichen mit sich bringt und eine hoch geladene, mitreißende Atmosphäre erzeugt. Derartige Ereignisse sind für jeden Jugendlichen prägende Erlebnisse. Gleichzeitig wird jedoch bei solchen Anlässen die innere Stimme der Eltern leiser und mitunter werden dadurch die elterlichen Erwartungen in das Kind enttäuscht. Viele Jugendliche und junge Erwachsene fangen gerade bei solch prägenden Gelegenheiten mit dem Rauchen oder Trinken an, so zum Beispiel auf Partys oder während der Ausbildung. Eltern können sich nicht darauf verlassen, dass ihre Stimme immer lauter als die der Freunde sein wird. Wir dürfen nicht vergessen, dass gerade während des Jugendalters das Zugehörigkeitsgefühl zu den Gleichaltrigen an Bedeutung gewinnt. Eltern, die ihr Kind in dieser Entwicklungsphase nach wie vor begleiten und beaufsichtigen wollen, müssen diese Tatsache berücksichtigen und darauf hinarbeiten, dass sie weiterhin einen gewissen Einfluss auf ihr Kind ausüben werden. Die innere elterliche Stimme innerhalb des »Parlaments der Seele« des Kindes vergrößert die Chancen, dass es auch in Ausnahmesituationen die Lage durchdenken und sich vor gefährlichen Verhaltensweisen zurückziehen können wird.

Die elterliche wachsame Sorge, die das Kind rechtzeitig auf die mit dem Rauchen und Trinken verbundenen Gefahren vorbereiten möchte, sollte mit einem Gespräch beginnen, das sich vollkommen auf diese beiden Genussmittel konzentriert. Wir sind der Meinung, dass während solch eines Gesprächs Eltern jedoch auch das Rauchen von Marihuana ansprechen sollten, da die hiermit einhergehende Gefahr durchaus mit den Auswirkungen des Alkoholkonsums verglichen werden kann. Beides sind Rauschmittel, die unsere Wahrnehmung verändern und eine gewisse physiologische oder psychische Abhängigkeit auslösen.

Wir wissen, dass viele Eltern den Konsum von Drogen wie Marihuana viel schwerwiegender einstufen als den von Alkohol oder das Rauchen von Zigaretten. Allein das Wort »Drogen« löst größere Ängste aus und bezieht sich außerdem im Alltagsgebrauch oft auf diejenigen Genussmittel, die gesetzlich verboten sind. Dessen ungeachtet sollte Eltern bewusst sein, dass auch Alkohol eine Droge und die mit ihm verbundene Gefahr nicht geringer ist als die, die mit dem Konsum anderer Drogen einhergeht. Sollten Eltern trotzdem zwischen illegalen und legalen Drogen wie Alkohol und Zigaretten unterscheiden wollen, so können sie ein Gespräch nur zum Alkohol- und Zigarettenkonsum führen und am Ende dieser Konversation hinzufügen: »All das, was wir in Bezug auf Alkohol und Zigaretten besprochen haben, gilt natürlich doppelt und dreifach für Marihuana oder andere Drogen!«

Ziel eines ersten Gesprächs zum Thema Alkohol und Zigaretten, möglichst noch bevor das Kind beide selbst ausprobiert hat, besteht vorerst darin, die Chancen zu verbessern, dass das Kind im Augenblick der Versuchung seine Eltern stärker im Bewusstsein haben wird. Wir können zwar nicht erwarten, das Kind von der elterlichen Haltung völlig zu überzeugen. Ein Kind, das sich einfach anleiten lässt und in den meisten Fällen die Meinung der Eltern übernimmt, wird jedoch auch in dieser Situation auf diese Weise reagieren, während ein Kind, das dazu neigt, sich der Haltung der Eltern zu widersetzen, dies sicherlich auch in diesem Fall tun wird. Erstaunlicherweise misst sich der Erfolg eines Gesprächs zum Genuss von Drogen nicht daran, inwieweit das Kind die elterliche Meinung als seine eigene annimmt, sondern vielmehr daran, inwiefern das Kind das Gefühl hat, beständig begleitet zu werden und seinen Eltern ein Gesprächspartner sein zu können. Selbst wenn das Kind die Haltung der Eltern nicht vollkommen übernehmen wird, können wir mit Gewissheit behaupten, dass das Ziel des Gesprächs erreicht ist, sobald das Kind sich in Momenten der Versuchung an das Gespräch erinnert. Ein weiterer Gewinn eines solchen Gesprächs liegt darin, dass das Thema Alkohol, Zigaretten und andere Drogen auf die Tagesordnung der Familie gesetzt wurde und somit eine Basis für die Eltern geschaffen wurde, sich auch zukünftig mit dem Kind über dieses Thema zu unterhalten und sich nach den Erfahrungen, die es inzwischen mit ihm gemacht hat, zu erkundigen. Eltern, die sich hingegen mit einem Verbot begnügen, wie zum Beispiel »Du darfst auf keinen Fall Zigaretten/Drogen/Alkohol anrühren!«, anstatt das Gespräch mit dem Kind zu suchen, müssen damit rechnen, dass ihnen zu diesen Themen danach kein Kommunikationskanal mehr mit ihrem Kind offensteht.

Vor einem geplanten Gespräch sollten die Eltern sichergehen, dass sie die gleiche Meinung zum Thema vertreten. Dies ist keine leichte Aufgabe. Oftmals zweifelt ein Elternteil den Nutzen eines solchen Gesprächs an oder ist der Überzeugung, dass ihr Kind sowieso eigenständig seine Entscheidungen diesbezüglich fällen wird und sie als Eltern in diesem Falle kein Einflussvermögen haben. Manchmal neigt ein Elternteil auch dazu, grundsätzlich immer die entgegengesetzte Meinung des anderen Elternteils einzunehmen. Sollten die Eltern sich nicht einigen können, so empfehlen wir dem Elternteil, der willens ist, aktiv seine Aufgabe der wachsamen Sorge zu verfolgen, solch ein Gespräch allein mit dem Kind zu führen. Die Chancen, dass es Früchte tragen wird, vergrößern sich, wenn der andere Elternteil zumindest passiv dieses Gespräch unterstützt, indem er zum Beispiel sagt, dass er es befürwortet. Wenn selbst solch ein Einverständnis nicht erreicht werden kann, empfehlen wir, darum zu bitten, zumindest nicht zu widersprechen und das Gegenteil dem Kind gegenüber zu vertreten oder das Gespräch durch herablassende Bemerkungen zu untergraben. Solch eine Bitte wird meistens besser aufgenommen, wenn sie von einer Drittperson ausgesprochen wird, einer Person, die ein gutes Verhältnis zu dem Elternteil hat, der das Gespräch nicht befürwortet, und deren Meinung geschätzt wird, zum Beispiel ein Freund der Eltern. Glücklicherweise haben selbst die gegensätzlichsten Eltern meist in Bezug auf die Gefahren des Konsums von Genuss- und Rauschmitteln eine ähnliche Meinung. Deswegen ist es meist nicht schwer, wenigstens die passive Zustimmung des Elternteils zu erhalten, der ein derartiges Gespräch aktiv nicht unterstützt.

Eltern, die selber rauchen, empfinden es verständlicherweise schwer, im Gespräch mit dem Kind eine Meinung und Werte zu vertreten, die nicht mit ihrem Verhalten übereinstimmen. Tatsächlich ist die Aufgabe, das Rauchen für unerwünscht zu erklären, für sie eine besondere Herausforderung. Forschungen haben erwiesen, dass Kinder wesentlich mehr rauchen, wenn beide Eltern Raucher sind. Sobald nur ein Elternteil Nichtraucher ist, reicht dies jedoch als Ansporn aus, um auch das Kind vom Rauchen abzuhalten. Wenn ein Elternteil raucht, sollte der andere Elternteil die Gesprächsführung übernehmen. Sollten beide Eltern Raucher sein, können sie aus ihrem Freundes- und Bekanntenkreis einen Helfer hinzuziehen, der nicht raucht und vom Kind wertgeschätzt wird. Auch ein Gespräch mit einer Drittperson kann einen guten Einfluss auf das Kind haben. Die Eltern müssen während eines Gesprächs zwischen dem Helfer und dem Kind nicht unbedingt anwesend sein. Es sollte jedoch eine klare Mitteilung gemacht werden, dass das Gespräch von ihnen initiiert wurde und unterstützt wird: »Dieses Gespräch findet im Wissen und mit der Befürwortung deiner Eltern statt. Sie hatten das Gefühl, dass es nicht richtig ist wenn sie mit dir sprechen, da sie beide Raucher sind. Trotzdem hoffen sie, dass du nicht ebenfalls Opfer dieser Sucht werden wirst!«

Mit Hilfe eines formellen Charakters des Gesprächs verbessern wir die Chancen, dass es sich tatsächlich in das Bewusstsein des Kindes einprägen wird. Eltern, die solch ein Gespräch nebenbei führen, ohne ihm das gebührende Gewicht beizumessen, verringern hingegen die Chancen einer erfolgreichen Einflussnahme. Es ist vorteilhafter, dem Kind auf direktem Weg zu sagen: »Du bist inzwischen alt genug, dass wir mit dir über Zigaretten, Alkohol und Drogen sprechen. Lass uns eine Zeit vereinbaren, wann wir uns gemeinsam hinsetzen können, um einige wichtige Aspekte, die dieses Thema betreffen, zu besprechen!« Auf diese Weise wird das Gespräch vom alltäglichen Diskurs abgehoben und bekommt Gewicht. Es ist unerlässlich, den besonderen Status dieses Gesprächs dadurch hervorzuheben und zu kennzeichnen, dass die Eltern versprechen, dass sie es nicht mit der Absicht verbinden, dem Kind predigen oder es zurechtweisen zu wollen. Die Eltern können zum Beispiel sagen: »Dies wird ein besonderes Gespräch sein. Egal, was du uns erzählen und sagen wirst, wir versprechen, dich nicht zurechtzuweisen, nicht entrüstet zu reagieren oder dich zu bestrafen. Es ist uns wichtig, ein offenes Gespräch zu diesem Thema mit dir zu führen.« Das Gespräch kann im Wohnzimmer stattfinden, in einem Café oder im Büro eines Elternteils. Die Mobiltelefone sollten ausgeschaltet werden. Selbstverständlich sind all dies keine spontanen Entscheidungen, sondern entsprechen formellen Handlungsweisen, so wie auch eine Polio-Impfung keine spontane Handlung, sondern eine geplante Maßnahme ist.

Das Gespräch sollte mit einer kurzen Erklärung eröffnet werden. »Uns ist es wichtig, mit dir über Zigaretten und Alkohol zu sprechen, weil du inzwischen ein Alter erreicht hast, in dem du sicherlich in Situationen kommst, in denen du versucht bist, eine Zigarette zu rauchen, Alkohol zu trinken oder vielleicht sogar Marihuana auszuprobieren. Wir möchten unseren Standpunkt zu diesem Thema klarstellen und dir helfen, mit solchen Situationen umzugehen.« Nach dieser Eröffnung sollte geklärt werden, ob das Kind bereits mit Situationen konfrontiert worden ist, in denen die Versuchung groß war, zu rauchen oder Alkohol zu trinken: »Wird bei euch an der Schule geraucht?«, »Wird bei Partys Alkohol angeboten?«. Solche und ähnliche Fragen laden das Kind dazu ein, zu erzählen, ob und in welcher

Form es sich mit diesem Thema schon auseinandergesetzt hat. Sollte das Kind solche Vorkommnisse verleugnen, so können die Eltern hinzufügen: »Noch passieren diese Sachen nicht. Aber sicherlich wird es zu solchen Dingen kommen. Du wirst Situationen erleben, in denen andere Kinder rauchen oder trinken werden und auch dir Zigaretten oder Alkohol anbieten werden. Vielleicht werden sie dich sogar drängen, mitzumachen.« Solche Vorhersagen der Eltern werden dem Kind das Gespräch ins Gedächtnis rufen, sobald sie in Erfüllung gehen sollten. Ankündigungen dieser Art schlagen eine Brücke zwischen Momenten der Versuchung und dem elterlichen Vorbereitungsgespräch zu diesem Thema. Eine solche Brücke ist eins der wesentlichen Ziele des Gesprächs. In den zwei folgenden Beispielen zeigen wir, wie Eltern das Gespräch führen können, sollte das Kind nur zu einem gewissen Maß zu einer Zusammenarbeit bereit sein.

Rosa lud ihre 14-jährige Tochter Daniela zu einem Musical ein und bat darum, dass sie sich vor der Aufführung in ein Café setzen, um in einer angenehmen Atmosphäre über das Rauchen und das Trinken zu sprechen. Da Daniela in letzter Zeit angefangen hatte, zu Partys zu gehen, und im Sommer an einem Jugendcamp in England teilnehmen würde, sprach sie die Möglichkeit an, dass Daniela vielleicht in naher oder ferner Zukunft gefragt würde, ob sie nicht mitrauchen, auch etwas trinken oder ebenfalls Marihuana rauchen wolle. Hier ist ein Auszug aus dem Gespräch, dass sie im Café führten:

ROSA: »Gibt es unter deinen Freunden jemanden, der schon raucht oder Alkohol trinkt?«
DANIELA: »Nicht wirklich unter meinen Freunden. Da sind zwei, die während einer Party rausgegangen sind und angeberisch behauptet haben, sie gingen eine rauchen.«
ROSA: »Was würdest du denn tun, wenn du eine Zigarette angeboten bekämst?«
DANIELA: »Mama, ich werde keine Zigarette angeboten bekommen. Das sind nicht meine Freunde!«
ROSA: »Deine Freunde werden dir vielleicht keine Zigarette anbieten. Aber wer weiß, wer dort auf dem Camp sein wird. Außerdem kann es durchaus sein, dass in ein oder zwei Jahren auch einige deiner

Freunde das mal ausprobieren möchten! Deswegen ist es mir wichtig, dass wir über diese Möglichkeit sprechen. Damit du gewappnet für solch eine Situation bist.«
DANIELA: »Mama. Da werde ich ganz bestimmt nicht mitmachen.«
ROSA: »Es freut mich, dass du in deiner Haltung so bestimmt bist. Ich möchte, dass du weißt, dass Papa und ich dich darin unterstützen möchten, nicht dem Druck anderer nachgeben zu müssen und in solch eine Falle zu geraten. Wir möchten, dass du weißt, dass uns das wichtig ist!«

Rosa hatte den Eindruck, dass sie es hierbei belassen und das Gespräch beenden sollte, um die angenehme Atmosphäre nicht zu zerstören. Sie sah deswegen davon ab, die Gefahren des Alkoholkonsums, Rauchens und Genusses von Marihuana zu benennen. Sie zog es vor, diese Aspekte für eine andere Gelegenheit aufzusparen. Der Austausch war in jedem Fall vielversprechend und das Gespräch endete in guter Stimmung.

Anne und Olaf hatten einen gemeinsamen 15-jährigen Sohn, Gideon. Sie befürchteten, dass ihr Sohn sie sofort zu Beginn des Gesprächs abschütteln würde. Olaf kündigte an: »Uns ist es wichtig, mit dir ein ehrliches Gespräch über die Gefahren von Rauchen, Alkohol- und Drogenkonsum zu führen. Ich weiß, dass du es hasst, wenn wir dich ausfragen. Es ist mir deswegen wichtig, zu betonen, dass es nicht in unserem Sinne ist, dich auszufragen oder zu bedrängen. Wir möchten mit dir ein kurzes, hoffentlich angenehmes Gespräch führen. Ich verspreche dir, dass wir dir nichts vorpredigen, dir keine Warnungen geben und auch nicht hysterisch reagieren werden. Heute Abend hast du dich mit deinen Freunden verabredet. Ich möchte, dass wir uns eine Viertelstunde, bevor du gehst, hinsetzen und darüber sprechen.« Die Eltern wussten, dass Gideon sie vor dem Verlassen des Hauses um Geld bitten würde. Dies war der Gesprächsverlauf:

GIDEON: »Was, gerade jetzt, wo ich gehe? Ich komme schon zu spät!«
OLAF: »Es wird nicht lange dauern! Ich habe dir gesagt, dass wir heute Abend dieses Gespräch führen werden. Das ist uns sehr wichtig!«
GIDEON: »Nun, lasst es uns schnell hinter uns bringen.«

Die Eltern baten Gideon, sich mit ihnen hinzusetzen.

OLAF: »Komm, wir schalten die Handys aus, damit das Gespräch ungestört vonstattengehen kann. So wird es kurz und bündig.«

GIDEON: »Was macht ihr so ein großes Trara daraus? Denkt ihr, ich sei ein Drogi?! Keiner meiner Freunde nimmt Drogen!«

OLAF: »Das freut uns zu hören! Aber wir möchten mit dir nicht nur über Drogen sprechen, sondern auch über Zigaretten und Alkohol. Denk daran, dass wir nicht wütend auf dich werden, egal was du während unseres Gesprächs sagst. Gibt es denn unter deinen Freunden welche, die schon trinken oder rauchen?«

GIDEON: »Und wenn es welche gäbe, würde ich euch das sagen?!«

OLAF: »Nein. Ich fürchte nicht. Mir ist klar, dass du deinen Freunden gegenüber sehr loyal bist. Ich werde dich daher nicht bitten, irgendwelche Informationen preiszugeben. Ich möchte dich aber fragen, wie du reagieren wirst, wenn du eine Zigarette oder Alkohol oder etwas anderes angeboten bekommst.«

GIDEON: »Was wollt ihr denn? Ich will doch nicht abhängig werden! Können wir jetzt mal aufhören mit diesem Kram?«

OLAF: »Das Gespräch ist uns sehr wichtig. Mir ist klar, dass das für dich unangenehm sein muss. Aber wir wären ganz schön schlechte Eltern, wenn wir nichts unternehmen würden, um dich vor dem Rauchen oder Trinken zu warnen. Wir sind nicht dabei, wenn du dich mit deinen Freunden triffst. Da bist du auf dich selbst gestellt. Wir freuen uns, dass du ausgehst und feierst. Aber wir haben auch unsere Befürchtungen und wir würden gern glauben wollen, dass du auch ›Nein‹ sagen und einer Versuchung widerstehen kannst. Ich wäre froh, wenn ich wüsste, dass du dich nicht von irgendwelchem Druck deiner Freunde unterbuttern lässt.«

GIDEON: »Ich lass mich von niemandem unterbuttern! Mensch Mama, du sagst ja gar nichts. Ist das alles die Idee von Papa gewesen?«

ANNE: »Nein. Das haben wir gemeinsam geplant. Ich bin froh, dass du sagst, dass du dich nicht unterbuttern lässt. Ich wäre sehr glücklich, wenn du dich an diese Worte erinnerst, wenn dir Zigaretten oder Alkohol angeboten werden!«

GIDEON: »Ich habe euch doch schon gesagt, dass ich nicht vorhabe, abhängig zu werden!«

OLAF: »Ich glaube nicht, dass irgendjemand jemals absichtlich abhängig geworden ist. Man probiert etwas aus, weil man neugierig ist und dazugehören möchte. Beim ersten Mal raucht oder trinkt man sicherlich aus Neugierde. Aber das kann sich schnell verändern!«

GIDEON: »Ich kann den Geruch von Zigaretten gar nicht ausstehen!«

OLAF: »Sehr gut! Das wird dich hoffentlich vor dem Rauchen schützen. Wenn du den Geruch nicht so schlimm fändest, wärst du vielleicht schon ein Raucher!«

GIDEON: »Ach, so ein Quatsch!«

OLAF: »Und wie sieht es mit Marihuana aus? Ich nehme an, dass du auch irgendwann einmal Marihuana angeboten bekommen wirst. Da wird man dir erzählen, dass das ein ganz tolles Gefühl gibt. Oder jemand hat von zu Hause eine Flasche Wodka mitgebracht und will vor der Party ein bisschen Stimmung machen.«

Gideon nickte mit dem Kopf, ein Nicken, das den Eltern verdeutlichte, dass er wusste, wovon die Eltern sprachen. Dies war der richtige Augenblick, das Gespräch zu beenden.

OLAF: »Mir ist klar, dass du weißt, wovon wir sprechen. Ich habe versprochen, dass wir dir keine Predigten halten werden und ich möchte mein Versprechen halten. Lasst uns das Gespräch hier beenden. Solltest du solche Situationen erleben, dann denk bitte an uns! Wir machen uns viele Gedanken um dich und sorgen uns um dein Wohlergehen.«

Manchmal fühlen sich Eltern von der Haltung ihres Kindes gekränkt und empfinden seine Geringschätzung als verletzend. Dadurch wird das Gespräch von seinem eigentlichen Ziel abgelenkt. Der eigentliche und zentrale Grund für das Gespräch gerät in Vergessenheit. Eltern können eine gewisse Immunität gegen das Gefühl, ihr Kind würde sie wenig schätzen, und gegen seine Frechheit entwickeln, indem sie sich sagen, dass das Verhalten des Kindes darauf abzielt, dem eigentlichen Thema auszuweichen. Wenn die Eltern ihre Reaktionen unter Kontrolle haben und sich auf das Thema, um das es ihnen geht, konzentrieren, ohne sich von den Provokationen des Kindes oder seinen Ablenkungsmanövern beeinflussen zu lassen, können sie viel erreichen: Das Thema wird auf die Tagesordnung gesetzt und dem Kind wird deutlich gemacht, dass der Genuss von Alkohol, Zigaretten und anderen Drogen unter ihre Aufsichtspflichten fällt. Auf diese Weise haben sie damit begonnen, ihr Kind in einem problematischen Lebensbereich zu begleiten.

Das Gespräch kann und sollte fortgeführt werden, solange die provokativen Reaktionen des Kindes dies zulassen. Wenn das Kind seiner Ungeduld Luft macht, können die Eltern ehrlich antworten: »Uns macht dieses Gespräch auch keinen Spaß! Wir haben das Gespräch zu diesem Thema mit dir gesucht, weil wir deine Eltern sind und du uns sehr wichtig bist!« Sollte das Kind sein oppositionelles Verhalten weiter beibehalten und nicht kooperieren, können die Eltern das Gespräch mit einer einseitigen Aussage beenden: »Wir werden nicht an deiner Seite sein, wenn dir Zigaretten oder Alkohol angeboten werden. Da werden nur deine Freunde sein. Aber gerade jetzt sind wir bei dir und deswegen ist es uns wichtig, diese Gelegenheit zu nutzen und dir diese Dinge zu sagen. Wir hoffen einfach, dass du an uns denkst, wenn du dich mit deinen Freunden triffst!« Dieser Abschluss schlägt die gewünschte Brücke zwischen dem Gespräch und dem Moment der Versuchung. Diese Brücke ist es, die aufgebaut und verstärkt werden soll.

Bei anderen Gelegenheiten können die Eltern dem Kind dann noch mehr von dem mitteilen, was es ihrer Ansicht nach in Bezug auf den Konsum von Zigaretten, Alkohol und anderen Drogen bedenken sollte. Von den folgenden drei Botschaften können Eltern sich diejenigen aussuchen, die am besten zu ihrem Glauben, ihrer Lebensweise und ihren Stil passen:

- »Ich würde es bevorzugen, wenn du solche Suchtmittel gar nicht anfasst. Ich wünsche mir, dass du stark genug bist, um zu sagen: Zigaretten und Marihuana, das ist nichts für mich! Ich schätze deine Fähigkeit, vernünftig zu sein, und glaube, dass du die Kraft und den Mut besitzt, dich auch dem Druck von Freunden zu widersetzen. Ich war auch sehr stolz auf dich, als du dich geweigert hast, bei dem Ausschluss von Viktor aus dem Freundeskreis mitzumachen.«
- »Es gibt Jugendliche, die trinken oder rauchen Marihuana, weil sie dadurch gelassener und offener werden. Das ist meines Erach-

tens sehr problematisch, weil ihre Fähigkeit, auch ohne den Einfluss von Alkohol oder Marihuana offen und gelassen zu sein, auf diese Weise noch mehr leidet. Genau das bezeichnet man als Abhängigkeit. Solltest du merken, dass du dich nicht mehr ohne Alkohol entspannen kannst, denk daran, dass wir für dich da sind, um mit dir einen anderen Weg zu finden und dir zu helfen.«
- »Der erste Versuch, eine Zigarette zu rauchen, ist meistens unangenehm. Wenn man dennoch weitere Zigaretten raucht, um sich an den Geschmack zu gewöhnen, ist das der erste Schritt zur Abhängigkeit. Sobald man das Rauchen genießt, kann man sich als abhängig bezeichnen. Da ist Alkohol ganz anders. Beim Alkohol kann sich eigentlich auf Anhieb ein angenehmes Gefühl einstellen. Aber beim wiederholten Konsum gewöhnt man sich an ihn, so dass man jedes Mal etwas mehr Alkohol braucht, um den erwünschten Effekt zu erreichen. Und das ist dann der Weg in die Abhängigkeit!«

Ein gut gewählter Abschluss des Gesprächs verbessert die Chancen, dass es einen dauerhaften Eindruck beim Kind hinterlassen wird. Das folgende Beispiel greift die wesentlichen Elemente des Gesprächs abschließend noch einmal auf und verleiht ihnen dadurch noch mehr Gewicht: »Wir haben dieses Gespräch mit dir geführt, damit du an uns denkst und dir deine Handlungsweise überlegst, solltest du in Situationen geraten, in denen dir etwas zu rauchen oder zu trinken angeboten wird. Wir zweifeln nicht daran, dass es solche Situationen geben wird. Wir würden es natürlich besser finden, wenn du Zigaretten und Alkohol überhaupt nicht ausprobierst. Im Fall, dass du es aber doch tun oder vielleicht sogar bereits vor diesem Gespräch getan haben solltest, hoffen wir sehr, dass dies eine einmalige Erfahrung bleiben wird. Auf jeden Fall kannst du immer zu uns kommen, dich mit uns beraten oder uns an Erfahrungen teilhaben lassen. Vergiss das bitte nicht! Wir können uns in manchen Situationen dann gemeinsam überlegen, wie am besten mit ihnen umzugehen ist. Wir möchten, dass du weißt, dass wir dich als deine Eltern immer begleiten und betreuen werden. Wir werden alles tun, was in unserer Macht steht, um zu verhindern, dass du von irgendwelchen Suchtmitteln abhängig wirst.«

Ein erstes Gespräch über Genuss- und Rauschmittel bereitet den Boden dafür vor, dass das Thema erneut angesprochen werden kann, sollten die Umstände dies rechtfertigen. Tatsächlich kann jedes gesellschaftliche Ereignis, jede Veränderung im Freundeskreis des Kindes ein Anlass sein, an den sich ein weiteres Gespräch anknüpft. Diese Gespräche müssen nicht lange dauern. Kurze Gespräche reichen meist vollkommen aus. Viele Eltern befürchten, dass sie als »Nervensägen« empfunden werden, wenn sie das Thema immer wieder ansprechen. Eltern mit solchen Befürchtungen können dem Kind zum Beispiel sagen: »Wenn du mein Gerede leid bist und möchtest, dass ich dich in Ruhe lasse, weil du stark genug bist, den Versuchungen zu widerstehen, dann freue ich mich darüber.« Solch eine Aussage verdeutlicht dem Kind die elterliche Haltung und stärkt die Erfahrung der elterlichen Begleitung im Bewusstsein des Kindes.

Sobald die Eltern Anzeichen wahrnehmen, die darauf hinweisen, dass ihr Kind trinkt oder raucht, sollten sie den Grad ihrer wachsamen Sorge verstärken. Die nachfolgenden Fallbeispiele erzählen von Kindern, die mit dem Rauchen oder Trinken angefangen haben, und davon, wie die Sucht mit Hilfe des elterlichen Eingriffs überwunden werden konnte.

Helena hatte den Verdacht, dass ihr 16-jähriger Sohn Michael rauchte. Es ging ein strenger Zigarettengeruch von ihm aus und als sie ihn dazu befragt hatte, war er ihr ausgewichen. Nach einer Weile bemerkte sie, dass der Zigarettengeruch von einem Kaugummigeruch abgelöst worden war. Nie zuvor hatte Michael Kaugummis gekaut. Sie durchsuchte sein Zimmer, fand eine Zigarettenschachtel und erzählte ihrem Mann Momo davon. Sie einigten sich darauf, gemeinsam mit Michael zu sprechen, gingen in Michaels Zimmer und baten ihn, den Film, den er gerade auf seinem Computer sah, zu unterbrechen. Momo war strenger als Helena und stand gleichzeitig Michael emotional näher. Er leitete das Gespräch.

MICHAEL: »Was ist los?«
MOMO: »Wir möchten mit dir über ein ernstes Thema sprechen.«

Michael sah, dass seine Eltern entschlossen waren, und willigte ohne Diskussion ein.

MOMO: »Wir sind zu der Überzeugung gekommen, dass du rauchst, und wollten mit dir offen darüber sprechen.«
MICHAEL: »Ich rauche nicht regelmäßig. Ich habe es ein, zwei Mal ausprobiert. Freunde haben mir Zigaretten angeboten.«
MOMO: »Das können wir dir leider nicht glauben. Es gibt zu viele Anzeichen dafür, dass du mehr rauchst – und das regelmäßig. Anstatt über die Tatsachen zu streiten, sollten wir uns darüber unterhalten, wie wir eine Lösung finden können.«
MICHAEL: »Was wollt ihr denn?«
MOMO: »Wir möchten, dass du mit dem Rauchen aufhörst.«
MICHAEL: »Gut.«
MOMO: »Wie wirst du das anstellen?«
MICHAEL: »Ich rauche nicht regelmäßig. Nur manchmal. Damit werde ich einfach aufhören.«
MOMO: »Ich glaube dir, aber nur teilweise. Ich würde mich freuen, wenn du aufrichtiger antworten würdest, so dass wir dir stärker glauben können und beruhigter sind.«
MICHAEL: »Was wollt ihr denn von mir hören?«
MOMO: »Ich wäre dankbar, wenn du dich ernsthaft dazu verpflichten könntest, nicht mehr zu rauchen. Das wäre ein Schritt in die richtige Richtung. Wir werden weiterhin genau darauf achten, ob du rauchst, denn in letzter Zeit gab es genügend Anzeichen dafür, dass du das Rauchen vor uns zu verheimlichen versuchst. Und noch etwas: Ich wäre dir dankbar, wenn du auch deinen Freunden mitteilen würdest, dass du aufhörst zu rauchen. Bist du bereit, mit mir zu überlegen, wie du ihnen das am besten klarmachst?«
MICHAEL: »Kein Problem. Das kann ich denen auch jetzt sofort sagen.«
MOMO: »Sehr gut! Würdest du ihnen vielleicht eine E-Mail oder eine SMS schicken? Das würde mir ein besseres Gefühl geben.«
MICHAEL: »Ok!«

Der elterliche Eingriff des Fallbeispiels oben basierte auf der Annahme, dass Sohn und Vater ein gutes Verhältnis zueinander hatten, das ihnen beiden wichtig war. Die Selbstkontrolle der Eltern hat zum Erfolg der Gesprächsführung wesentlich beigetragen. Die Dinge wären anders verlaufen, wenn Helena entsetzt und bestürzt reagiert hätte, als ihr klar geworden war, dass ihr Sohn rauchte. Natürlich konnten die Eltern nicht wissen, ob Michael sein Versprechen halten würde. Dadurch, dass sie ihre wachsame Sorge in Form ihrer elterlichen Begleitung und Präsenz jedoch wesentlich verstärkten, verringerten sie die Gefahr, dass Michael weiter rauchen würde. Die Bereitschaft des Jugendlichen, seinen Freunden sofort mitzuteilen, dass er das Rauchen aufgebe, und der Eindruck, dass er dadurch das Vertrauen seines Vaters in ihn wieder stärkte, haben sicherlich auch geholfen. Denn den Freunden mitzuteilen, dass man mit dem Rauchen aufhört, stellt einen größeren Schritt und eine gewichtigere Verpflichtung dar als das Versprechen gegenüber den Eltern und ist somit schwerer zu brechen.

Im nächsten Fallbeispiel setzt sich eine alleinerziehende Mutter mit ihrer Tochter auseinander, die sich weniger kooperativ verhält.

Klara wusste, dass ihre 17-jährige Tochter Doris rauchte. Sie hatte schon mit ihrer Tochter einige Gespräche zu diesem Thema geführt, aber Doris hatte sich nicht beeindrucken lassen. Einmal wich sie einem Gespräch geschickt aus, ein andermal reagierte sie grob und trotzig. Klara wendete sich an Nina, ihre beste Freundin, die ein gutes Verhältnis zu Doris hatte, und bat sie um Hilfe. Nina lud Doris zu einem Kaffee ein.

NINA: »Deine Mutter hat mir erzählt, dass du rauchst. Ich habe angeboten, auszuhelfen, weil wir uns gut verstehen, du und ich, und ich weiß, dass du ehrlich mit mir sein wirst.«
DORIS: »Gut. Was kann denn getan werden? Die meisten meiner Freunde rauchen!«
NINA: »Möchtest du denn nicht mit dem Rauchen aufhören?«
DORIS: »Doch, doch. Ich habe es sogar zwei Mal versucht, aber nicht geschafft.«
NINA: »Wenn du möchtest, kann ich dich mit zu einer Beratungsstelle nehmen, die dir helfen kann, dir das Rauchen wieder abzugewöhnen.«
DORIS: »Die Wahrheit ist, dass mir das momentan nicht so gut passt.«
NINA: »Wann immer du möchtest, ich bin da für dich. Du musst jedoch wissen, dass deine Mutter nicht mehr bereit ist, deine Zigaretten zu finanzieren.«

DORIS: »Was soll das heißen?«
NINA: »Sie wird dein Taschengeld kürzen, damit es nur noch für die notwendigen Dinge reicht, nicht aber für die Zigaretten. Zusätzlich überlegt sie, die Finanzierung verschiedener Konsumgüter zu reduzieren, wie zum Beispiel die deines iPhone.«
DORIS: »Das wird sie nicht wagen!«
NINA: »Da irrst du dich! Ich habe mit ihr gesprochen und sie schien sehr entschlossen. Sie hat auch schon mit deinem Vater gesprochen. Sie denkt, dass du inzwischen groß genug bist und dass du dir das Rauchen selber finanzieren musst. Sie hat mir gesagt, dass sie zudem vorhabe, weitere Dienstleistungen einzustellen, die sie aus gutem Willen auf sich nimmt, solltest du sie anlügen oder sie frech behandeln. Die Wahrheit ist, Doris, sie hat Recht!«
DORIS: »Das möchte ich doch sehen, dass sie so etwas tut!«

Zu Doris' Überraschung teilte Klara ihr noch am gleichen Tag mit, dass sie ihr Taschengeld kürzen und ihr iPhone nicht mehr finanzieren würde. Als Doris frech wurde, brach Klara das Gespräch ab. Im Laufe des Abends rief Doris' Vater an und teilte ihr mit, dass er die Maßnahmen ihrer Mutter unterstütze und ebenfalls seinen Beitrag zu ihrem Taschengeld kürzen würde. Er erklärte ihr außerdem, dass er seine Entscheidung überdenken würde, sollte Doris sich bereit erklären, an einem Entzugsprogramm für Raucher teilzunehmen, allerdings nur unter der Bedingung, dass sie ihn davon überzeuge, sie meine es ernst.

Klaras Entscheidung, Doris' Taschengeld zu kürzen, leuchtet im Sinne einer Maßnahme der wachsamen Sorge ein, da Doris einen großen Teil dieses Geldes für den Kauf von Zigaretten verwendete. Das Einstellen der Finanzierung des iPhones ist hingegen als eine Maßnahme des Protestes und Widerstandes zu verstehen, die Klaras Entschlossenheit ausdrückte, mit der sie auf die Verachtung und Grobheit ihrer Tochter reagierte. Mit Hilfe von Ninas Vermittlung konnten sie einen Kompromiss erreichen, der die Atmosphäre entscheidend verbesserte – jedoch erst, nachdem Doris die Kürzungen zwei Monate lang ertragen hatte und sich schließlich bereit erklärte, an einem Entzugsprogramm für Raucher teilzunehmen. Beide Elternteile begrüßten diese Entscheidung, teilten ihrer Tochter aber mit, dass sie weiterhin mit Vorsicht vorgehen und sie im Auge behalten würden.

Wie beim vorherigen Fallbeispiel kann auch in diesem Fall nicht sicher davon ausgegangen werden, dass Doris tatsächlich das Rauchen aufgeben würde. Es steht jedoch außer Zweifel, dass die Eltern ihre elterliche Haltung gestärkt und einen Weg gefunden haben, wie auf bestmögliche Weise auf die Lügen und die Grobheit ihrer Tochter zu reagieren sei. Vielleicht konnten sie durch ihre Maßnahmen die positiven Stimmen in Doris ansprechen und unterstützen, die das Rauchen eigentlich aufgeben wollten. Doris' Teilnahme an einem Entzugsprogramm trug außerdem dazu bei, ihr Mittel und Wege aufzuzeigen, die ihr helfen würden, sich das Rauchen abzugewöhnen – wenn nicht jetzt und sofort, dann vielleicht zu einem späteren Zeitpunkt.

Gabi war eine verwitwete Mutter. Sie musste hilflos mit ansehen, wie ihr 16-jähriger Sohn Bernhard drogenabhängig wurde. Aus Angst, Bernhard würde Maßnahmen ergreifen, mit denen er sich selbst gefährdete, um an Drogen heranzukommen, ermöglichte sie ihm, in seinem Zimmer zu rauchen. Es fiel Bernhard immer schwerer, morgens rechtzeitig aufzustehen, und er verpasste immer mehr Schultage. Er lud Freunde zu sich ein, um mit ihnen bis in die späte Nacht hinein Marihuana zu rauchen. Sein Zimmer wurde zum Marihuana-Verein der Nachbarschaft.

Gabi suchte die Beratung auf und begann mit deren Unterstützung, ihre elterliche Präsenz zu rehabilitieren. Mit Hilfe des Beraters rekrutierte Gabi eine Gruppe von Helfern, unter ihnen Familienmitglieder, Freunde und auch die Eltern von Bernhards bestem Freund. Sie teilte Bernhard sowohl mündlich als auch schriftlich mit, dass sie nicht mehr bereit sei, den Drogenkonsum in seinem Zimmer zu dulden. Sie forderte, dass seine Tür offen blieb, wann immer ihn Freunde besuchen kamen. Sie schrieb ihm auch, dass sie den Drogenkonsum und die daraus folgende Zerstörung seines Lebens mit allen ihr zur Verfügung stehenden Mitteln bekämpfen würde. Sie würde nicht davor zurückschrecken, jegliche Hilfe von Menschen anzunehmen, die sich einverstanden erklären würden, sie zu unterstützen. Mit Hilfe der Vermittlung zweier Helfer teilte sie auch einigen von Bernhards Freunden mit, welche neuen Hausregeln bei ihnen galten. Sie ließ den Freunden außerdem sagen, dass Bernhard von nun an unter ihrer Aufsicht stehe und sie nicht davor zurückscheuen würde, notfalls die Polizei einzuschalten, um dem Drogenkonsum ein Ende zu setzen.

Bernhard reagierte empört und sagte seiner Mutter, dass er ihre Einschränkungen nicht respektieren würde. Er trat in der Annahme, dass seine Mutter sofort nachgeben würde, in einen »Schulstreik«, da das Ende des Schuljahres kurz bevorstand und Bernhard Gefahr lief, nicht versetzt zu werden. Gabi war sich bewusst, dass Bernhard ihre Ängste um sein schulisches Versagen strategisch auszunutzen versuchte. Sie wusste jedoch, dass seine Versetzung in die nächste Klasse sowieso in Frage stand, da er schon länger den Lernstoff vernachlässigte und voraussichtlich die das Schuljahr abschließenden Prüfungen nicht bestehen würde.

Am ersten Tag seines Streiks teilte Gabi ihm mit, dass sie alle Dienstleistungen einstellen würde, die sie üblicherweise für ihn übernehme, solange er nicht in die Schule gehe. Sie erklärte ihm, dass es seine Pflicht sei, in die Schule zu gehen. Solange er nicht seiner Pflicht nachkomme, seien ihre Dienstleistungen nicht gerechtfertigt. Zwei Helfer standen ihr tatkräftig bei, um alle Bildschirme im Haus (zwei Fernseher und einen Computer) zu entfernen, Bernhards iPhone zu konfiszieren und ihm mitzuteilen, dass sein Taschengeld vorerst gestrichen sei. Die Helfer unterstützten sie außerdem bei einer Telefonrunde, und sie riefen einige von Bernhards Freunden und deren Eltern an, um sie von Gabis Plänen wissen zu lassen.

Als Bernhard das Haus verließ, durchsuchte Gabi sein Zimmer, fand eine Bong und eine überraschend große Menge an Haschisch und entsorgte ihre Funde. Als Bernhard wieder nach Hause kam, wartete sein 26-jähriger Cousin Ingo in seinem Zimmer auf ihn und teilte ihm mit, dass er seiner Mutter geholfen habe, das Haschisch und die Bong zu entsorgen. Des Weiteren betonte Ingo, dass Bernhard allen Beteiligten sehr wichtig sei und sie entschlossen seien, ihm aus dieser Drogengeschichte herauszuhelfen. Die Eltern seines besten Freundes, die auch Teil der Helfergruppe waren, nahmen telefonisch mit Bernhard Kontakt auf und ließen ihn wissen, dass sie die gleichen Regeln eingeführt hätten wie seine Mutter, da sie nun wüssten, dass ihr Sohn auch bei den Drogen-Partys mitgemacht habe. Während der darauffolgenden Tage riefen sieben Personen bei Bernhard an. Als er sich weigerte, die Telefonate entgegenzunehmen, hinterließen sie eine schriftliche Nachricht für ihn. Alle boten ihm ihre Hilfe an. Alle betonten die Notwendigkeit der Maßnahmen seiner Mutter, um dem Drogenkonsum Einhalt zu gebieten.

Einige Tage später lud Ingo Bernhard ein, für eine Woche bei ihm zu wohnen. Bernhard freute sich über dieses Angebot. Es war nur allzu deutlich, dass Bernhard in der gegenwärtigen Situation sein Verhalten zu Hause und seinen Mutter gegenüber kaum verändern würde, da ihm jeder Schritt in eine positive Richtung als vollkommene Niederlage erscheinen musste. Als er zu seinem Cousin gezogen war, sah das anders aus. Sein verändertes Verhalten dort rührte weniger von seiner Unterlegenheit her. Ingo lud Bernhard einige Male ein, mit ihm abends auszugehen. Bernhard besuchte gemeinsam mit Ingo dessen Freunde, sie gingen zusammen ins Kino und besuchten eine Bar. Ingo bezahlte für alle Ausgänge. Bernhards Aufenthalt bei Ingo dehnte sich auf eine weitere Woche aus und in dieser Zeit begann Bernhard, wieder in die Schule zu gehen. Ingo half ihm dabei, verpassten Lernstoff aufzuholen, und machte einen Privatlehrer ausfindig, der Bernhard bei seinen Prüfungsvorbereitungen helfen konnte.

Zwei Tage, nachdem Bernhard wieder begonnen hatte, in die Schule zu gehen, gab Ingo ihm sein iPhone zurück und überreichte ihm das wöchentliche Taschengeld seiner Mutter. Ingo lud Bernhards besten Freund ein, dessen Eltern in der Helfergruppe waren, und sie planten alle drei gemeinsam, wie das Schuljahr am besten abzuschließen sei. Bernhard wohnte insgesamt einen ganzen Monat bei Ingo und kehrte erst mit Beginn der Sommerferien wieder nach Hause zurück. Gabi nahm an, dass Bernhard weiterhin Marihuana rauchte, sah aber, dass sich sein Leben nicht mehr ausschließlich um Drogen drehte. Ingo blieb auch während der Sommermonate mit Bernhard und seinem besten Freund in Kontakt. Die Tatsache, dass Bernhard nicht allein mit dieser Veränderung in seinem Leben fertig werden musste, sondern dass seinem besten Freund das gleiche Los getroffen hatte, half ihm, diese Lebensphase zu überwinden. Ingo diente zweifellos als Schlüsselfigur sowohl für Bernhard, der ihn als eine Art Vaterfigur betrachtete, als auch für seine Mutter Gabi, für die er ein unentbehrlicher Helfer war.

Computer, Smartphone und andere Bildschirme

Eltern fühlen sich besonders angesichts der Computerwelt und der neuen Smartphone-Technologie hilflos. Es ist für sie nicht nur schwierig, ihrem elterlichen Standpunkt treu zu bleiben, sie fühlen sich außerdem von der neuen Technologie überfordert. Meist übersteigen die Fähigkeiten der Kinder in diesen Bereichen bei weitem das Wissen der Eltern. Manche vergleichen das Verhältnis von Eltern und Kindern in Bezug auf die virtuelle Welt mit dem Verhältnis zwischen Touristen und einheimischer Bevölkerung. Für viele Eltern ist die Computerwelt eine Fremde. Sie schauen sich die Welt von außen an und fühlen sich sehr unbeholfen und ungeschickt, wenn sie sich darin versuchen, in dieser Welt zu agieren. Demgegenüber fühlen sich die meisten Kinder in dieser virtuellen Realität zu Hause. Sie gehen mit Leichtigkeit mit der neuen Technologie um, ihre Denkstrukturen und Werte werden durch sie geformt. Aufgrund dieser Generationskluft sehen sich Eltern oft in eine Ecke getrieben und vertreten zwei extreme Standpunkte: Entweder sie verzichten ganz auf ihren elterlichen Einfluss oder sie versuchen sich mit Hilfe von Überwachungssoftware irgendeine Art der Kontrolle zu verschaffen. Beide Handlungsweisen lassen die Eltern vollkommen außerhalb der Welt der Versuchungen, denen das Kind in diesem Bereich ausgesetzt ist, und erhöhen somit die existierende Gefahr für das Kind.

Viele Eltern sind überrascht, dass sie tatsächlich innerhalb einer relativ kurzen Zeit eine Haltung der wachsamen Sorge einnehmen können, die ihr Gefühl der Entfremdung wesentlich erleichtern kann und gleichzeitig das Vermögen des Kindes, den Gefahren auszuweichen, stärkt. Unsere Forschungsarbeiten (Geyra, 2012) haben gezeigt, dass ein kurzes Elterntraining von etwa eineinhalb Stunden ausreichend ist, um ihre Haltung zum Thema Computer und technologische Welt sowie ihren Umgang mit beidem wesentlich zu verändern, so dass sie sich nicht mehr als Fremde in der virtuellen Welt ihres Kindes fühlen, ein stärkeres Gefühl der wachsamen Fürsorge entwickeln und schädlichen Prozessen Einhalt gebieten können. Unser Ziel in diesem Kapitel ist, das notwendige Wissen zu vermitteln, das eine solche Veränderung in die Wege leiten kann.

Ähnlich wie bei anderen Themen, so gilt auch für den Umgang mit Computern, Smartphones und dergleichen, dass die Unterscheidung zwischen Kontrolle und wachsamer Sorge von ausschlaggebender Bedeutung ist. Selbstverständlich können Eltern in der virtuellen Welt keine Kontrolle erreichen, zum einen, weil die Kinder sich viel besser in dieser Welt auskennen, und zum anderen, weil die virtuelle Welt so leicht zugänglich ist – man kann sie von jedem Computer, von dem eigenen Smartphone oder von dem Telefon des Freundes, zu Hause oder aber unterwegs und in der Schule erreichen. Der Wunsch, all diese Möglichkeiten zu kontrollieren, kann mit dem Versuch gleichgesetzt werden, den Fluss des Meeres aufzuhalten. Fürsorge und Begleitung sind jedoch durchaus realistische Ziele. So können die Eltern ihrem Kind als Leuchtturm dienen und auf gefährliche Gewässer aufmerksam machen. Sie können ein Sicherheitsnetz spannen, um einen möglichen Sturz zu verhindern, oder einen Anker auswerfen, um gefährliche Bewegungen zu bremsen. Des Weiteren fördert eine elterliche Haltung der wachsamen Sorge die Selbstfürsorge des Kindes, so dass es lernt, besser auf sich aufzupassen. Eltern, die nach vollkommener Kontrolle streben, werden all diese Funktionen und Ziele nicht erreichen können.

Um eine elterliche Stellung der wachsamen Sorge zu etablieren, müssen Eltern zwei unterschiedliche Gefahrenbereiche der virtuellen Welt kennen, wenn auch nur im allgemeinen Umriss und ohne die Notwendigkeit, im Detail die Komplexität der virtuellen Welt erfassen zu müssen. Zum einen begegnen wir in der virtuellen Welt und auf den Plattformen des Internets auch gefährlichen und zerstörerischen Kräften und Einflüssen, die es unter anderem auf die Ausbeutung der Nutzer abgesehen haben. Zum anderen kann die normative Entwicklung des Kindes beeinträchtigt werden, wenn es die virtuelle Welt zu ausgiebig nutzt und dort eine Art Zuflucht aus der wirklichen Welt findet.

Die Gefahren des Internets – eine kurze Anleitung für Eltern

Hier eine Liste der wesentlichen Bereiche, die eine Gefahr für Kinder im Internet darstellen:

1. Die leichte Zugänglichkeit und das Angebot verbotener und zerstörerischer Handlungsweisen, wie zum Beispiel sexueller Missbrauch, Drogenkonsum, Glücksspiele, Anorexie, Suizid, sowie der Kontakt zu Personen oder Gruppen, deren Absichten fragwürdig sind.
2. Die Versuchung, unkontrolliert einzukaufen und sich finanziell zu verpflichten und verschulden. Ganz besonders mit dem Smartphone können finanzielle Verpflichtungen eingegangen werden, ohne dass hierfür ein Konto oder eine Kreditkarte vonnöten wäre.
3. Der Diebstahl von Informationen, zum Beispiel Details der Kreditkarte oder Benutzername und Passwort, um diese für schädliche Zwecke wie für die Veruntreuung von finanziellen Mitteln zu benutzen.
4. Gewalt im Internet, zum Beispiel Versuche, eine Person zu beschämen und ihren Freundeskreis zu verletzen, die Veröffentlichung abfälliger Aussagen oder privater Informationen auf einem Blog oder die Aufforderung anderer, an einem Gruppenboykott mitzuwirken oder Verleumdungen auszusprechen.
5. Das Preisgeben persönlicher Informationen über Blogs oder soziale Netzwerke, die der Familie oder der Zukunft des Kindes schaden könnten.
6. Eine frühzeitige Konfrontation mit nicht altersgemäßen Inhalten, wie zum Beispiel mit Pornografie.

Ein allgemeines, grundsätzliches Wissen zu den verschiedenen Gefahren des Internets ist vollkommen ausreichend, um eine zufriedenstellende wachsame Sorge und elterliche Begleitung zu ermöglichen. Diese grundsätzlichen Informationen verdeutlichen Eltern, welche Fragen sie stellen müssen, und helfen ihnen, ihrem Kind Vorsichtsmaßnahmen beizubringen. Das Stellen der richtigen Fragen und die Vermittlung der elterlichen Haltung genügen meist schon, um einen Prozess der Wachsamkeit und Begleitung zu fördern. Die obige Liste der verschiedenen Gefahren ermöglicht den Eltern einen ersten Einblick in die Gefahren der virtuellen Realität von heute. Zudem ist es leicht, sich im Internet selbstständig zum Thema zu informieren, aktuelle Informationen einzuholen und sich auf die Veränderungen einzustellen. Es genügt eine kurze Google-Suche mit den Stichworten »Internet Gefahren für Kinder« oder »sicheres Internet Anleitungen für Eltern«.

Der übermäßige Internetgebrauch und die virtuelle Welt als Zufluchtsort

Wie viele Stunden Computernutzung sind angemessen? Welche Anzeichen gibt es dafür, dass mein Kind unter einer »Abhängigkeit« leidet? Wir schätzen, dass die meisten Eltern gar nicht wissen können, wie viele Stunden ihr Kind sich im Internet aufhält, ganz besonders angesichts der heute verbreiteten Smartphones. Im Übrigen ist es unmöglich, eindeutig festzulegen, dass der Gebrauch des Computers über ein gewisses Maß an Stunden hinaus notwendigerweise schädlich für das Kind sein muss. Daher sehen wir keinen Grund, eine obere Grenze von Stunden festzulegen, die das Kind am Computer verbringen darf. Solch eine Festlegung wird voraussichtlich nur zu Streitgesprächen und endlosen Verhandlungen führen. Demgegenüber sehen wir es durchaus als gerechtfertigt an, eine Stunde zu vereinbaren, zu der die Computer und alle weiteren Bildschirme zu Hause ausgeschaltet werden. Wichtiger noch: Die Eltern müssen sichergehen, dass die Computernutzung das Kind nicht davon abhält, seinen Alltagsverpflichtungen nachzukommen. Zum Beispiel sollte es nicht dazu kommen, dass das Kind wegen der vielen Computerstunden morgens Schwierigkeiten hat aufzustehen, die Schule verpasst, seine schulischen Verpflichtungen vernachlässigt, sich zu Hause einschließt, immer weniger Aktivitäten außerhalb des Hauses nachgeht oder das geregelte Familienleben versäumt (Abendessen, besondere Familienereignisse und Ähnliches). Sobald einer der aufgezählten Umstände zutreffen sollte, liegt es an den Eltern, entschlossen einzuschreiten, um den möglichen Schaden zu minimieren.

Um das elterliche Vermögen zu stärken, das Kind in der virtuellen Welt begleiten und beaufsichtigen zu können, sollten die Eltern, wie in allen anderen Lebensbereiche auch, ein formelles, vorbereitendes Gespräch mit dem Kind führen. Entsprechend unseren Erklärungen im Abschnitt zum Rauchen und Alkoholkonsum sollten Eltern solch ein Gespräch initiieren und als besonderes Ereignis gestalten, das ausschließlich diesem Zweck dient. Anders jedoch als das Gespräch zum Rauchen und Trinken, das meist sehr kurz gefasst werden kann, dauert das vorbereitende Gespräch zur virtuellen Welt des Computers meist etwa zwei Stunden, kann jedoch zweigeteilt werden. Des Weiteren empfehlen wir, dass die Eltern und das Kind in Dingen Computer und Smartphone gemeinsam eine Vereinbarung unterschreiben, die die gegenseitigen Verpflichtungen festhält. Solch eine Vereinbarung ist für den Bereich der technologischen Welt geeignet (wie auch für Fahranfänger), da es sich hier um gewisse Dienstleistungen handelt, die das Kind von den Eltern zur Verfügung gestellt bekommt (den Computer, das Smartphone, die Internetverbindung und Ähnliches) und die es für von den Eltern nicht erwünschte Zwecke nutzen könnte. Sobald Dienstleistungen geliefert werden, die gewisse Gefahren mit sich bringen, ist es wichtig, klare Bedingungen für diese Dienstleistungen zu definieren, um mögliche Schäden zu vermeiden. Diese Vereinbarung dient den Eltern zudem zur Verstärkung ihrer wachsamen Sorge, sollte das Kind sich nicht an die Abmachungen halten. Des Weiteren werden durch eine solche unterschriebene Vereinbarung die Chancen verbessert, dass das Kind sich in Momenten der Versuchung an seine Eltern erinnert und mit Hilfe dieser Erinnerung besser auf sich aufpassen kann. Es folgt eine Schilderung des Vorbereitungsgesprächs, das wir hier in zwei Teile aufgeteilt haben.

Teil 1: Eine Führung im Internet. Das Gespräch beginnt mit einer Einleitung der Eltern: »Ich möchte gern besser über deine Internetnutzung informiert sein, wissen, wie du den Computer und das iPhone verwendest, und mit dir einige grundlegende Sicherheitsregeln klären.« Die Bereitschaft des Kindes, bei solch einem Gespräch mitzuarbeiten, ist stark von der Entschlossenheit der Eltern abhängig, dieses Gespräch mit ihrem Kind zu führen. Je stärker die Eltern davon überzeugt sind, dass dieses Gespräch Teil der elterlichen Pflichten ist und dabei helfen wird, das Kind vor möglichen Gefahren des Internets zu schützen, desto besser können sie mit der notwendige Entschiedenheit auftreten. Wir haben die Erfahrung gemacht, dass Kinder nur selten solch ein Gespräch mit ihren Eltern generell ablehnen. Sollte dies jedoch passieren, so können sich die Eltern sicher sein, dass das Kind seinen Computer bereits auf eine unerwünschte Weise benutzt, die einen höheren Grad an wachsamer Sorge erfordert.

Der erste Teil des Gesprächs zielt ganz und gar darauf ab, die Eltern in die vom Kind bevorzugten Nutzungsweisen des Internets einzuführen: die Spiele, das Facebook, Chat-Foren, beliebte Internetseiten. Die Eltern lassen sich vom Kind durch seine virtuelle Welt führen, als wären sie Touristen in einem fremden Land. Während dieses Teils des Gesprächs sollten die Eltern das Kind nicht ausforschen, sondern Interesse zeigen. Sie sollten es darum bitten, ihnen seine beliebtesten Spiele zu zeigen. Wenn ein Spiel besonders komplex ist, können die Eltern um Erklärungen und Vorführungen bitten. Sich ehrlich für die Vorlieben des Kindes zu interessieren kann wesentlich dabei helfen, die Atmosphäre so entspannt und positiv wie möglich zu gestalten. Eltern sollten sich nicht mit allgemeinen Beschreibungen zufriedengeben: »Ich spiele alle möglichen Rollenspiele.« Sie sollten das Kind darum bitten, dass es ihnen die Rollenspiele zeigt und erklärt. Meist werden Kinder überrascht und positiv reagieren, wenn die Fragen der Eltern wirkliches Interesse widerspiegeln.

Eltern, die nicht mit ihrem Kind über Facebook befreundet sind, können darum bitten, die Facebook-Seite des Kindes zu besichtigen. Sollte das Kind zögern, können Eltern vorschlagen, dass es Veränderungen auf seiner Facebook-Seite vornehmen kann, so dass es den Eltern die Inhalte seines Facebook-Profils ohne Befürchtungen vorführen kann. Auf diese Weise betonen die Eltern ihr Interesse am Kind und seinem virtuellen Leben und können gleichzeitig mögliche Befürchtungen beschwichtigen. Hierbei ist es wichtig, im Gedächtnis zu behalten, dass das Ziel eines solchen Gesprächs nicht ist, Informationen zu unerwünschten Inhalten oder Aktivitäten einzuholen. Vielmehr sollte es darum gehen, die positive Präsenz der Eltern im Leben des Kindes zu verstärken. Eltern sollten auch für die vom Kind bevorzugten Internetseiten Interesse zeigen. Sie können ein angespanntes Kind beruhigen, indem sie es bitten: »Zeig mir nur die

Internetseiten, bei denen du keine Befürchtungen hast, sie mir zu zeigen!« Eltern sollten ihr Kind auch darum bitten, ihnen eine Führung auf seinem Smartphone zu geben. Sie können sich nach besonderen Applikationen, wie WhatsApp, erkundigen und vielleicht das Kind darum bitten, ihnen bei der Installation ähnlicher Applikationen zu helfen. Eltern, die kein Facebook-Konto haben, können ihr Kind um Hilfe bitten, ein solches Konto zu erstellen und ihnen die Nutzung dieses Forums beizubringen.

Teil 2: Ein Gespräch zu Gefahren und Einschränkungen. Während dieses Teils des Gesprächs sollten Eltern Fragen zu den oben aufgelisteten Gefahrenbereichen stellen. Wir empfehlen, sich einer im Voraus erstellten Liste von Fragen zu bedienen. Eltern müssen keine Spezialisten sein. Es ist ausreichend, wenn sie eine verantwortungsvolle Haltung einnehmen und ein Grundwissen zu den verschiedenen Gefahren haben. Folgende sechs Fragelisten, die nach den verschiedenen Gefahrenbereichen sortiert sind, können ihnen weiterhelfen:

1. »Hat dich jemals jemand Fremdes über das Internet zu kontaktieren versucht? Hat dich je jemand versucht dazu zu überreden, an verbotenen Aktivitäten teilzunehmen?« Sollte das Kind diese Fragen negativ beantworten oder die Fragen nicht verstehen und nicht wissen, wovon die Rede ist, sollten die Eltern erklären: »Hat jemand versucht, dein Interesse für Glücksspiele, Drogen oder Sex zu wecken?«, »Wie kannst du dich vor solchen Situationen im Internet schützen?«, »Hat dir jemals jemand über das Internet Dinge geschrieben, bei denen du dich nicht wohl gefühlt hast?«. »Wie wirst du reagieren, sollte dir das passieren?«. Dann sollten die Eltern ihren Standpunkt in einfacher Sprache und in ruhigem Ton erläutern, ohne Drohungen auszusprechen oder zu predigen: »Verstehst du, warum ich dir diese Fragen stelle? Viele Kinder wurden über das Internet dazu überredet, sich mit einer fremden Person zu treffen oder verbotene Dinge zu tun. Es kann durchaus gefährlich sein, auf Kontaktanfragen im Internet einzugehen. Ich möchte, dass du weißt, dass ich immer für dich da bin und dir immer zur Seite stehen werde, um dich zu schützen oder aus einer Gefahr oder üblen Situation wieder herauszuholen. Sollte solch eine Situation eintreten, bitte ich dich, mich darü-

ber zu informieren. Ich verspreche dir, nicht böse zu werden. Ich möchte dich unterstützen!«
2. »Hast du über das Internet oder auf dem iPhone irgendetwas gekauft?«, »Hast du Applikationen heruntergeladen, für die man Geld bezahlen muss?«, »Hast du jemals Bankinformationen weitergegeben oder unsere Visakarte benutzt?« Nach einer kurzen Klärung dieser Fragen können die Eltern erklären: »Es ist uns wichtig, dass du dich in diesen Dingen in Acht nimmst! Es kann sehr schwer sein, sich von finanziellen Verpflichtungen, die man über das Internet oder das Smartphone eingegangen ist, wieder zu befreien. Manche Kinder haben irgendeinem Angebot zugestimmt, weil es ihnen harmlos erschien, und später stellte sich heraus, dass es sich um kostenpflichtige Angebote gehandelt hat und es sehr schwierig sein würde, sich von dieser Verpflichtung wieder zu befreien!« Abschließend sollten die Eltern ihren Standpunkt erklären: »Wenn wir dir die Erlaubnis geben, etwas mit unserer Visakarte zu bezahlen, so gilt unsere Erlaubnis ausschließlich für diesen einen Kauf. Wir überprüfen unser Konto selbstverständlich regelmäßig. Wir möchten aber, dass auch du in diesen Angelegenheiten Vorsicht übst!«
3. »Wurdest du schon einmal mit der Bitte angeschrieben, deinen Benutzername und dein Passwort zu nennen? Oft werden solche Informationen unter einem falschen Vorwand erbeten, sozusagen um die angebotenen Dienstleistungen zu verbessern. Das eigentliche Ziel solcher Anfragen ist aber meist, dich oder uns auszunutzen oder Geld zu stehlen. Wie kannst du wissen, dass jemand, der deinen Benutzername und dein Passwort wissen möchte, diese Informationen nicht für unerwünschte Zwecke benutzen wird?« Nach einer kurzen Diskussion zu diesen Fragen können die Eltern hinzufügen: »Ich bitte dich, unter keinen Umständen deinen Benutzername und dein Passwort preiszugeben, es sei denn du bist dir hundertprozentig darüber im Klaren, wem du diese Informationen übermittelst. Grundsätzlich gilt, solche Informationen nicht weiterzuleiten. Meist sind die Absichten solcher Anfragen fragwürdig.«
4. »Hat dich jemand auf Facebook oder auf einem Blog jemals beleidigt oder verleumdet?«, »Passieren solche Sachen unter deinen

Freunden oder Klassenkameraden?«, »Wurde jemals über Facebook versucht, eine Person, die du kennst, vom Freundeskreis auszuschließen und zu ächten?«, »Wie würdest du in solch einer Lage reagieren?« Nach einem Gespräch zu diesen Fragen können die Eltern feststellen: »Es ist uns wichtig, dass du dich auch in der virtuellen Welt zu schützen weißt und dass du dich nicht von den Versuchen anderer mitreißen lässt, irgendeine Person zu schikanieren oder auszuschließen. Sollte so etwas vorkommen, bitten wir dich, uns umgehend darüber zu informieren. Ich verspreche dir, auf Wegen zu helfen, die dich nicht in Verlegenheit bringen werden!«

5. »Es geschieht oft, dass Kinder oder Erwachsene persönliche Dinge über sich im Internet schreiben, auf Facebook oder auf einem Blog, und das später bereuen. Hat irgendeiner deiner Freunde Informationen über sich preisgegeben, über die er sich später schämen könnte?«, »Meinst du, dass jemand in deinem Bekanntenkreis Dinge geschrieben und veröffentlicht hat, die ihm später schaden könnten, zum Beispiel wenn er auf Jobsuche oder in der Armee ist?«, »Wenn ein Freund von dir Dinge auf einen Blog oder auf Facebook hochlädt, die dir problematisch erscheinen, wirst du ihn davor warnen? Oder glaubst du, das wäre unangebracht?« Nach diesen Fragen können Eltern erklären: »Es ist wichtig, dass du das weißt: Persönliche Dinge, die du heute über dich im Internet schreibst, könnten dir zu einem späteren Zeitpunkt schaden! Es gibt Firmen, die sich darauf spezialisieren, solche Art Informationen zu sammeln. Eines Tages könntest du entdecken, dass irgendwelche Institutionen Dinge über dich wissen, die du lieber nicht teilen würdest. Wir möchten dich warnen, damit du vorsichtig sein kannst und dich nicht ausnutzen lässt. Schreibe keine Einträge oder Kommentare, um die Aufmerksamkeit anderer zu ergattern oder andere zu beeindrucken. Solche Einträge könntest du teuer bezahlen müssen.«

6. »Hast du schon Erfahrung mit Pornografie gemacht?« Sollte das Kind dies leugnen, können Eltern sagen: »Auch wenn du bisher nicht mit diesem Thema konfrontiert wurdest, so ist es doch sehr wahrscheinlich, dass du irgendwann einmal darüber stolpern wirst – wenn nicht auf deinem Computer, dann bei einem Freund. Was meinst du, wie du reagieren wirst, sollte dir jemand

anbieten, pornografische Internetseiten anzuschauen?«, »Hast du Internetseiten gesehen, die zu Glücksspielen einladen?«, »Wie wirst du auf solche verführerischen Angebote reagieren?«, »Hast du in Internetseiten gelesen, die den Drogenkonsum gutheißen oder zu irgendwelchen extremen Diäten anspornen?«, »Wie würdest du auf solche Dinge reagieren?« Diese verschiedenen Angelegenheiten sollten mit dem Kind besprochen werden. Danach können die Eltern hinzufügen: »Es gibt unendlich viele Internetseiten mit Pornografie. Ich bin mir dessen bewusst, dass du früher oder später damit konfrontiert werden wirst. Du solltest jedoch wissen, dass diese Pornografie gar nichts mit einer guten und gesunden Sexualität zwischen Erwachsenen zu tun hat. Pornografie gibt ein vollkommen falsches Bild von Sexualität. Diese Menschen genießen das nicht und haben keinen Spaß daran. Sie verdienen auf diesem Weg ihr Geld oder erhalten dafür Drogen, wenn sie abhängig sind. Uns ist wichtig, dass du weißt, dass Pornografie auf Lügen basiert.« Und weiter: »Lass dich bitte nicht von Internetseiten verführen, die Glücksspiele, Drogen, Diäten oder andere gefährliche Dinge anbieten. Sollte dir das doch passieren, so informiere mich bitte umgänglich! Du kannst dich auf mich verlassen, dass ich alles tun werde, um dir zu helfen!«

Der letzte Teil des Gesprächs sollte ein Versuch sein, eine Vereinbarung zu notwendigen Vorkehrungen im Umgang mit dem Computer und dem Smartphone schriftlich festzuhalten. Die Eltern können zum Beispiel vorschlagen: »Wir haben bisher nicht so klar über die Wege gesprochen, wie du dich vor möglichen Schäden der Computer- und der Smartphonenutzung schützen kannst. Wir sind der Überzeugung, dass es erforderlich ist, klare Regeln zu deinem Schutz zu erstellen. Wir ermöglichen dir den Zugang zu Computer, Smartphone und in das Internet. Uns ist es daher wichtig, dass du diese Gebrauchsgüter nicht zu deinem Schaden verwendest. Deswegen möchte ich dich bitten, mit uns gemeinsam eine Vereinbarung zu unterschreiben. Ich habe diese Vereinbarung von Experten für sicheren Computer- und Internetgebrauch erhalten. Lies doch bitte diese Zeilen und sag uns, was du davon hältst und ob du etwas hinzufügen möchtest.«

Sichere Computernutzung: Vorschlag zu einer Vereinbarung zwischen Eltern und Kind

Die Verpflichtungen der Eltern:
Wir verpflichten uns dazu, einen offenen Dialog zu dem Gebrauch von Computer und anderen Geräten zu führen, mit dem Wissen, wie wichtig die Welt der Computer für unser aller Leben ist. Wir werden die Aktivitäten im Internet verfolgen. Dies ist Teil unserer elterlichen Verpflichtung, um dich zu schützen. Alle unsere Maßnahmen werden offen und mit deinem Wissen unternommen werden.

Die Verpflichtungen des Kindes:
1. Ich werde keine persönlichen Informationen zu mir selber oder meiner Familie weitergeben, wie Namen, Adressen, Telefonnummern, Name der Schule, in die ich gehe, meine Heimatstadt und so weiter, ohne dass ich hierfür die Erlaubnis meiner Eltern erhalten habe.
2. Ich werde meinen Eltern unverzüglich mitteilen, sollte jemand mich auf fragwürdige Weise kontaktieren, mich verletzen, mir bedrohlich erscheinen oder mir ein ungutes Gefühl vermitteln.
3. Ich werde keine Person, die ich über das Internet kennengelernt habe, treffen, ohne dass meine Eltern vorher die Person und Verabredung überprüft haben. Sollten meine Eltern damit einverstanden sein, werde ich mich mit dieser Person ausschließlich an einem öffentlichen Ort verabreden.
4. Ich werde kein Bild von mir veröffentlichen oder an fremde Personen schicken, ohne dass meine Eltern ihr Einverständnis dazu gegeben haben.
5. Ich werde keine Nachrichten beantworten, die mir ein ungutes Gefühl bereiten.
6. Wie versprochen werde ich keinen Gebrauch von verbotenen Internetseiten machen. Ich werde mir keine Pornografie im Internet ansehen und keine Seiten mit Glücksspielen, mit Angeboten zu Drogen oder anderen schädlichen Aktivitäten besuchen.
7. Ich werde den Computer zu Uhrzeiten benutzen, die meinen Schlaf, meine Schulpflicht und meine Aufgabenbereiche als Schüler nicht beeinträchtigen. Des Weiteren werde ich den Computer

nicht zu Zeiten gebrauchen, die auf Kosten von Familienereignissen gehen, wie zum Beispiel Familienessen, Ausflüge, Familienbesuche oder größere Festivitäten.

Das Unterschreiben einer solchen Vereinbarung stellt in der Tat eine Verpflichtung dar. Dies ist jedoch keine Sicherheit, dass das Kind sich an die verschiedenen Bedingungen halten wird. Sollte das Kind gewisse Abmachungen brechen, müssen die Eltern nicht hilflos zusehen. Tatsächlich rechtfertigt diese Art Vereinbarung weitere elterliche Schutzmaßnahmen im Fall einer Grenzüberschreitung. Sollte das Kind sich weigern, solch eine Vereinbarung zu unterschreiben, so möchten wir daran erinnern, dass dieser Akt des Widerstandes als Warnzeichen verstanden werden muss. Es muss angenommen werden, dass das Kind schon in fragwürdige Aktivitäten im Internet verwickelt ist und deswegen ein Einschreiten der Eltern unumgänglich ist. Diese Art Vereinbarung dient daher als ein Mittel, das die elterliche wachsame Sorge auch in jenen Fällen fördert, in denen das Kind nicht zu einer Zusammenarbeit bereit ist und sich weigert, die Vereinbarung zu unterschreiben.

Eltern, die empfinden, dass unser vorgeschlagener Weg sie bedrückt und in Verlegenheit bringt, und es lieber bei der gegebenen Situation belassen wollen, sollten sich ehrlich fragen, ob sie dadurch ihre wachsame Sorge nicht beeinträchtigen und ihre elterliche Rolle als Begleiter und Wegweiser in einem so zentralen Lebensbereich vernachlässigen. Die virtuelle Welt ist in der heutigen Gesellschaft zu dem Hauptbereich geworden, in dem Kinder sich der elterlichen Begleitung entziehen. Wenn nun die Eltern ihre wachsame Sorge in der virtuellen Welt wieder herstellen, leitet dies eine grundlegende Veränderung ein. Die Stellung der Eltern wird gestärkt wie auch ihr Vermögen, das Kind zu beaufsichtigen und zu begleiten, so dass das Kind mehr Schutz und Sicherheit in diesem wichtigen Lebensbereich gewinnt.

Der Übergang zu einseitigen Schutzmaßnahmen

Sobald es Warnzeichen gibt, die den Eltern verdeutlichen, dass das Kind seinen Computer auf fragwürdige Weise benutzt, müssen sie zu seinem Schutz einseitige Maßnahmen ergreifen. Hier sind einige Beispiele, die als Alarmsignale gelten sollten: Das Kind schließt die Tür zu seinem Zimmer ab, wenn es am Computer sitzt; es löscht Interneteinträge zu Seiten, die es besucht hat; es sitzt bis spät in die Nacht am Computer; es wechselt seinen Tag-Nacht-Rhythmus, schläft tagsüber und ist nachts wach; es bestellt ohne elterliche Erlaubnis Waren über das Internet und bezahlt diese mit der Kreditkarte der Eltern; es vernachlässigt seine schulischen Pflichten wegen des Computergebrauchs; es geht Familienereignissen aus dem Weg zu Gunsten seines Computers; es vermeidet Ausgänge, um mehr Zeit am Computer verbringen zu können; es verliert das Interesse an allem, was nichts mit dem Computer zu tun hat; es reagiert aggressiv auf die Eltern, wenn diese es am Computer stören; es weigert sich, auf die Fragen der Eltern bezüglich seiner Aktivitäten am Computer zu antworten.

In all diesen Fällen sollten Eltern Maßnahmen ergreifen, die ihre Präsenz und Aufsicht verstärken. Wie wir in vorherigen Kapiteln schon mehrmals hervorgehoben haben, sollten solche Maßnahmen nicht ungeplant und impulsiv erfolgen. Es kann nicht erwartet werden, dass Strafen oder Drohungen das Problem lösen werden. In dieser Hinsicht kann nicht genug betont werden, dass Eltern mit Hilfe eines langen Atems und bedachter Handlungsweisen fast immer die Gefahren, denen das Kind ausgesetzt ist, und die unerwünschte Nutzung des Computers eindämmen können.

Wie kann nun der Übergang zu einem höheren Grad der wachsamen Sorge angegangen werden? Der beste Weg hierfür ist, eine klare mündliche und schriftliche Mitteilung zu machen, entsprechend unseren Erläuterungen im Kapitel »Der Umgang mit dem Widerstand des Kindes«. Hier zwei verschiedene Formulierungen für solch eine Mitteilung:
1. »Wir respektieren deine Privatsphäre und den Gebrauch, den du vom Computer und vom Internet machst. In letzter Zeit gab es jedoch einige Vorfälle, die uns Sorgen machen. Deswegen möchten wir mehr über deine Aktivitäten in der virtuellen Welt wissen. Sollte es erforderlich sein, werden wir auch in Bezug auf gewisse Bereiche und Inhalte Einschränkungen festlegen.«
2. »Wir sind uns dessen bewusst, wie wichtig der Computer in deinem Leben ist. In letzter Zeit hat aber die Zeit, die du am Computer verbringst, überhandgenommen, so dass deine anderen

Alltagsverpflichtungen zu kurz gekommen sind, wie deine schulischen Aufgabenbereiche oder dein Schlaf. Wir werden alles uns Mögliche tun, um diesen schädlichen Einfluss einzudämmen, und sicherstellen, dass die Nutzung des Computers positiver Art ist.«

Im Fall, dass das Kind die schriftliche Mitteilung zerreißt, nicht dazu bereit ist, sie zu lesen, oder die Eltern beschimpft, sollten die Eltern in ruhigem Ton sagen: »Ich habe nicht erwartet, dass du mir dein Einverständnis geben wirst. Ich habe dir diese Mitteilung überreicht, um dir gegenüber fair zu sein und nicht hinter deinem Rücken zu handeln. Meine elterliche Pflicht, dich zu begleiten und zu beschützen, ist Grund genug für diese Maßnahme. Du bist mir wichtig und ich bin nicht bereit, dich aufzugeben!« Nach dieser Aussage sollten die Eltern jegliche weitere Diskussion abbrechen und sich nicht in einen unnützen Streit verwickeln lassen.

Die Begrenzung der Nutzungsstunden des Computers

Die Eltern müssen eine Uhrzeit festlegen, die den Gebrauch des Computers abends begrenzt. Zu dieser Uhrzeit werden alle Computer ausgeschaltet. Sollte das Kind sich nicht an diese Zeit halten, liegt es an den Eltern, die Computer zu angekündigter Stunde auszuschalten. Der Computer sollte jedoch nicht einfach ausgeschaltet werden, während das Kind noch an ihm sitzt. Solch eine Maßnahme könnte zu einer schwerwiegenden Eskalation und sogar zur Gewaltanwendung führen. Den Eltern stehen andere Handlungsweisen zur Verfügung. Zum Beispiel können sie ankündigen, dass sie den Computer sperren werden, sollte das Kind sich nicht an die Computergebrauchszeiten halten. Dies können sie mit Hilfe der Beschlagnahmung eines Betriebselementes (zum Beispiel das Modem oder die Tastatur) erreichen. Solch eine Maßnahme sollte jedoch in Abwesenheit des Kindes ausgeführt werden. Eine andere Möglichkeit besteht in der Mitteilung an das Kind: »Du hast noch fünf Minuten, um deine Dokumente abzuspeichern und den Computer auszuschalten. Wenn du ihn nicht ausschaltest, werden wir das tun.« Sollte das Kind den Computer nicht ausschalten, dürfen die

Eltern nicht an den Computer treten, um ihn eigenhändig auszumachen. Sie sollten den Strom des ganzen Hauses für einige Sekunden ausschalten. Für solch einen Eingriff ist es wichtig, einen Helfer zu bitten, während dieser Zeit über Telefon erreichbar zu sein. Der Helfer kann dem Kind mitteilen, dass die Eltern den Strom für einige Sekunden ausschalten werden. In Fällen, in denen die Eltern erwarten, dass ihr Kind gewalttätig reagieren wird, sollten sie lieber den Computer am darauffolgenden Tag außer Betrieb setzen und die Nutzung des Computers solange unterbinden, bis das Kind eine Zusage macht, dass es sich an die neuen Nutzungsregeln halten wird. In solchen Fällen ist es besonders empfehlenswert, Helfer hinzuzuholen. Sie unterstützen die Eltern auf drei unterschiedliche Weisen:
1. Sie können dabei helfen, einer Eskalation vorzubeugen.
2. Sie bestätigen die Legitimation der elterlichen Stellungnahme und elterlichen Maßnahmen.
3. Das Kind wird sich stärker an Verpflichtungen halten, die es in Anwesenheit der Helfer eingegangen ist, als an eine Zusage, die es nur seinen Eltern gegenüber ausgesprochen hat.

Die Kündigung des Internet-Services

Der Internetzugang kann auch für eine gewisse Zeitdauer unterbrochen werden. Dies ist kein leichter Schritt für Eltern. Er erfordert Planung und Engagement. Meist nutzt das Kind das Internet durchaus auch für positive oder sogar notwendige Zwecke, zum Beispiel für das Herunterladen der Hausaufgaben von der Internetseite der Schule. Deswegen müssen sich Eltern für diese Nutzung eine Alternative oder gute Lösung überlegen, bevor sie den Internetzugang sperren. Viele Eltern sind sich nicht der Möglichkeit bewusst, den Internetzugang auf gewisse Stunden während des Tages zu beschränken, zum Beispiel auf abends und nachmittags. Es muss bedacht werden, dass ein Kind, das bisher unbegrenzten Internetzugang hatte und nächtelang vor dem Computer gesessen hat, voraussichtlich mit entsprechender Schärfe auf solche Veränderungen reagieren wird. Das Kind wird sich schwer tun, andere Beschäftigungen zu finden, und sich oftmals von seinen sozialen Kontakten abgeschottet fühlen. Diese Gefühle müssen die Eltern jedoch nicht davon abhalten, ihre Pflicht zu erfüllen und zu unterbinden, dass ihr Kind das Internet in einer Weise nutzt, die fragwürdig ist und ihm schadet. Wir haben während unserer Arbeit mit Hunderten von Familien gelernt, dass dies allen Eltern gelingt, wenn sie sich darauf vorbereiten und Unterstützung einholen. Wir möchten an dieser Stelle ferner betonen, dass die schlimmen Vorhersagen der Eltern, was passieren könnte, wenn sie den Internetzugang und Computergebrauch ihres Kindes eingrenzen, meist nicht eintreten. Natürlich wehrt sich das Kind vehement dagegen. Die Gefahren, denen das Kind ausgesetzt war, werden jedoch infolge der Maßnahme der Eltern, die Internetnutzung ihres Kindes stark herabzusetzen, wesentlich verringert. Zudem verändert sich die Stellung der Eltern innerhalb der Familie von Grund auf.

Viele Eltern empfinden einen solchen Schritt, sei es das Abschalten des Computers und aller Bildschirme zu Hause zu einer gewissen Stunde, sei es die Einschränkung des Internetzugangs oder sei es der Smartphonenutzung, als würden sie ein Tabu brechen. Diese Eltern betrachten den Computer als »elternfreien Bereich«. In den vorangegangenen Kapiteln haben wir viele Situationen beschrieben, in denen Eltern den Mut hatten, ihre elterlichen Pflichten der Fürsorge und ihre Verantwortung, das Kind zu beaufsichtigen, zu erfüllen, obwohl dies hieß, sich in Lebensbereiche des Kindes einzumischen, die es bereits als seine Privatsphäre ansah – Bereiche, die also zuvor außerhalb des Wirkungsbereiches der Eltern gelegen hatten: Eltern, die mit den Freunden des Kindes oder deren Eltern Kontakt aufgenommen haben; Eltern, die das Zimmer des Kindes nach Drogen oder gestohlenem Gut durchsucht haben; Eltern, die das Kind an Straßenecken aufgesucht haben, an denen es sich gewöhnlich mit seinen Freunden aufhielt; Eltern, die Lieferanten verbotener Dienstleistungen kontaktiert haben. In all diesen Fällen haben die Eltern es gewagt, die Grenzen und Einschränkungen, die sie sich auferlegt hatten, zu sprengen. Zu ihrer Erleichterung und Freude entdecken sie, dass die Tatsache, dass sie erneut ihren elterlichen Aufgaben nachkamen, eine befreiende Wirkung auf sie hatte und sie stolz auf ihre elterlichen Leistungen waren.

Der Computer und das Smartphone sind aus mehreren Gründen ein vor den Eltern verschlossener Tabubereich: Eltern möchten nicht in die Privatsphäre des Kindes eindringen, haben Respekt vor der unbekannten Welt der Technologie und fürchten sich vor der Reaktion ihres Kindes. Nichtsdestotrotz ist meist der tatsächliche Widerstand des Kindes nicht mit den von den Eltern befürchteten Reaktionen vergleichbar. Der Mut der Eltern, ungeachtet aller Befürchtungen zu handeln und sich in den Umgang des Kindes mit Computer und Smartphone einzumischen, stellt meist schon ein Ereignis dar, das das Verhältnis zwischen Eltern und Kind grundlegend verändert.

Renate und Simon sahen hilflos mit an, wie ihre 16-jährige Tochter Rona, die die Schule abgebrochen hatte, ganze Nächte hindurch am Computer oder an ihrem Smartphone saß und im Facebook aktiv war, während sie ihren Eltern entfremdet und mit Verachtung entgegentrat. Als der Therapeut, der die Eltern begleitete, vorschlug, dass die Eltern Maßnahmen gegen den Schulabbruch ergreifen und entschlossen der Tatsache entgegenwirken sollten, dass sie außerhalb der virtuellen Welt ihres Kindes standen, rief der Vater entrüstet: »Das sind zu extreme Maßnahmen! Es ist als würden Sie mich bitten, meiner Tochter den Arm zu amputieren! Wie kann ich wissen, dass derartige Schritte meine Tochter nicht in eine Depression treiben werden und dass sie in ihrer Ausweglosigkeit nicht etwas tun wird, was schrecklich und nicht wieder gutzumachen ist?!« Im Verlauf des Gesprächs stellte sich heraus, dass Rona niemals Anzeichen einer Depression gezeigt und auch nie mit Selbstverletzungen gedroht hatte. Der Therapeut erläuterte, dass selbst wenn Rona derartige Drohungen aussprechen würde, die Eltern die Situation ihrer Tochter nicht verändern könnten, indem sie ihre virtuelle Welt weiterhin heilig sprechen würden, und dies auf Kosten von Ronas Verpflichtungen gegenüber dem täglichen Leben. Der Therapeut wies die Eltern darauf hin, wie sehr die Aussage des Vaters ihre übertriebene Angst widerzuspiegeln scheine. In ihren Augen sei jeglicher elterliche Eingriff in die Aktivitäten am Computer als unrechtmäßig anzusehen.

Während des therapeutischen Prozesses half der Therapeut den Eltern dabei, sich auf diverse Szenarien des Widerstandes ihrer Tochter vorzubereiten. Endlich fanden die Eltern die Kraft, ihrer Tochter mitzuteilen, dass sie den Computer auf eine Weise nutze, die sie nicht akzeptieren könnten, und ihre wachsame Sorge zu verstärken. Als ihre anfänglichen Maßnahmen nicht halfen, sperrten die Eltern den Zugang zum Computer. Zu ihrer Überraschung hatte sich Rona nur während der Maßnahmen, die der Computersperre vorausgegangen waren, widersetzt. Als ihr nun klar wurde, dass der Computer ihr tatsächlich nicht mehr zur Verfügung stand, ließ sie sich sofort auf eine Verhandlung mit ihren Eltern ein.

Die Zeit der Verhandlungen dauerte etwa zwei Wochen, in denen der Computer außer Betrieb blieb. Die Verhandlungen dauerten deshalb so lange, weil die Eltern mit der Unterstützung von Helfern darauf bestanden, eindeutige Beweise dafür zu erhalten, dass Rona wieder ihren schulischen Verpflichtungen nachging. Nachdem Rona wieder Zugang zu ihrem Computer erhielt, begann eine schwierige Zeit für alle Familienmitglieder. Rona war jedoch nicht mehr vollkommen in ihre virtuelle Welt versunken und begann schrittweise, ihren Alltagspflichten wieder nachzukommen. Als der Therapeut die Eltern am Ende des Beratungsprozesses daran erinnerte, wie der Vater die elterliche Maßnahme, in die virtuelle Welt ihrer Tochter einzugreifen, mit einer Amputation verglichen habe, sagte der Vater: »Mir fällt es heute schwer, zu begreifen, wie ich damals wegen meiner unbegründeten Ängste so vollkommen gelähmt war!«

Fahranfänger

Es hat sich gezeigt, dass die elterliche Beaufsichtigung junger Fahrer nötig ist, um der Neigung zu einem aggressiven und unvorsichtigen Fahrstil entgegenzuwirken. Während unserer Pionierarbeit (Shimshoni et al., im Druck), die wir, wie weiter oben bereits erläutert, in Zusammenarbeit mit einer gemeinnützigen Organisation mit dem Namen »Grünes Licht« geleistet haben, konnte bewiesen werden, dass die Anwendung der Prinzipien zur wachsamen Sorge seitens der Eltern zu einer extremen Verringerung gefährlicher Fahrgewohnheiten führt wie zum Beispiel das Abweichen von der Fahrspur, plötzliches Bremsen, zu schnelles Fahren, gefährliches Überholen oder unbedachtes Kurvenfahren.

Junge Fahrer, insbesondere Männer, sind in der Statistik der Autounfälle überrepräsentiert, vor allem in Bezug auf Autounfälle mit fatalem Ausgang. Dies gilt ganz besonders für das erste Jahr nach Erhalt des Führerscheins und innerhalb dieses ersten Jahres vor allem für die ersten drei Monate, in denen die jungen Männer und Frauen ohne jegliche Beaufsichtigung fahren dürfen, das bedeutet nach Beendigung der Zeitspanne, in der sie rechtlich verpflichtet sind, nur in Anwesenheit eines Begleiters Auto zu fahren. Warum ist der Fahrstil junger Fahrer besonders gefährlich? Hier einige Gründe:

- Junge Fahrer haben noch nicht genug Erfahrung gesammelt, um erhöhte Gefahrenbereiche im Straßenverkehr zu erkennen, wie zum Beispiel ein ausparkendes Auto; einen Fußgänger, der an einem Zebrastreifen steht; ein Auto, das rechts überholt, und Ähnliches.
- Junge Fahrer neigen zu einem aggressiven Fahrstil, den unter anderem schnelles Fahren, plötzliche Reaktionen, Abweichen von der Fahrspur, unsicheres Abbiegen und ein Überkorrigieren ihrer Fehler kennzeichnen.
- Junge Fahrer tendieren in Anwesenheit ihrer Freunde verstärkt zu einem gefährlichen Fahrstil. Je mehr Freunde im Auto sitzen, desto unbedachter wird der Fahrstil. Die Freunde üben meist Druck aus und spornen einander an, um sich sozusagen ihre Männlichkeit zu beweisen. Selbst wenn kein Druck ausgeübt wird, erfüllen viele junge Fahrer das Stereotyp eines männlichen Fahrstils – verstärkt, wenn sie sich in Begleitung von Freunden befinden, aber auch, wenn sie allein im Auto sitzen.
- Junge Fahrer gefährden sich besonders, wenn sie an Wochenenden ausgehen, und zwar hauptsächlich während der Nächte. Verantwortlich hierfür sind meist das Gefühl von völliger Freiheit, zu dem Jugendliche in ihrer Freizeit neigen, und der Konsum von Alkohol, der die Fahrsicherheit bekanntlich selbst in geringen Mengen wesentlich beeinträchtigt.

Die aufgeführten Gründe gelten für fast alle jungen Fahrer. Es wäre falsch von den Eltern, anzunehmen, dass gerade ihr Kind verantwortungsbewusster und daher gegen die Gefahren eines leichtsinnigen Fahrstils gefeit ist. Tatsächlich überschätzen junge Fahrer generell ihre Fahrkenntnisse.

Während junge Fahrer dazu neigen, ihre Fahrkenntnisse überzubewerten, unterschätzen die meisten Eltern ihren Einfluss auf ihr Kind. Eltern, die gemäß unserer Beratung gehandelt haben, waren überrascht, dass ihr Einfluss größer war, als erwartet. Infolge ihrer Maßnahmen konnten sie daher nicht nur die Gefahren verringern, denen ihr Kind während des Autofahrens ausgesetzt war, sondern auch ihre Stellung als Einfluss nehmende Eltern stärken.

Die Zeit des begleiteten Autofahrens

Ein klarer Beweis für die Effektivität der elterlichen Begleitung liegt in der geringen Anzahl an Autounfällen während der Zeit, in der junge Fahrer verpflichtet sind, in der Begleitung von Erwachsenen zu fahren. Die Kennzeichen des aggressiven Fahrstils steigen unvermittelt an, sobald diese Begleitungszeit zu Ende geht. Ziel der Aufsichtsmaßnahmen, wie wir sie hier beschreiben werden, ist daher, die elterliche Präsenz und das Gefühl der Begleitung im Bewusstsein des jungen Fahrers zu verstärken, selbst wenn die Eltern nicht mehr als Beifahrer mitfahren. Wir möchten betonen, dass die Sicherheit nicht erhöht werden kann, indem man die Gelegenheiten des Kindes, Auto zu fahren, einschränkt. Es gilt das Gegenteil: Je mehr Gelegenheit das Kind erhält, unter Beaufsichtigung zu fahren, desto mehr Erfahrung wird es sammeln können, um seine Fähigkeit, sich als Fahrer selbst zu beaufsichtigen, zu entwickeln. Das Kind kann am Ende der Begleitungszeit ein selbstständigerer und sichererer Fahrer werden, wenn das Gefühl der Begleitung sich stark genug in sein Bewusstsein eingeprägt hat.

Dem jungen Fahrer sollten so viele Gelegenheiten wie möglich gegeben werden, mit Begleitung zu fahren. Zum Beispiel kann er derjenige sein, der bei jedem Familienausflug oder zu jedem Familientreffen das Auto fährt. Zusätzlich sollten Fahrten angeregt werden, die ausdrücklich dazu dienen, dem jungen Fahrer eine Gewöhnung an verschiedene Bedingungen zu ermöglichen, die beim Autofahren eine Rolle spielen: Nachtfahrten, Stau, Regen, Schnellstraßen, Stadtfahrten und so weiter. Je mehr Erfahrung der junge Fahrer während der Begleitungszeit sammelt, desto besser sind seine Fahrkenntnisse am Ende dieser Zeitspanne, wenn er endlich selbstständig fahren darf.

Die Begleitungszeit hat jedoch auch ihre Nachteile. Der junge Erwachsene hat meist das Gefühl, schon fahren zu können, während die Eltern vor allem den unsicheren Seiten seines Fahrens Aufmerksamkeit schenken. Dies kann zu Spannungen und Streitereien führen, die die Effektivität dieser Begleitungszeit stark einschränken. Wie können diese Spannungen überwunden werden? Eltern können zum Beispiel beschließen, den Fahrstil ihres Kindes erst wenige Minuten nach Fahrtende zu kommentieren, nicht aber während der Fahrt selber. Das bedeutet, dass die Eltern während der Fahrt still im Auto sitzen und alle Kommentare unterlassen müssen, auch wenn ihnen das schwerfällt. Das Gespräch zum Fahrstil sollte, wenn möglich, in angenehmer Atmosphäre nach der Autofahrt geführt werden. Eltern wenden hier das Prinzip des Aufschubs an (»Schmiede das Eisen, solange es kalt ist«). Dieses trägt wesentlich dazu bei, dass das elterliche Einflussvermögen erhalten bleibt und nicht durch Spannungen und Eskalationsprozesse abgenutzt wird. Des Weiteren sollten zu jeder Autofahrt nicht mehr als zwei Kommentare geleistet werden, sonst wird der Fahranfänger diese nicht verinnerlichen können. Zu viele Kommentare lassen den jungen Fahrer empfinden, dass er zu Unrecht zurechtgewiesen wird, so dass er sich womöglich verschließen und nicht mehr zuhören wird.

Die Eltern sollten im Gedächtnis behalten, dass ihr Kind den Führerschein bestanden hat. Es ist ihm erlaubt, sich als Autofahrer zu bezeichnen. Wenn auch ein Fahranfänger auf den Straßen, so ist er als solcher doch voll zurechnungsfähig. Daher sollten die Eltern dem Kind ermöglichen, auch ihren Fahrstil zu kommentieren, ja, sie können sogar zum gegenseitigen Austausch zum Fahrverhalten ermutigen. Sie können ihrem Kind zum Beispiel sagen: »Wann immer ich dein Beifahrer bin, kann ich dein Fahren kommentieren und Verbesserungsvorschläge machen. Aber du bist in jeder Hinsicht ein gleichberechtigter Fahrer. Ich würde mich daher freuen, wenn auch du meinen Fahrstil kommentieren würdest, solltest du Grund dazu haben. Ich verspreche dir, dass ich mich bemühen werde, deine Kommentare zu berücksichtigen.« Die Tatsache, dass das Kind den Fahrstil seiner Eltern kommentieren darf, fördert seine eigene Vorsicht im Straßenverkehr. Wenn der Sohn seinem Vater zu sagen wagt: »Papa, da hast du jemanden gefährlich überholt!«, und der

Vater erklärt sich mit dieser Kritik einverstanden, so kann der Sohn als Fahranfänger die Prinzipien eines sicheren Fahrstiles besser verinnerlichen. Sollte der Vater hingegen ein Streitgespräch anfangen und sagen: »Bei mir ist das anders, ich habe mehr Fahrerfahrung und bin ein sichererer Fahrer als du!«, erzielt er beim Sohn genau das Gegenteil.

Daher steigen die Chancen wesentlich, dass das Kind sich einen sicheren Fahrstil aneignen wird, wenn Eltern offen für Kommentare zu ihrem eigenen Fahrverhalten sind und sich darum bemühen, ihren Fahrstil zu verbessern. Diese Bemühungen zahlen sich besonders dann aus, wenn ein Elternteil einen aggressiven Fahrstil hat. Forschungen haben gezeigt, dass gerade Kinder, deren Eltern eher aggressiv fahren, selbst unbedachter und gefährlicher fahren. Die Anstrengungen der Eltern, weniger aggressiv zu fahren, sei es auch nur für eine begrenzte Zeit, in der ihr Kind sie als Fahranfänger im Auto begleitet, wirken sich mit Sicherheit positiv auf den Fahrstil des Kindes aus. Eltern sollten darüber offen und ehrlich sprechen: »Ich werde mich auch bemühen, mir bessere und sicherere Fahrgewohnheiten anzueignen. Ich werde versuchen, zurückhaltender zu fahren, selbst wenn ich mehr Erfahrung am Steuer habe als du.«

Schon während der Begleitungszeit sollten sich Familien eine gewisse Gesprächskultur zum Fahren angewöhnen. Gemeint sind Gespräche, die Familienmitglieder zu ihren Fahrerfahrungen führen, zu herausfordernden Situationen, mit denen sie während des Autofahrens konfrontiert worden sind; zu Fehlern, die sie möglicherweise begangen haben; zu dem Versuch, Fehler zu korrigieren, und so weiter. Der Schwerpunkt derartiger Gespräche liegt auf der Tatsache, dass es sich um eine »Familie von Autofahrern« handelt. Eltern, die vor solchen Gesprächen wegen ihrer angeblichen Förmlichkeit zurückschrecken, können sie mit einer Aussage einleiten, in der sie Folgendes sagen: »Die Tatsache, dass du nun Teil der Fahrergemeinschaft in unserer Familie bist, lässt uns stärker auf unseren eigenen Fahrstil und auf den Straßenverkehr achten. Deswegen sind uns diese Gespräche wichtig.« Ein Jugendlicher, der einwilligt, an solch einer Gesprächskultur zum Fahren teilzunehmen, wird ohne Frage um ein ausgeprägtes Erlebnis der elterlichen Begleitung bereichert werden.

Die Zeremonie der Schlüsselübergabe

Der Beginn des selbstständigen Fahrens ist einer der wichtigen Wendepunkte im Leben und rechtfertigt durchaus eine Übergangszeremonie. Das Überreichen des Autoschlüssels, bei dem ein Elternteil den Schlüssel den Händen des Kindes anvertraut, symbolisiert das Vertrauen, das die Eltern dem Kind entgegenbringen, und die Tatsache, dass sie ihn nun als voll zurechnungsfähigen Erwachsenen anerkennen. Es ist wichtig, diesen neuen Status hervorzuheben und ihn nicht als selbstverständlich hinzunehmen. Wir empfehlen, die Schlüsselübergabe mit einer kleinen Zeremonie zu begleiten, während der Eltern und Kind eine gegenseitige Vereinbarung unterschreiben. Während unserer Erläuterungen in Bezug auf Computer haben wir betont, dass das Unterschreiben einer Vereinbarung wertvoll sein kann, wenn Eltern dem Kind die Nutzung einer Technologie ermöglichen, deren Auswirkungen und Gefahren gewaltig sind. In derartigen Fällen ist eine formale Verpflichtung erforderlich, die betont, dass die Eltern ihrem Kind die Möglichkeiten der Nutzung medialer Technologien unter der Bedingung bieten, dass es von diesen akzeptablen und vorsichtigen Gebrauch macht. Eltern, die diesen Schritt vermeiden, sei es wegen der einem solchen folgenden Unannehmlichkeiten; sei es aus dem Wunsch heraus, den Dingen ihren Lauf zu lassen; oder sei es wegen ihrer Befürchtungen, wie das Kind reagieren könnte, schaden dadurch ihrer Elternschaft und der Sicherheit ihres Kindes.

Das Ziel der Zeremonie besteht darin, die Präsenz der Eltern im Bewusstsein des Fahranfängers zu verstärken. Die Existenz dieser Zeremonie und einer gegenseitigen Vereinbarung rechtfertigt weitere Aufsichtsmaßnahmen, sollten diese notwendig sein, um einen sichereren Fahrstil zu erzielen. Eltern, die sich im Hinblick auf die Reaktionen ihres Kindes sorgen, die zum Beispiel befürchten, dass es versuchen wird, sie von sich abzuschütteln oder sie lächerlich zu machen, können einen Helfer (den Onkel, Großeltern, einen Freund) darum bitten, ebenfalls während der Zeremonie anwesend zu sein. Die Eltern sollten den Helfer natürlich hinsichtlich ihrer Absichten informieren und ihn darum bitten, als Zeuge während des Unterschreibens der Vereinbarung zu fungieren. Das Thema kann dem

Kind auf direkte und offene Weise unterbreitet werden: »Die Tatsache, dass wir dir den Autoschlüssel geben und stolz sind, dass du nun ein selbstständiger Fahrer bist, ist Beweis des Vertrauens, das wir dir entgegenbringen. Nichtsdestotrotz wissen wir alle, dass das erste Jahr als Autofahrer ganz besonders viele Gefahren mit sich bringt und dass die meisten Autounfälle genau in dieser Zeit passieren. Damit wir alle ruhiger und sicherer sind, bitten wir dich darum, mit uns gemeinsam diese Abmachung zu unterschreiben und dich zu einem sicheren und vorsichtigen Fahrstil zu verpflichten. Zusätzlich möchten wir dich darum bitten, während der kommenden drei Monate vor jeder Autofahrt direkt vor deiner Abfahrt ein kurzes vorbereitendes Gespräch mit uns zu führen.«

Hier eine Liste von Themen, die während dieser Gespräche vor der Abfahrt des Kindes angesprochen werden sollten:

- *Das Fahrtziel:* Die Eltern sollten ihr Kind um Informationen zu seinem Fahrtziel bitten. Dies dient zwei Zwecken: der Verstärkung der elterlichen Präsenz im Allgemeinen und der Routenplanung. Eine Routenplanung ist von großer Bedeutung, da sie die Sicherheit während der Fahrt vergrößert. Die Eltern können dem Kind auf einfache Weise erklären: »Wir wollen uns nicht einmischen, wo du dich aufhältst und deinen Angelegenheiten nachkommst. Wir sind an der Sicherheit deiner Autofahrt interessiert!«
- *Die Routenplanung:* Es ist wichtig, die Fahrtroute im Voraus zu planen. Die Gefahren nehmen während einer Autofahrt zu, je stärker der Fahrer während dessen seine Aufmerksamkeit der Route zuwenden muss, die er zu fahren hat. Ein frühzeitiges Planen der Fahrtroute erleichtert die Entscheidungsfindung während der Fahrt und verringert dadurch die kognitive Belastung, die durch das Nachdenken über die Fahrtroute für den Fahrer entsteht.

Die Eltern können mit ihrem Kind die ausgewählte Route besprechen und gemeinsam mit ihm überlegen, was es tun wird, sollte es eine Ausfahrt oder eine Abbiegung verpassen. In diesem Fall sollte der junge Fahrer angewiesen werden, bei der nächsten Ausfahrt abzufahren und einen sicheren Halteplatz zu suchen, um dann die weitere Fahrtroute zu planen.

Junge Fahrer sollten sich nicht auf ein automatisches Navigationssystem verlassen, wenn sie die Fahrtroute nicht kennen. Es ist einleuchtend, dass sich noch unerfahrene Fahrer nur schlecht auf das Fahren konzentrieren können, wenn sie mit dem Navigationssystem beschäftigt sind. Wenn Eltern darauf achten, die Fahrtroute mit ihrem Kind zu planen, erreichen sie damit zwei Ziele: Sie verringern die kognitive Belastung des Fahrers während der Fahrt und verstärken die elterliche Begleitung in seinem Bewusstsein. Wenn nun der junge Fahrer an eine Ausfahrt kommt, an der er dem Vorbereitungsgespräch zufolge die Schnellstraße verlassen soll, so wird er sich hier sicherlich an das Gespräch und an seine Eltern erinnern.
- *Mitfahrer:* Auch hier gilt, dass die Eltern keine Kontrolle über die Freundschaften und sozialen Kontakte des Kindes ausüben wollen. Wir empfehlen jedoch, dass während der ersten drei Monate des unabhängigen Fahrens die Mitfahrer des Kindes auf eine Person begrenzt werden. Laut Forschungen (Shimshoni et al., im Druck) vergrößert jeder weitere Mitfahrer die Gefahr eines Autounfalls. Auch muss mit berücksichtigt werden, dass die Anwesenheit von Mitfahrern oftmals Druck auf den jungen Fahrer ausübt und dazu führt, dass er mehr Wagnisse während des Fahrens eingeht als ohne Mitfahrer, um dem Stereotyp eines männlichen oder selbstsicheren Fahrstils gerecht zu werden.
- *Die Zeit und die Bedingungen der Rückfahrt:* Das Kind sollte den Eltern mitteilen, zu welcher Zeit es plant, zurückzufahren. Im Fall einer Verspätung von mehr als einer halben Stunde sollte das Kind seine Eltern per SMS informieren. Ziel dieser Forderung ist, möglichst sichere Bedingungen für die Heimfahrt zu schaffen. Die Eltern sollten während des Gesprächs mit ihrem jugendlichen Kind direkten Bezug auf die Möglichkeit nehmen, dass es vielleicht während des Abends Alkohol trinken wird. Während der ersten drei Monate empfehlen wir, vom Kind zu verlangen, auch von kleinsten Alkoholmengen abzusehen, sollte es danach noch Auto fahren. Selbst in geringen Mengen beeinträchtigt Alkohol das Fahrvermögen, besonders bei unerfahrenen Autofahrern. Ein Fahrer, der Alkohol trinkt, sollte daher mit dem Taxi nach Hause fahren oder seine Eltern bitten, ihn abzuholen.

Wir möchten betonen, dass selbst wenn der junge Fahrer sich nicht an alle Abmachungen und Vereinbarungen halten wird, die Präsenz der Eltern in seinem Bewusstsein durch solch ein Gespräch gestärkt und die Gefahr eingedämmt werden kann.

Bei der Ankunft am Ziel und um Mitternacht eine SMS schreiben

Eltern sollten den Jugendlichen, der abends ausgeht, darum bitten, ihnen zwei SMS zu schicken: eine, wenn er an seinem Zielort angekommen ist, und eine weitere um Mitternacht. Mit Hilfe dieser Kurznachrichten wird der Jugendliche an die Existenz und Sorgen seiner Eltern erinnert. Die Nachricht kann kurz sein: »Bin angekommen. Alles in Ordnung!«, oder: »Mitternacht. Schlaft gut!«

Sowohl Eltern als auch der Jugendliche könnten der Meinung sein, dass dies eine überflüssige Forderung darstellt, die in die Privatsphäre des Kindes eindringt und es bei seiner Feier oder anderen Unternehmungen stört. Dies ist ein typisches Beispiel für das Gefühl der fehlenden Legitimität selbst bei sehr einfachen, notwendigen elterlichen Maßnahmen der wachsamen Sorge. Die Bitte, das Kind möge während des Abends zwei kurze Textnachrichten schicken, ist bescheiden, insbesondere angesichts der Tatsache, dass die Eltern es mit dem Familienauto fahren lassen. Eltern, die ihrem Kind ihr Auto für seine abendlichen Ausgänge leihen, dürfen durchaus erwarten, in Ruhe schlafen gehen zu können. Eine besorgte Mutter kann ihrer Tochter sagen: »Ich gebe dir das Auto und habe dafür eine bescheidene Bitte an dich: Schreibe mir zwei SMS während des Abends, damit ich ruhiger schlafen gehen kann.« Sollte die Tochter behaupten, dass dies einem Eindringen in ihre Privatsphäre entspreche, können die Eltern mit gutem Gewissen sagen: »Wir möchten nicht deine Freunde anrufen müssen. Solltest du uns aber nicht kurz Bescheid geben, werden wir das durchaus machen. Wir verdienen es, in Ruhe schlafen zu können.«

Das Unterschreiben einer Vereinbarung

Eine Vereinbarung sollte vor der ersten Autofahrt des nun unabhängigen Fahrers unterschrieben werden. Wir empfehlen, den jungen Fahrer nicht an das Steuer zu lassen, solange er nicht diese Vereinbarung unterschrieben hat:

Ich (ein junger Autofahrer) _____ verpflichte mich, während der ersten drei Monate, in denen ich unabhängig fahren kann, die Verkehrsregeln zu beachten und mich an folgende Richtlinien zu halten:
- immer meine Fahrtroute vor der Abfahrt zu planen,
- mit meinen Eltern ein kurzes vorbereitendes Gespräch vor Antritt jeder Autofahrt zu führen, um ihnen mitzuteilen, wohin ich fahre, mit wem ich fahre, welche Fahrtroute ich gewählt habe und zu welcher Stunde ich heimzukehren plane,
- und während jeder nächtlichen Ausfahrt meinen Eltern zwei SMS zu schicken, eine, wenn ich meinen Zielort erreicht habe, und eine weitere um Mitternacht.

Wir, die Eltern von _____, verpflichten uns hiermit, unter der Bedingung, dass unser Sohn sich an die oben benannten und mit ihm besprochenen Richtlinien hält, dass:
- wir seine Autofahrten nicht begrenzen werden, es sei denn das Auto wird von uns oder von anderen Familienmitgliedern benötigt, damit er so viel Erfahrung wie möglich am Steuer sammeln kann,
- wir seine Unabhängigkeit als verantwortlicher Autofahrer fördern werden, solange er sich an die oben benannten Richtlinien und Regeln hält.

Befürchtungen, in die Privatsphäre einzudringen

Wir haben viele Male erwähnt, wie stark sich Eltern davor scheuen, in die Privatsphäre des Kindes einzudringen. Für Eltern, deren Kind zu einem jungen Autofahrer herangewachsen ist, steht ein weiterer Grund im Vordergrund, diese Scheu zu überwinden: Das Autofahren ist keine private Angelegenheit. Tatsächlich ist es eine ganz und gar öffentliche Angelegenheit, da jede Autofahrt in den alltäglichen Straßenverkehr eingebettet ist. Der Fahrstil des jungen Fahrers ist daher nicht nur Sorge der Eltern, sondern auch Anliegen der anderen Teilnehmer am Straßenverkehr, der Fußgänger und anderen Fahrer. Es gibt keinen anderen Lebensbereich, in dem Befürchtungen um die Privatsphäre des Kindes so einfach widerlegt werden können, wie im Bereich des Autofahrens. Es ist durchaus möglich, dass Jugendliche und junge Erwachsene diesbezüglich anderer Meinung sind. Die elterliche Fürsorge ist jedoch nicht von dem Einverständnis des Kindes abhängig, sondern wird durch die elterlichen Pflichten vorgegeben.

Die elterliche Haltung sollte dem Kind erklärt werden. In keinem Fall darf jedoch das Einverständnis des Kindes als Voraussetzung für die elterlichen Maßnahmen zur wachsamen Sorge verstanden werden. Sollte das Gefühl des Kindes, dass sie in seine Privatsphäre eindringen, die Eltern dennoch bedrücken, ist es ratsam, die Unterstützung von Helfern einzuholen. Die Helfer können dem Kind mitteilen, dass sie sich bewusst sind, dass es möchte, dass seine Privatsphäre respektiert wird, dass aber in diesem Fall die elterliche Haltung vollkommen legitim ist, da das Autofahren eine öffentliche Angelegenheit ist und daher nicht in den Bereich der persönlichen Privatsphäre des Kindes fällt.

Warnzeichen

Einige Warnzeichen sollten die Eltern veranlassen, den Grad der wachsamen Sorge zu erhöhen und Maßnahmen zum Schutz des Kindes zu ergreifen:
- der Verstoß gegen eine der Abmachungen, wie sie in der Vereinbarung festgehalten worden sind, oder deren Geringschätzung,
- gefährliches Autofahren, insbesondere das Missachten der Verkehrsregeln, zum Beispiel Geschwindigkeitsüberschreitungen,
- ein Unfall: Wir betonen, dass auch im Fall eines Unfalls der junge Fahrer so schnell wie möglich wieder an das Steuer gelassen werden sollte, anfangs jedoch nur in Begleitung eines Elternteils. Die Rückkehr zum begleiteten Fahren kann dabei helfen, zu verstehen, wie der Unfall geschehen konnte und wie ähnliche Gefähr-

dungen in Zukunft vermieden werden können. Selbstverständlich verlangt der Vorfall eines Unfalls eine strengere Befolgung der Vereinbarungen.

Die Einschränkung der Fahrprivilegien

Warnzeichen verpflichten die Eltern, sich strenger an die Vereinbarungen zu halten und die elterliche Begleitung zu intensivieren. Sollte der Jugendliche sich dem widersetzen, ist dies durchaus ein Grund, seine Fahrprivilegien einzuschränken, bis er sich dazu bereit erklärt, sich an die Abmachung und seine Verpflichtungen zu halten. Die extremste Einschränkung besteht darin, dem Kind die Benutzung des Autos abends und an Wochenenden für Vergnügungszwecke und abendliche Ausgänge zu verweigern. Entschlossene Eltern können solche Einschränkungen durchsetzen, auch wenn das Kind Druck auf sie ausübt. Die Regeln, die wir im Kapitel »Der Umgang mit dem Widerstand des Kindes« benannt haben, um den Pflichten der wachsamen Sorge trotz des Widerstandes des Kindes nachzukommen, sind auch in diesem Fall gültig. Entsprechend den schon beschriebenen Richtlinien sollte der Widerstand des Kindes die Eltern dazu veranlassen, so viel Unterstützung einzuholen, wie nur möglich. Diese Unterstützung wird ihnen dabei helfen, mit einem größeren Gefühl der Legitimation für die Sicherheit des Kindes zu sorgen. Dem Druck nachzugeben, den ein junger Fahrer auf seine Eltern ausübt, obwohl er unverantwortlich gefahren ist, entspricht dem Verzicht auf seine und anderer Menschen Sicherheit und lässt das Kind ohne Schutz der Bedrohung eines Autounfalls ausgesetzt.

Gisela und Hans, die Eltern von Thomas, wendeten sich an eine unserer Beratungsstellen wegen wiederholter Schwierigkeiten und Streitereien während der vorgeschriebenen Begleitungszeit beim Autofahren ihres Sohnes. Thomas beschuldigte seine Mutter, dass sie ständig sein Fahren kritisiere und sich nicht auf sein Fahrvermögen verlasse. Gisela gab zu, eine besonders ängstliche Mutter zu sein, die sich übermäßig Sorgen macht. Hans bestätigte jedoch Giselas sorgenvolle Haltung und bestand darauf, dass Thomas seinen Fahrstil verbessern müsse, da er aggressiv und impulsiv fahre.

Während der letzten Woche der Begleitungszeit gab Gisela sich große Mühe, ihren kritischen Ton zu sänftigen. Sie teilte ihrem Sohn mit, dass sie sich während dieser Woche und auch bei zukünftigen Familienfahrten bemühen werde, Thomas' Fahrstil nicht zu kommentieren und nur in Ausnahmefällen etwas zu sagen. Sie versprach, Thomas erst nach Abschluss der Autofahrt zu sagen, was sie an seinem Fahrstil zu beanstanden habe, und dies nur, nachdem sie sich beruhigt habe. Thomas antwortete zynisch »Na, das wollen wir doch mal sehen!« Gisela zügelte sich, um die Situation nicht zu einem Streit werden zu lassen, und antworte klugerweise: »Wenigstens wirst nicht nur du das Gefühl haben, ständig geprüft zu werden. Auch ich muss mich einer Prüfung unterziehen und hoffe, dass ich meinen Mund halten kann!« Mit Hilfe dieses Gesprächs begann die letzte Woche der Begleitungszeit in einer angenehmeren Atmosphäre. Thomas erhielt während dieser Woche besonders viele Gelegenheiten zu fahren. Am Ende der Begleitungszeit unterschrieben Thomas und seine Eltern eine Vereinbarung, trotz Thomas' andauerndem Protest, dass seine Mutter ihm kein Vertrauen schenke.

Thomas hielt sich anschließend jedoch nur begrenzt an die Abmachungen, zum Beispiel schickte er seinen Eltern abends keine SMS. Diese zögerten, ihn mit seiner Laxheit in Bezug auf seine Verpflichtungen ihnen gegenüber zu konfrontieren. Etwa einen Monat, nachdem er begonnen hatte, selbstständig Autofahrten zu unternehmen, zerkratzte Thomas ein Auto an der Wand der Nachbarn. Er war relativ unvorsichtig rückwärts aus der Einfahrt herausgefahren, obwohl er genug Platz gehabt hätte, um zu wenden und vorwärts herauszufahren. Thomas erschrak und fürchtete die Reaktion seiner Eltern. Am darauffolgenden Tag bat Hans um ein Gespräch mit Thomas: »Deine Behauptung, dass wir dir kein Vertrauen schenken und uns nicht auf dich verlassen, stimmt nicht. Wir lassen dich grundsätzlich bei jeder Gelegenheit fahren, selbst wenn deine Schwester mit ihrem Baby mitfährt. Mehr Vertrauen als das kann es nicht geben. Nichtsdestotrotz ist es ganz deutlich, dass du manchmal unvorsichtig fährst. Wir werden jetzt gemeinsam eine Autofahrt machen. Wenn du dich an die Verkehrsregeln hältst und vorsichtig bist, werden wir dich weiterhin wie bisher mit dem Auto fahren lassen. Allerdings werden wir von nun an darauf bestehen, dass du dich an alle von uns unterschriebenen

Abmachungen hältst.« Thomas war von dieser gemäßigten Reaktion seines Vaters überrascht und hielt sich ab diesem Zeitpunkt an alle Regeln, auch an die SMS.

Zwei Wochen später rief Thomas mitten in der Nacht seine Eltern an und bat sie, ihn abzuholen. Er habe getrunken und fühle sich nicht sicher, selbstständig nach Hause zu fahren. Zu seinem Staunen kamen beide Eltern, um ihn abzuholen. Er fuhr mit seiner Mutter nach Hause, während sein Vater das andere Auto heimfuhr. Gisela kommentierte während der gemeinsamen Autofahrt mit keinem Wort den Vorfall. Am nächsten Morgen gaben die Eltern zu, dass sie sich angesichts des nächtlichen Telefonats erschrocken hätten. Sie hätten aber während der nächtlichen Autofahrt auf dem Weg zu ihm verstanden, dass er sich ganz richtig und verantwortungsbewusst verhalten habe. Der Vater betonte, dass sie ihm nun sogar noch mehr Vertrauen schenkten, weil sie sich darauf verlassen könnten, dass er sie ihm Notfall benachrichtigen und ihre Hilfe erbitten würde. Die Atmosphäre zu Hause besserte sich wesentlich und die unnützen Debatten hatten ein Ende. Die Eltern empfanden, dass Thomas fähig war, auch während der Autofahrten auf sich aufzupassen.

Was noch und bis wann?

Die verschiedenen Lebensbereiche, die wir in diesem Buch in Bezug auf die elterliche Pflicht zur wachsamen Sorge behandelt haben, sind selbstverständlich nicht vollständig und decken nicht alle Herausforderungen der elterlichen Beaufsichtigung ab. Zum Beispiel haben wir so wichtige Themen wie die wachsame Sorge im Kleinkindalter, in der Schule oder in Fragen der Sexualität, des Essverhaltens und in Fällen von chronischen Erkrankungen nicht behandelt. Alle diese Bereiche der elterlichen Fürsorge sind nicht weniger wichtig als die von uns behandelten und erfordern ebenfalls die volle Aufmerksamkeit der Eltern.

Gegenwärtig verfolgen wir weitere Projekte, therapeutische Interventionen und einige Forschungsarbeiten, die Teile dieser Bereiche abdecken, wie zum Beispiel Diabetes bei Kindern, Essstörungen und Schulverweigerung. Dies sind ganz besonders schwierige Lebenslagen, in denen Eltern oftmals eine professionelle Beratung benötigen. Weitere Bereiche, wie die wachsame Sorge über schulische Leistungen oder über die sich entwickelnde Sexualität Jugendlicher, betreffen ein wichtiges Aufgabengebiet aller Eltern. Wir haben diese Lebensbereiche im Rahmen dieses Buches nicht weiter erörtern können, doch auch für sie gelten die von uns erläuterten Prinzipien der wachsamen Sorge. Auch hier zeigen Forschungsergebnisse (Whitaker u. Miller, 2000), dass die elterliche Fürsorge und Begleitung die Existenz von potenziellen Gefahren wesentlich reduzieren. Zum Beispiel hat sich erwiesen, dass Kinder, deren Eltern mit ihnen über Sexualität sprechen (das heißt, deren Eltern ihre Haltung zum diesem Thema erläutern, ihre Hilfe anbieten und in gewissen Fällen einschreiten, um möglichen Schaden zu verhindern), später mit dem Sexualverkehr beginnen und stärker auf Verhütungsmittel achten. In diesen Familien sind Vorfälle wie eine ungewollte Schwangerschaft oder »Gelegenheitssex« wie auch die Empfänglichkeit für unangebrachte sexuelle Aufforderungen wesentlich geringer. Die Art und Weise, wie Eltern ihr Kind im Umgang mit Sexualität positiv beeinflussen können, kommt einer Begleitung des Kindes, der das Prinzip der wachsamen Sorge zugrunde liegt, in anderen Lebensbereichen und in Bezug auf andere Risikofaktoren gleich.

Eltern, die in gewissen Lebensbereichen des Kindes eine Haltung der wachsamen Sorge einnehmen, dehnen ihre elterliche Präsenz auch auf Bereiche aus, in denen sie nicht aktiv agieren. Die elterliche Präsenz wird zu einem weit aufgespannten Schirm, der das Kind sogar in Lebenslagen schützen kann, in denen ein elterlicher Einfluss nicht direkt möglich ist. Sollte aufgrund von Warnsignalen die Notwendigkeit bestehen, gezielt einzugreifen, werden Eltern, die sich in der Ausübung der wachsamen Sorge in einem Lebensbereich geübt haben, dazu in der Lage sein, die gelernten Fähigkeiten auch in einem anderen Bereich anzuwenden. Diese Verallgemeinerung gilt auch für die Kinder, die sich erneut in Schwierigkeiten verwickeln, jedoch in der Vergangenheit die wachsame Sorge ihrer Eltern bereits erlebt haben: Haben sie schon einmal entschlossene Eltern kennengelernt, die ihre Präsenz und Begleitung in einem Lebensraum verstärkt haben, werden sie bald begreifen, dass die Eltern auf ihrer fürsorgenden Haltung trotz neuer Schwierigkeiten und neuer Gefahren beharren werden.

Bis zu welchem Alter sollten Eltern weiterhin Sorge für ihre Kinder tragen? Unsere Forschungsarbeit in Bezug auf den Einfluss der elterlichen wachsamen Sorge im Bereich des Autofahrens hat erwiesen, dass das elterliche Einflussvermögen und ihre Aufsichtspflicht nicht beendet sind, wenn das Kind 18 Jahre alt und erwachsen geworden ist, und auch dann noch nicht, wenn das Kind in der Armee oder an der Universität ist. Die Voraussetzungen für die wachsame Sorge der Eltern ändern sich. In gewissen Fällen ist es jedoch notwendig, dass Eltern weiterhin einschreiten und entschlossen auf ihre Begleitung und Beaufsichtigung des Kindes bestehen, selbst wenn dieses schon erwachsen ist. Ein Beispiel hierfür sind wiederholte Geldprobleme des Kindes und seine Forderung, die Eltern mögen ihm aus der finanziellen Misere helfen.

Ein besonderes Projekt, das wir entwickelt haben, behandelt die elterliche wachsame Sorge für erwachsene Kinder, die mit Suizid drohen. Unsere richtungsweisende Arbeit in diesem Bereich hat erwiesen, dass die Bereitschaft der Eltern, aktiv zu werden, dadurch, dass sie professionelle Unterstützung erhalten, die auf den Prinzipien der wachsamen Sorge basiert, auch in diesen extremen Fällen zu einer guten Bewältigung der schwierigen Situation beiträgt.

In dem autobiografischen Roman »Frühes Versprechen« schreibt der Autor Romain Gary (2010) über die Beziehung zu seiner Mutter und über den einzigartigen Weg, auf dem sie ihn großgezogen hat: Beständig förderte sie seine Unabhängigkeit und blieb gleichzeitig immer in engem Kontakt mit ihm. Während des Zweiten Weltkrieges zog Gary als Navigator und Pilot der französischen Luftwaffe in den Krieg. Auf ausgeklügelten Wegen schaffte es seine Mutter während der Kriegsjahre, ihm regelmäßig Briefe von ihrem Wohnsitz in Frankreich nach England zukommen zu lassen. Diese Briefe dienten Gary während seiner schwierigsten Lebensstunden als Schutz und Stütze. Er beschreibt, wie er sich in der militärischen Krankenstation zwischen Leben und Tod in einem Dämmerzustand befand und in diesem die Briefe seiner Mutter öffnete und dort gewisse Abschnitte las, um für den Kampf ums eigene Leben erneut Kräfte zu schöpfen. Der Briefffluss brach bis zum Kriegsende nicht ab, wenn auch die Briefe immer kürzer wurden. Gary schreibt, wie diese Briefe ihn während seiner gefährlichen Flüge und in Krisenmomenten begleiteten. Er behauptet, dass er nicht nur gekämpft habe, um die Nazis zu besiegen, sondern auch, um seine Mutter für ihre Liebe und Fürsorge zu belohnen. Noch vor Kriegsende erhielt er Urlaub und eilte, seine Mutter zu sehen. Als er das Dorf erreichte, in dem sie lebte, musste er erfahren, dass seine Mutter vor mehr als einem Jahr verstorben war. Ihrem Tod nahe, hatte sie sich entschlossen, ihrem Sohn Briefe mit den aktuellen Daten der kommenden Wochen und Monate zu schreiben und diese Briefe bei einem Mann zu hinterlassen. Dieser hatte die Briefe trotz aller Schwierigkeiten des Postverkehrs während des letzten Kriegsjahres regelmäßig Gary zukommen lassen. Seine Mutter hatte empfunden, dass ihr Sohn während seiner schweren Stunden im Krieg ihre Begleitung benötigen würde. Deswegen hatte sie mit Hilfe der Briefe die elterliche Präsenz und Begleitung ihres Sohnes über ihren Tod hinaus ausgedehnt.

Literatur

Baumrind, D. (1971). Current patterns of parental authority. Developmental Psychology Monographs, 4, 1, Pt. 2.
Dornbusch, S., Carlsmith, J., Bushwall, S., Ritter, P., Leiderman, H., Hastorf, A., Gross, R. (1985). Single parents, extended households, and the control of acolescents. Child Development, 56, 326–341.
Fulkerson, J., Story, M., Mellin, A., Leffert, N., Neumark-Sztainer, D., French, S. (2006). Family dinner meal frequency and adolescent development: Relationships with developmental assets and high-risk behaviors. Journal of Adolescent Health, 39, 337–345.
Gary, R. (2010) Frühes Versprechen. Frankfurt a. M.: Fischer Taschenbuch.
Geyra, Y. (2012). Wachsame Sorge bei Computermissbrauch. Unveröffentlichte Masterthese, Psychologische Abteilung, Universität Tel Aviv.
Guilamo-Ramos, V., Jaccard, J., Dittus, P. (Eds.) (2010). Parental monitoring of adolescents: Current perspectives for researchers and practitioners. New York, NY: Columbia University Press.
Kersten, J. (2011). Die Ursachenkette der Aggression. Psychologie Heute, 38, 82–83.
Lavi-Levavi, I., Shachar, I., Omer, H. (2013). Training in non-violent resistance for parents of violent children: Differences between fathers and mothers. Journal of Systemic Therapies, 32, 79–93.
Manger, I. (2002). Oif'n veg shteyt a boym. Zugriff am 18.11.2014 unter http://www.klesmer-musik.de/ojf_weg.htm
Marshall, T. F. (1998). Restorative justice: An overview. Center for Restorative Justice and Mediation.
Omer, H., Schlippe, A. von (2002). Autorität ohne Gewalt. Coaching für Eltern von Kindern mit Verhaltensproblemen. »Elterliche Präsenz« als systemisches Konzept. Göttingen: Vandenhoeck & Ruprecht.
Omer, H., Schlippe, A. von (2004). Autorität durch Beziehung. Die Praxis des gewaltlosen Widerstands in der Erziehung. Göttingen: Vandenhoeck & Ruprecht.
Omer, H., Schlippe, A. von (2010). Stärke statt Macht. Neue Autorität in Familie, Schule und Gemeinde. Göttingen: Vandenhoeck & Ruprecht.
Omer, H., Schlippe, A. von (2011). Die Ankerfunktion: Elterliche Autorität und Bindung. In H. Schindler, W. Loth, J. von Schlippe (Hrsg.), Systemische Horizonte (S. 119–130). Göttingen: Vandenhoeck & Ruprecht.
Racz, S. J., McMahon, R. J. (2011). The relationship between parental knowl-

edge and monitoring and child and adolescent conduct problems: A 10-year update. Clinical Child and Family Psychology Review, 14, 377–398.

Shimshoni, Y., Farah, H., Lotan, T., Grimberg, E., Dritter, O., Musicant, O., Toledo, T., Omer, H. (im Druck). Effects of parental vigilant care and feedback on novice driver risk. Journal of Adolescence.

Weinblatt, U. (2013). Die Regulierung des Schamgefühls bei intensiven Eltern-Kind-Konflikten. Praktiken des gewaltlosen Widerstands, die die Öffentlichkeit einbeziehen. Familiendynamik, 38, 62–71.

Weinblatt, U., Omer, H. (2008). Non-violent resistance: A treatment for parents of children with acute behavior problems. Journal of Marital and Family Therapy, 34, 75–92.

Whitaker, D. J., Miller, K. S. (2000). Parent-adolescent discussions about sex and condoms impact on peer influences of sexual risk behavior. Journal of Adolescent Research, 15 (2), 251–273.

Winnicott, D. (1964). The Child, the family and the outside world. London: Pelican Books.